世界遺産への道標

事例研究・芸術都市フィレンツェの経営政策

稲垣良典・今道友信・樺山紘一
田中英道・徳山郁夫・松田義幸 著

創 文 社

目　次

世界遺産への道標

——事例研究・芸術都市フィレンツェの経営政策——

序　世界遺産とわれら

稲垣良典

本書がどのような準備段階を経て成立したのか、またそれは何事を訴えようとするものかは次稿の「目次構成について」で詳しく述べられており、付け加えることは何もない。しかし「世界遺産」や「フィレンツェ」という見慣れた言葉が読者にこの書物についての誤った印象を当初から与えてしまうことのないよう、世界遺産とは二一世紀の世界に生きる「われわれ」にとって何であるのか、「われわれ」は世界遺産にどう向き合うべきなのか、について二、三のことを述べておきたい。

まず、ユネスコの世界遺産はかつてそのような卓越した文化遺産を創りあげた民族あるいは国民の栄光を称え、その威信を高めるために制度化されたものではない。世界遺産は決してそれらを保有している国の固有財産ではなく、まさしく全世界が共有すべき「遺産」であることを正しく理解する必要がある。ユネスコUNESCOは当の名称が明示しているように、基本的人権と人間の尊厳という普遍的価値が尊重され、正義に基づく恒久的な平和の秩序を建設することを目標とする国際連合UNの活動を、教育E（*Education*）、科学S（*Science*）、文化C（*Culture*）の分野で支援するための機関O（*Organization*）であるから、世界遺産の選定も真の世界平和の建設へ向けての文化・教育的活動の一環であることは疑いを容れない。

言いかえると、ユネスコの世界遺産は人類の過去の文化的偉業に光をあてることにとどまるのではなく、人類の未来を切り拓くための平和教育なのである。ではどうして人類の卓越した文化的偉業に光をあてることが平和のための教育でありうるのか。それは、文化 *culture* とは本来的に「魂・精神の耕(たが)やし」（*culture animi*）であり、「人間であることの探求・完成」（*studium humanitatis*）を目指すものだからである。そして真の平和教育は単に平和を願望し、戦争の悲惨さと愚かさを叫ぶ「平和主義者」ではなく、平和ならしめる人、真に平和を創りだす人間の育成を目指すべきものであるから、何よりも豊かな人間性の育成に力をいれるべきではなかろうか。もしそうであるなら、人類の卓越した文化的偉業――例えば芸術都市フィレンツェ――に親しく触れることによってその美を味わい、それら偉業を達成した人類の知恵を感得することは、まさしく「魂・精神の耕やし」であり、人間性の十全的な実現へと導くものであり真の平和教育と言えるのではないか。

ユネスコが世界遺産の名の下に推進している万人参加の「草の根」世界運動とも言うべき平和教育と並んで、二〇世紀、広島・長崎への原爆投下という人類歴史の危機(クライシス)（岐路）を直視することをもって始まったもう一つの重要な平和教育の世界運動が「グレート・ブックス・プロジェクト」である。「グレート・ブックス」運動については第一章の詳細で適確な解説がそのすべてを明らかにしているが、敢て一言付け加えるならば、この知的大事業が企(くわだ)てたのは二〇世紀の世界に、一三世紀のトマス・アクィナス『神学大全(スンマ)』に対応するような、信頼するに足る「人生地図」（*the Map of Life*）を提供することであった。

「グレート・ブックス」運動が軌道に乗り始めた一九五〇年代前半の数年間、米国で研究生活をしていた私が強く印象づけられたのは、この運動はジョン・デューイ（一八五九―一九五二）の教育哲学の徹底的な批判・克服の試みを含む、ということだった。デューイにとって人間の教育は個々の人間が現実の社会という環境の中で経験の「試みと失敗」を通じて達成すべきものであり、古典に親しむことを重視する「リベラル・アーツ」ないし「人文(ヒューマ)

主義（ニズム）」の教育観は原則的に斥けられた。これに対して「グレート・ブックス」運動は、人間教育の根本を古典との親しみ、偉大な先人たちとの「大いなる会話」を通じての人間性の十全的（インテグラル）な育成・実現に置く。ここで見落してはならないのは人間性の十全的な育成・実現のためには、純粋に「人間的なもの」の領域にとどまってはならず、超人間的ないし超自然的——「宗教的」と言いかえてもよい——な実在に自らを開く必要がある、ということである。そして宗教ないし宗教的経験には全く知的関心を示さず、ただ「経験の宗教的側面」のみを認めたデューイは、彼の宗教哲学的著作として有名な『誰でもの信仰』（*A Common Faith*, 1934）において、本来的な意味での宗教が問題となる手前のところで思考を打切っており、彼にとって人間性の十全的な育成・実現を課題とする人間教育は宗教を除外するものであったことを明白に示している。

「グレート・ブックス」運動がなぜユネスコの世界遺産選定プロジェクトと並ぶ平和教育の世界的運動であるかは、それが人間教育の根本を人間性の十全的（インテグラル）な、ということは人間的なものを超える「宗教的」実在へと開かれた育成・実現に置いていることからして明白であると言える。繰り返して言うが、このような十全的な人間性の実現を目指す平和教育によってのみ「平和ならしめる」人間を育てることができるのである。一つだけ例を挙げておこう。こんにちわれわれが政治社会ないし国家の成立について考える時、まず心に浮ぶのはトマス・ホッブスの「人は人にとって狼である」という言葉であり、社会を構成する個々の人間は本性的に自己の利害を優先させる利己主義者であるという人間観であろう。ところが、ホッブスの有名な言葉は実は古代ローマの喜劇作家プラウトゥスの警句にすぎず、それに数世紀先立って政治哲学の古典的著作のなかでアリストテレスは「人は人にとって友人である」と言い切っている。同じアリストテレスは「人は本性的に国家（ポリス）社会的動物」である、という有名な言葉を伝えているが、本性的に社会的な人間は、自らに固有な善よりは共同体のすべての成員が共有できる共通善を優先させる」と言明しているのであって、この社会哲学の原則は古代ローマの政治家・哲学者であったキケロによって継承され、一三世紀のトマス・アクィナスも明確にその伝統を保持していた。これは単なる一例に過ぎないが、こんにちわれわれがユネスコの世界遺産および「グレート・ブックス」運動という形で推進されている平和教育の在り方から学ぶべきものがあるとしたら、社会、国家、法について考える際のわれわれの視野を近代の国民国家という枠組から解放して、人間性の十全的(インテグラル)な育成・実現を根本に置く人間教育の理念を確立し、新しい、真実の平和教育を発足させることではないであろうか。

目次構成について

松田義幸

ユネスコ世界遺産は、異文化・異文明の相互理解の教材の宝庫です。何故そういえるのか。それは世界遺産の背景について調べてみるとよくわかります。では万人がそのように納得できる具体的モデルはあるのか。芸術都市フィレンツェをあげることができます。それを教育現場にどのように応用するのか。まだ試行錯誤の段階ですが、古典を教材にして教養教育に関係づけ、地球益、人類益の共通善を学習するプログラムにすることだと思います。本書は以上の問題意識のもとで、三部構成で編集しました。

第一部の「世界遺産の背景――戦争と平和　いかに考えるか」では、七〇年前の国連憲章、ユネスコ憲章の理念まで立ち戻って、戦争と平和についていかに考えてきたかを振り返っています。二〇一四年にフランシスコ・ローマ教皇は、ミサの中で巡礼者に向って、「二つの世界大戦後の今日でさえ、地域紛争、大量虐殺、人間の殺害などが、侵略者やテロリストの犯罪の中で行われている。これは第三次世界大戦である」と踏み込んで懸念を表明したのです。この発言に対して、インターネットでアクセスしてみると、世界中の実に多くの人々が、不安なコメントを寄せています。ユネスコは憲章前文で、「戦争は人の心の中で生まれるものである」と述べています。フランシスコ教皇は世界中の人々の心の中に疑惑と不信が広がっていることを読み取り、心理的にはすでに第三次世界大戦の状態にあると警告したのです。こういう不安な世界世論を背景にして、二〇一五年の戦後七〇年に、世界中の人々の関心が核兵器廃絶と軍縮に集まったのだと思います。そして、二〇一六年のオバマ米大統領の歴史的な広島訪問が実現したわけです。

第一部第一章では、「被爆七〇年の夏に想う――心の中に平和の砦を築く」と題し、戦後七〇年の間、恒久平和の実現に向けて、平和教育の実験的試みのあったことを回想しています。ユネスコは憲章前文で、「戦争は人の心の中で生まれるものであるから」に続き、「人の心の中に平和の砦を築かなければならない」と謳っています。ユネスコは、United Nations, Educational, Scientific and Cultural Organization の頭文字をとった、国際連合教育科学文化機構ですから、実に多くの仕事をしています。そのせいか、長い間「心の中に平和の砦を築く」具体的なプロジェクトが見えませんでした。ところが、今世紀に入り、ユネスコが推進する生涯学習対応の平和教育プロジェクト「世界遺産」がクローズアップしてきたのです。今では、「ユネスコといえば世界遺産、世界遺産といえばユネスコ」といわれるまで、世界中の人々の高い関心事になりました。

第一部第二章では、「世界遺産のための教養講座――異文化・異文明の相互理解に向けて」と題し、世界遺産の背景について、森永エンゼル財団にご協力をいただいている先生を中心に、哲学、言語学、文化人類学、歴史学、美学の観点から、学習計画のシラバスを作成してみました。ユネスコ憲章前文はさらに続けて「相互の風習と生活を知らないことは、人類の歴史を通じて、世界の諸人民の間に疑惑と不信を引き起こした共通の原因であり、この疑惑と不信のために諸人民の不一致があまりにしばしば戦争となった」と反省をしています。ではいかにすれば「心の中に平和の砦を築く」ことができるのか。このユネスコ憲章に応えようと、二一世紀に入り、アジアから初めて就任した松浦晃一郎ユネスコ事務局長（一九九九―二〇〇九年）の時代に、世界遺産政策の理念と体系化の大革新が行われました。それまでの有形の世界遺産に、無形の文化遺産を取り入れ、近代国民国家以前の地球の歴史、人類の歴史の現場を訪ね、世界の共通善の地球益、人類益を、世界の万人が目の当たりにでき、そこで平和実現に向けて何が一番大切なことであるか、感じ入ることができるようにしたのです。

第二部は「事例研究・芸術都市フィレンツェの経営政策――美の実践による「世界美化」運動モデル」です。一九一〇年創業の森永製菓株式会社の商標はエンゼルです。森永エンゼル財団は、財団設立以来社会貢献事業の理念をゆるぎないものにするために、四半世紀にわたり、哲学者稲垣良典先生にお願いし、エンゼルに関する学術研究を中心に据えてきました。テキストは西洋古典による平和教育運動の推進者M・J・アドラーの『天使とわれら』（原典一九八二、一九九七年に稲垣先生の訳で、講談社学術文庫から出版）です。併行して、『天使とわれら』の時代精神の文学作品として、ダンテ『神曲』を選び、西洋中世史研究の樺山紘一先生、イタリア美術史研究の田中英道先生を中心にダンテ・フォーラム・シリーズを、哲学者今道友信先生に『ダンテ〈神曲〉講義』（みすず書房・二〇〇四）をお願いしてきました。いずれもインターネット活用の無料配信の森永エンゼル・カレッジ電子映像図書館に収録してあります。このダンテ・フォーラムと特別講義を続ける過程で、研究課題が「フィレンツェ・ルネサンス」と「芸術都市フィレンツェの経営政策」に自然に向かうようになったのです。

今道先生は、二〇世紀の「世界戦場化」を深く反省して、二一世紀の政策課題として平和を希求する「世界美化」をあげていました。そこに松浦晃一郎ユネスコ事務局長による『世界遺産』（講談社・二〇〇八）の概論書が出版されたのです。概論書としては日本で初めての出版といえます。森永エンゼル財団の私たち基礎研究グループは『世界遺産』をテキストにした読書会を開き、改めて言語と文化の多様性の尊重と保護が緊急課題であると認識したのです。

そこで、第二部第三章は「フィレンツェ・ルネサンスの形成――世俗世界の現実を写しとった詩人ダンテ」といたしました。この章は、C・ドーソンの『ヨーロッパの形成　ヨーロッパ統一史叙説』（創文社・一九八八）とE・

アウエルバッハの『世俗詩人ダンテ』（みすず書房・一九九三）を背景に編集しています。上智大学の比較文学、比較文化学のヨゼフ・ロゲンドルフ先生は、戦中・戦後、いち早くドーソンとアウエルバッハの著作を教育テキストに用いていました（本書第六章参照）。第三章の「世俗世界の現実を写しとった詩人ダンテ」という表現は、『世俗詩人ダンテ』の日本語訳者の小竹澄栄先生の解説からの引用です。アウエルバッハの著作に『ミメーシス』（篠田一士・川村二郎共訳・ちくま学芸文庫・一九九四）があります。日本語に置き換えれば「模倣」ということです。プラトン、アリストテレスが用いた概念です。ロゲンドルフ先生は、アウエルバッハのミメーシスを「今日の評論家、学者、文学愛好者が、それぞれの時代の作品が世俗世界の現実をどのように写しとっていたか、また世俗世界の時代精神の形成にどのように影響していたかを解釈する概念である」と解説しています。世俗語のイタリア語によるダンテ『神曲』は、フィレンツェ・ルネサンスの時代精神を解釈する最適の文学作品であったのです。

第二部第四章は、「フィレンツェの芸術資本投資の理念と実際——美術修復の学際研究と先端技術開発・蓄積」です。一九六六年にフィレンツェを流れるアルノ川が大豪雨で大氾濫を起こし、未曾有の大被害にあい、夥しい数の美術品、稀覯書が泥に飲みこまれたのです。いかにこれらの美術品、稀覯書を救いだし、修復・復興するか、まさに時間との戦いでした。フィレンツェの職人たちは、自分たちの修復技術を公開し、世界中から手を差し伸べてくれた人たちにその技術を伝授し、学界も総出で最先端技術と協働し、修復・復興に当たったのです。フィレンツェの人たち、そしてイタリア、世界の人々が最も危機的な状況から、芸術資本投資の理念と実際のあり方を体験を通して学び取ったのです。このドキュメンタリー映画は映像作家の熊倉次郎氏の作品として「フィレンツェ　世界遺産に生きる」と題し、森永エンゼル・カレッジのアーカイブに入れてあります。西洋中世史研究の樺山紘一先生は、都市経営史の視点から、イタリア美術史研究の田中英道先生は芸術産業の視点から、そしてレジャー研究の松田は、世界遺産観光の視点から芸術都市フィレンツェの理念と実際をいかに学び取るべきかを提案しています。

第三部は「ルネサンス世界遺産・心の旅――ヨーロッパ・ルネサンスの旅案内」です。森永エンゼル・カレッジのインターネット・アーカイブを学習教材にした勉強会、塾がいくつかでき、私たち基礎研究グループも、できる範囲の協力をしています。その一つが千葉大学柏の葉キャンパスの徳山郁夫先生主宰の「柏の葉ルネサンス塾」です。塾のメンバーがフィレンツェに出かけるようになり、文学、芸術、歴史、文化人類学等の視点からの世界遺産・心の旅案内のプログラム作りを始めたのです。そのメンバーの多くは、定年後の自分探しに関心を寄せている人たちです。そこに若い世代、学生たちも入っています。

戦後の西洋文化の研究者たちは、努力さえすれば、戦前の文献中心の研究ではなく、例えば、芸術の実作品に直接向き合い、創造的想像を働かせて、その製作プロセスを追体験し、新しい解釈視点からの論文を書くことが出来ます。その論文を国際学会で発表し、海外の研究者と交流もできます。このように恵まれた環境にあります。「柏の葉ルネサンス塾」のメンバーは、日本経済新聞の「私の履歴書」の中の学者、研究者の自伝のようなフォーラム開催を要望していたのです。

第五章の内容は、「ルネサンス研究の自分史―課題と展望――それぞれのルネサンス・ゼミ旅行」と題し、ダンテ・フォーラムを開催した報告です。樺山先生は、「西洋中世史とルネサンスと私」の自分史を、田中英道先生は、「イタリア美術史とルネサンスと私」の自分史を、松田は西洋古典と世界遺産を関連付けた「グレート・ブックスとルネサンスと私」の自分史をそれぞれ語り、心の旅案内のプログラム作りの参考にしてもらいました。樺山先生がこのフォーラムで、トピックスとして、将来、マルクスの学問とカトリック・イエズス会の学問に、もう一度関心が集まるのではないかと示唆されたのです。実は、私自身もカトリシズムの哲学者のヨゼフ・ピーパーの『余暇

と祝祭 文化の基礎としてのレジャー』（稲垣良典訳・講談社学術文庫・一九八八・原著は一九六五年にドイツ語で出版）に一九七二年に出会ってから今日まで、西洋文化をカトリシズムの内側から研究してみることに関心を抱き、南米の「解放の神学」も、イエズス会の学問の視点から偏見なしに検討したいと思っていました。アルゼンチン出身のイエズス会のフランシスコ教皇、清貧のウルグアイのホセ・ムヒカ元大統領、キューバのイエズス会の教育を受けた同じく清貧のフィデル・カストロ元議長、ベネズエラのホセ・アントニオ・アブレオ博士の創立した「音楽の社会運動・エルシステマ」などの背景に、世界が真摯に学ばなければならない人権思想の基本問題、新しい時代精神があると直感していたからです。

第三部第六章は「ロゲンドルフ先生の『和魂・洋魂』文献案内――上智大学クルトゥール・ハイム・サロンの時代」と題し、イエズス会の上智大学が、民族の言語と文化の多様性を尊重・保護し、その上で、異文化・異文明の相互理解を促進する比較文学、比較文化学のリベラル・アーツ教育にどのように取り組んでいたかを研究してみようと思ったのです。この章は、私たち基礎研究グループがこれから取り組もうと考えている文献案内です。現在のイエズス会総長は上智大学教授であったアドルフォ・ニコラス神父です（二〇一六年一〇月一四日、新総長に南米ベネズエラ管区のアルトゥロ・ソサ・アバスカル神父が選出された――編集部）。ヨハネ・パウロ二世が教皇代理補佐として要請し、教皇庁立グレゴリアン大学学長を務めたヨゼフ・ピタウ神父は、その前に上智大学学長に就いておられました。戦後の上智大学は、カトリシズムの世界がとても期待していた大学であったのです。私はこの文献案内を作成しながら、ロゲンドルフ先生の「和魂・洋才」ではなく、「和魂・洋魂」の東西交流のリベラル・アーツ教育の理念と方法が、日本の大学が現在取り組んでいる教養教育改革、文学部改革の参考になると思いました。

以上、本書の出版に当たり、創文社編集担当の久保井正顕氏が、粗原稿に丁寧に目を通し、細かな再検討の必要のある個所と全体の流れを三部構成六章仕立てにする案を出されたので、打ち合わせの結果、このような目次構成になりました。また、このたびの書籍化に、生前格別のご協力を賜りました今道友信先生、ダンテ・フォーラム・シリーズを長きにわたってご担当くださいました樺山紘一先生、田中英道先生、第一部の監修と序の「世界遺産とわれら」を賜りました稲垣良典先生、そして森永エンゼル・カレッジの電子映像図書館を活用した「柏の葉ルネサンス塾」を主宰している徳山郁夫先生、出版を引き受けてくださった久保井浩俊創文社社長、以上の皆さまに心より感謝申し上げます。

ここで平和を希求して「世界美化」運動を提言された今道友信先生の霊に本書をささげたいと思います。

最後に私たち基礎研究グループを四半世紀をこえて支援してくださいました森永エンゼル財団の松﨑昭雄元理事長、森永剛太理事長、大野晃副理事長、奥田義孝専務理事、武井浩一事務局長、野秋誠治研究主幹の皆さまに心より感謝申し上げます。

第一部　世界遺産の背景

――戦争と平和　いかに考えるか――

第一章　被爆七〇年の夏に想う

――心の中に平和の砦を築く――

松田義幸

1　『文明の衝突』の投げかけた波紋

私は教育者として、ユネスコ憲章前文の「心の中に平和の砦を築く」課題を、自分のリベラル・アーツ教育の中心に据えてきました。特にソ連邦崩壊後の世界の対立・紛争を予測したサミュエル・P・ハンチントン（一九二七―二〇〇八）の『文明の衝突』の投げかけた波紋に対し、私は自分にできる仕事として、森永エンゼル財団の協力のもとで、「ダンテ・フォーラム」に哲学の今道友信先生、西洋中世史の樺山紘一先生、イタリア美術史の田中英道先生に、また「トマス・アクィナス研究会」に哲学の稲垣良典先生、英語学の渡部昇一先生に参加していただき、古典や世界遺産を教材にした異文化、異文明の相互理解を促進する研究交流に力を入れてきました。このたびの本書の編集内容は、その成果を『世界遺産への道標――事例研究・芸術都市フィレンツェの経営政策』と題してまとめたものです。

それだけに、二〇〇一年のタリバンによるバーミアン遺跡の破壊、二〇一四年六月二九日の「イスラム国（IS）」の樹立宣言、続いて起きている対立・紛争の数々、その犠牲者の増加、そこに今度は世界遺産の破壊攻勢、私はこれ等の事態に大きなショックを受けています。世界遺産についていえば、ISの戦闘員は、貴重な古代遺跡や古代ギリシア・ローマの神話を取り込んだ世界遺産から何も学んでいなかったのかと残念に思いました。中東地域は世界遺産の宝庫です。メソポタミア文明、エジプト文明に始まる世界遺産は、神話の時代とはいえ、意味のない単なる偶像ではなく、立派な文芸・芸術表現であり、またその時代の科学技術、人間理性に基づいた人類にとってかけがえのない価値のあるものです。特に二〇世紀に、メソポタミア文明、エジプト文明の研究が飛躍的に進みました。世界史の古代を、改めて学習し直さなければならないほど、成果をあげているのです。

ではISに対して、どのような対応の可能性が残っているのか。ハーバード大学のジョセフ・ナイ教授の表現を借りれば、ハード・パワーの軍事力依存では限界にきており、ISにテロ組織ではなく、政治組織として対応し、ソフトパワーの交渉に入るべき時機に来ているのではないか、そうも考えてみました。そこに、二〇一五年六月二六日の朝日新聞（朝刊）に、やはりそういう考えも検討に値するのだという記事が掲載されたのです。それは石合力国際報道部長による国際法の権威のプリンストン大学のリチャード・フォーク名誉教授への「「国家」を超えて」と題するインタビュー記事でした。問いかけは「過激派組織ISの勢力拡大、停滞する中東和平、民族・宗教対立の拡大、国家の枠組みを超えた気候変動、核軍縮問題等、混沌とする世界の現状打開のカギは何か。新たな国際秩序づくりの視点は何か」というものでした。この問いかけへの答えのポイントを三つあげてみます。

① アメリカは間違った占領政策によって、宗教対立を引き起こしてしまった。軍事力依存のハードパワー戦略で、この対立・紛争を終結することは難しい。ISに政治組織として対応し、交渉に入る時機にきていると思う。この先例として、ベトナム戦争での交渉、アイルランド共和軍との交渉がある。

② 現在、世界が直面している諸問題は、国益追求の近代国民国家の枠組みを超えている。いかに対応すべきか、それには脆弱化した国際連合組織を大改革して、地球益・人類益を優先できる強い機構にしなければならない。

③ そのためには、宗教界からの協力が必要である。宗教界には地球規模の問題を解決する潜在力がある。ロー

マ・カトリック教会の教皇にそのリーダーシップを取ってもらうことである。

私はこのインタビュー記事を読み、第二次世界大戦終結後に発表した、シカゴ大学総長のロバート・M・ハッチンス（一八九九—一九七七）の『世界憲法シカゴ草案』（一九四八）と『聖トマス・アクィナスと世界国家』（一九四九）を想い起こし、読み直してみました。そして、二〇一五年は戦後七〇年の節目に当たり、マス・メディア、出版界は特別企画を組んでいるのですが、日本社会は政教分離の風土が根強く、この政治と宗教界との相互協力の視点が欠けていると思いました。私は朝日新聞のインタビュー記事に刺激を受け、七〇年前の大戦後、核戦争廃絶の国際秩序づくりに、国際政治と宗教界との間に、ハッチンスを中心にどのような相互協力の考え方、ビジョン、実践活動があったのか、それを再考しようと思ったのです。ローマ・カトリック教会は、国際連盟の時代から、そして、聖トマス神学の自然法を取り入れて憲章を謳っている国際連合に対し、世界平和の実現に向け、自然法に基づく立法、行政、司法の世界法の整備の働きかけを積極的に行っていました。一方、国際連盟、国際連合の側からの宗教界への働きかけ、中でも全世界に組織を持つローマ・カトリック教会への相互協力の働きかけがなぜ積極的でなかったのか、この問題についても考えてみることにしました。

実はかねてより、森永エンゼル財団の稲垣良典先生による「トマス・アクィナス研究会」で伺っていたことがあります。

先生のアメリカ留学時代に経験したことの一つが、アメリカ社会に根強く残っているローマ・カトリックへの強い嫌悪・偏見でした。国家と宗教の分離は、具体的にはバチカン攻撃でした。従ってアイリッシュ・カトリックのケネディが大統領になったのは、奇跡と思われていました。しかし、今日のキリスト教文明社会は、昔の政治と宗教の未分化の時代と違い、宗教界の中では最も政治と宗教が互いに自立・分離しており、その前提のもとに、相互排除ではなく相互協力して、地球規模の問題解決に当たる時機に来ていると思います。

2 『世界憲法シカゴ草案』と『聖トマス・アクィナスと世界国家』

これはハッチンスだけではないのですが、広島・長崎への二度の原子爆弾投下の被害の大きさを知り、近代国民国家の枠組みを超えた世界国家（または世界政府）設立に向けた構想が、強い決意のもとに、次々に提案されていたのです。ハッチンスの『世界憲法シカゴ草案』もその中の一つです。

ハッチンスは、シカゴ大学で一緒に古典教育のグレート・ブックス運動を推進している哲学者のモーティマー・J・アドラー（一九〇二―二〇〇一）に相談して、戦争直後の一九四五年に、世界連邦共和国設立に向けての十一人の識者からなる世界憲法起草委員会を立ち上げたのです。そして一九四八年に『世界憲法シカゴ草案』として発表しています。すでにハッチンスとアドラーはアメリカを代表するオピニオン・リーダーであり、シカゴ草案は大きな反響を呼びました。二人のリーダーの基本思想は、トマス・アクィナス神学に基づくカトリック思想でしたので、ローマ・カトリック教会への影響が特に大きかったのです。ユネスコ憲章の「心の中に平和の砦を築く」課題を先取りした世界国家設立の理念と制度の提案であったからです。

日本にも大きな影響を与えました。京都大学教授の国際法の田畑茂二郎（一九一一―二〇〇一）が、一九五〇年に『世界政府の思想』（岩波新書・シカゴ草案を巻末に掲載）で、他の世界政府構想の理念と制度を比較しながら、シカゴ草案について詳細な解説をしています。田畑は「世界政府の思想の歴史を見ると、大戦争終結の前後から世界政府構想の理念や制度のあり方について提案がなされてきたのですが、このたびの提案には共通の特色がありま す。それは、次の原子力戦争は人類を破滅させるという大危機意識です」と述べています。この大危機意識こそ戦後七〇年の節目にもう一度想い起こさなければならないことだと思います。二〇一〇年の日本の世界法学会は、統一テーマに田畑の「『世界政府の思想』六〇年」と題して開催し、シカゴ草案の今日的意義についても言及しています。発表者のレジメを見るだけでも世界法学会で世界政府設立の理念と制度のあり方が、現在でも大きな課題になっていることが分かります。しかし日本のカトリック法学の立場に立たない国際法の研究者は、シカゴ草案をトマス・アクィナス神学に関連付けて解釈するまでには至っていないように思います。

私が『世界憲法シカゴ草案』の宗教的背景をよく理解できるようになったのは、一九四九年に、ハッチンスがアリストテレス協会で行った講演記録の『聖トマス・アクィナスと世界国家』（未來社・一九八四）を読み、そして世界平和のためのグレート・ブックス運動との関連付けが出来るようになってからです。『聖トマス・アクィナスと世界国家』の日本語訳には、西洋中世政治思想史の柴田平三郎獨協大学教授が当たっています。柴田先生は、丁寧な解説とあとがきで本書の大きな成果を、ローマ・カトリック教会のヨハネ二三世（一八八一―一九六三）が招集した第二ヴァティカン公会議（一九六二―一九六五年）に関連付け、「この公会議の基本精神は、本書をより一層よく発展させたものといえる」と述べています。これは卓見だと思います。この公会議以前までは、ローマ・カトリック教会は、平和を保つ均衡のための原子兵器の保有を合法としていたのですが、この公会議で核時代における国家の戦争自体を否定し、核兵器の保有を禁止し、軍縮、そして軍備撤廃を決議しました。これは本当に画期的な決議だったと思います。

まずはここで『世界憲法シカゴ草案』の前文を、『世界政府の思想』から引用することにします。この草案の目的を明記しているからです。

前文

全地球上の人民は人間が精神的卓越と物質的福祉において向上することが全人類の共同目的であり　この目標を追求するためには　普遍的平和の実現が先決条件であり　更に平和の先決条件として正義の確立が必要とされ　平和と正義とは共に興り共に亡ぶものであり　不正と戦争とは不可分に　民族国家の相争う無政府状態から生まれるものであり　従って民族の時代は終りを告げ　人類の時代が始まらなければならない　という点で意見の一致を見たので　諸国家の各政府は　各自の持つ個々の主権を　正義に基づく単一政府の中に移譲しその政府に各自の有する兵器を引き渡し　ここにその制定する憲法をもって　世界連邦共和国の規約並びに基本法を定めることに決定したのである

私にはこのシカゴ草案の前文そして本文の中に、ハッチンスとアドラーが、グレート・ブックスの古典から学び取った知恵が、トマス・アクィナスとアリストテレスを中心に、みな入っているように思えました。生命、自由、幸福の追求の基本的人権、自然法に基づく実定法の整備、人類の共同財産としての土・水・空気・エネルギー（火）の四大元素からなる自然環境の尊重等です。そしてハッチンスは『聖トマス・アクィナスと世界国家』の結びで、聖トマスの「平和はカリタス（愛）と正義の仕事、すなわち直接的にはカリタス（愛）の、間接的には正義の仕事である」を引き、宗教と教会の仕事はカリタス（愛）である。国家と政府の仕事は自然法に根ざした正義である、従って、ローマ・カトリック教会と世界国家は世界平和の実現に向けて、互いに協力しなければならないと述べています。すでに、ローマ・カトリック教会は、第二ヴァティカン公会議後、世界平和実現に向け具体的な実践活動に入っています。その憲章ともいうべきものが、教皇ヨハネ二三世が一九六三年に公布した回勅『地上の平和』（パーチェム・イン・テリス）です。この回勅は当時の共産圏でも熱狂的といえる共感を呼びました。その後、異教徒を「真理を探究する存在」として協力を求めた世界宗教者会議の開催やＥＵ統合に当たっては「補完性

（subsidiarity）の原理」に基づく地方分権政策の実践活動に力を入れています。現在では経済のグローバル化で、地方が空洞化しないようにキリスト教文明圏以外の地域でも、例えば日本においても、地方分権政策の中にこの原理を取り入れています。日本でも今日、グローバルとローカルから、グローカルという言葉を使っていますが、そのルーツは補完性の原理にあったのです。ハッチンスは、本書の中で、補完性の原理を次のように説明しています。「近代国民国家に関するカトリック基本思想は、拡大する国家権力をさらに拡大させるのではなく、反対に縮小させるというものです」。

しかし、近代国民国家のもとでは、ハッチンスが尊敬する同時代の歴史家のアーノルド・J・トインビー（一八八九―一九七五）も同意見なのですが、田畑が『世界政府の思想』で述べているように、近代国民国家の対立している状況においては、国益重視の産業主義の追求は、資本主義経済、社会主義経済、共産主義経済、そのいずれをとるにせよ、結局、共に全体主義国家の方向に向かわざるを得なかったからです。その結果、国家権力は国境を超えて拡大に向かい、平和とカリタス（愛）と正義が滅び、戦争と悪徳と不正を結果することになったのです。いかにしてこの難局を克服するか。ハッチンスは世界平和を実現するためには、当面、世界政府を設立し、ローマ・カトリック教会と相互協力することが、現実的であると考えました。具体的には、近代国民国家を凌駕する世界国家を設立し、原子兵器の保有を禁止する自然法に基づく立法、行政、司法の世界法を整備することだという確信でした。ハッチンスは世界平和の実現に向けた具体的な運動展開を、ローマ・カトリック教会と世界国家、世界政府との相互協力を前提にし、『世界憲法シカゴ草案』を作成しています。しかし、一九五〇年に、非常に残念なことに、朝鮮動乱、次に米ソの対立時代に入り、全米そして世界の人びとの世界国家（世界政府）設立の関心と熱意が低調になってしまいました。ただ、ここで見落としてならないことは、世界平和実現に向けて、全世界に組織を持つローマ・カトリック教会の地道な実践活動は続いているし、ハッチンスとアドラーの推進した古典教育によるグレート・ブックス運動も続いているのです。

ローマ・カトリック教会の第二ヴァティカン公会議が、近代国民国家による戦争自体を否定決議したことは本当に画期的なことでした。このためにローマ・カトリック教会は、平和とカリタス（愛）と正義に根ざして、国家権力を縮小させる実践活動の展開と、ユネスコ憲章を先取りした「心の中に平和の砦を築く」平和教育活動に力を入れたのです。ハッチンスとアドラーはカトリック教会の実践活動に呼応して、トマス・アクィナス神学に基づく、本格的なグレート・ブックス運動による平和教育に取り組んだのです。

3　ハッチンス、アドラー、グレート・ブックス

七〇年前、広島・長崎への原爆投下が、世界中にどれだけ大きな衝撃を与えたか。広島に投下された日から六日後の八月一二日、シカゴ大学総長ハッチンスが、ラジオ放送を通して「先週の月曜日までは、正直にいって、私は世界国家に対してあまり希望を持っていなかった。しかし、世界国家を作らなければどうなるか、いまやハッキリと分かってきた。世界国家を作り、それに原子力を独占させる以外に、戦争を廃止させる望みは全くない」と語りかけたのです（『世界政府の思想』）。

ハッチンスのこの大危機意識が緊急に『世界政府シカゴ草案』と『聖トマス・アクィナスと世界国家』を発表させたのです。そして、考え方を単に発表しただけでなく、学者として、教育者として、そして一市民として、自分たちがそのために最優先で実践すべきことは何かを熟慮した結果、ハッチンスとアドラーはシカゴ大学を辞任して、世界平和実現に向けての古典教育のグレート・ブックス運動による学習社会（ハッチンスによる概念）づくりに取り

組むことにしたのです。日本の生涯学習社会政策のルーツもここにあります。ハッチンスは、カルヴァン主義の長老派教会の牧師の家に生まれ、エール大学を優秀な成績で卒業し、一九二九年には三〇歳の若さでシカゴ大学の学長に、一九四五年には総長に就任しています。学長就任と同時に、古典教育改革の推進者のコロンビア大学のモーティマー・J・アドラーを法哲学教授に迎えました。

アドラーはユダヤ人の移民の子として生まれ、学校を中退してジャーナリストの道を歩みましたが、ミルの『自叙伝』を読み、古典を学ぶことの大切さに目覚め、コロンビア大学に入学し、そこで英文学の教授で、作家・評論家・ピアニスト・作曲家という多才な能力の持ち主の古典教育の権威、ジョン・アースキン（一八七九―一九五一）（アースキンはジュリアード音楽院の初代院長でもある）の西洋文明の古典セミナーに参加したのです。そして、ソクラテスの産婆術の思考の対話法に動機づけられ、アドラーはアースキンの内弟子になります。やがて、このセミナーを引き継ぐことになり、改良を加え古典の中からさらにグレートな古典を選び、グレート・ブックス・セミナーに革新したのです。それが評判になり、二八歳でエール大学ロー・スクールのディーンをしていたハッチンスの関心を引き、アドラーとの出会いになりました。

アドラーはアースキンの西洋文明の古典セミナーに学び、カトリック教徒ではなかったのですが、二十代の早くに、聖トマス・アクィナス『神学大全』の神について、理性的被造物（人間）の神へ向かう動きについて、そしてキリストについての考え方は、時代や社会が変わっても揺るぐことがないと確信していました。アドラーは、自分の哲学のすべての関心を『神学大全』の中に見出したのです。世間はアドラーを誠実で高潔なトマス主義者として評価したのです。アドラーは、カトリック系ジャーナルで、哲学者として、教育者として大活躍していました。そして第二次世界大戦、太平洋戦争の一九四〇年頃には、ローマ・カトリック教会はハッチンスとコンビで、当時最も頼りにしていた、哲学者のジャック・マリタン（一八八二―一九七三）、エティエンヌ・ジルソン（一八八四―一九七八）、イエズス会神父のマーティン・ダーシー（一八八八―一九七六）に並ぶ期待をしていました。

ハッチンスはアドラーから強い刺激を受け、交友を重ねながら、自分自身もトマス主義者になったのです。その学問的水準について『聖トマス・アクィナスと世界国家』の日本語訳に当たった柴田平三郎先生は、第一級の研究者と評価しています。

ハッチンスとアドラーのリーダーシップのもとで、シカゴ大学を拠点に展開したグレート・ブックス運動は、一九四〇年代の前半に全米に広がり始めます。単にシカゴ大学のリベラル・アーツ教育の革新だけでなく、公開講座には社会人が押し寄せ、ユニヴァシティ・クラブまで誕生しました。そして、アドラーが一九四三年の夏に『戦争と平和』について執筆中に、グレート・ブックスそれぞれの中に、例えば、ホメーロス、プラトン、アリストテレス、ウェルギリウス、ホッブス、カント、トルストイが、いかなる基本的な考えを持っていたか、次々に興味がわいてきたのです。戦争、平和のアイディア（思想・観念。アドラーのアイディアの日本語訳はとても難しく、カタカナ表記にしました）だけでなく、価値判断基準（アイディアス）の真・善・美　行為判断基準（アイディアス）の自由・平等・正義といった、哲学のテーマになるグレート・アイディアスを選びだし、各グレート・ブックを精査し、アイディアについて教養を深める体系づくり（シントピコン）のとてつもなく手間暇のかかる大プロジェクトの作業に取りかかりました。そこに終戦を迎えたわけです。

ハッチンスは終戦後直ちにアドラーに相談し、『世界憲法シカゴ草案』を発表し、続いてアリストテレス協会で、シカゴ草案の宗教的背景を『聖トマス・アクィナスと世界国家』と題して講演をしたのです。この本の扉に「モーティマー・J・アドラーに、二二年にわたる交友に感謝しつつ」と記しています。また。本書の本文に入る前に、一九二三年にピウス一一世が国際連盟に聖トマス神学を大切にするように説いていること、また一九四一年にジャック・マリタンが『時を贖う』で述べた「教会がかつてヨーロッパ政治形成に貢献していた時代のように、倫理的権威を保っている教会が、現代の倫理的危機に直面している文明の救済に、そして世界の社会的形成、国際秩序づくりに貢献する義務を負っていることを自覚すべきだ」という言説を引いていることに、ハッチンスのそれ以降の地球市民・地球社会と世界法の形成の仕事を読み取ることができると私は思いました。

ハッチンスとアドラーは、グレート・ブックス運動を生涯学習の社会運動に展開することを意図して、一九四七年にグレート・ブックス財団をシカゴに設立していたのです。この財団にフォード財団から資金的援助を受けることができたのです。その実践的成果として、シカゴ公立図書館で実施したグレート・ブックス・プログラムは、たいへんな評判を呼び、イリノイ州全域、そして次に全米各都市の図書館がグレート・ブックス・セミナーを取り入れるモデルになったのです。アドラーは全米各地の図書館から要請を受けると、グレート・ブックス・セミナーの理念と方法のレクチャーとデモンストレーション・セミナーを公開する伝道者（ミショナリー）になり、大忙しだったのです。ハッチンスとアドラーが三〇〇〇人を収容するニューヨーク・リンカーン・センターで、プラトンの対話篇の公開セミナーを行った時、これは思想劇場（The Theater for Ideas）だと大評判をとったのです。この思想劇場は、最近、評判になったハーバード大学のマイケル・サンデル教授の公開講座形式のモデルといってよいと思います。またシカゴ大学の公開講座にはビジネスマン、企業家、銀行家、法律家が集まり、ユニヴァシティ・クラブができるまでになっていました。ハッチンスとアドラーに、このクラブで二組の有力な夫妻とのグレート・ブックス協働プロジェクトが生まれたのです。一組はペプケ夫妻です。ウォルター・ペプケ（一八九六―一九六〇）はコンテナ・コーポレーションの社長で、シカゴ大学、シカゴ交響楽団、シカゴ・デザイン研究所の理事をしていました。ペプケ氏は、冬はスキー、夏は野外レクリエーションのコロラド州アスペン・リゾートにグレート・ブックス・セミナーを導入して、アメリカを代表する生涯を通じての学習社会リゾートにしたいという構想を抱いていました。ハッチンスはその相談を受けたのです。丁度一九四九年はゲーテ生誕二〇〇年に当たっていました。それには世界に影響力のあるアルベルト・シュバイツァー（一八七五―一九六五）とホセ・オルテガ・イ・ガゼット（一八八三―一九五五）を招いた記念祭にしようということになったのです。この記念祭の大成功が契機になり、一九五〇年にはアスペン人文研究所主催のエグゼクティブ・グレート・ブックス・セミナー、アスペン音楽祭、国際アスペン・デザイン会議が本格的に始まりました。

もう一組はベントン夫妻です。ウィリアム・B・ベントン（一八九〇―一九七三）は、ブリタニカ社の会長・発行人で、それまでシカゴ大学グレート・ブックス・コースで開発してきたプログラムを出版化する提案をしてくれたのです。一九四三年からこの出版化の仕事に着手し、一九五二年に漸く全五四巻からなる『グレート・ブックス』体系を刊行することができました。アドラーはこの年に二三年務めたシカゴ大学を辞任し、グレート・ブックス・プロジェクトのイノベーションのための個人の哲学研究所を設立したのです。前年の一九五一年にハッチンスはシカゴ大学を辞任し、フォード財団副理事長に就任していました。アドラーはハッチンスと一緒にグレート・ブックス財団で、子どもから社会人までを対象にした生涯学習教材の開発と普及活動、さらにコロラドのアスペン人文研究所主催のアメリカのオピニオン・リーダーを対象にした一四日間のエグゼクティブ・グレート・ブックス・セミナーに力を入れることになったのです。また、ハッチンスとアドラーは世界の百科事典の歴史と伝統を築いてきた『ブリタニカ・エンサイクロペディア』大革新の大事業に着手します。もちろん『グレート・ブックス』体系の出版物と姉妹プロジェクトといってよいと思います。一九七四年に第一版が出るのですが、批判も多く手直しの版を重ね、一九八五年の一五版でやっと落ち着いたのです。

このように、ハッチンスとアドラーの二人のグレート・ブックス運動は大躍進を遂げていましたが、この運動に広島・長崎への原爆投下が大きな衝撃を与えることになったのです。ハッチンスとアドラーは、グレート・ブックス運動が『世界憲法シカゴ草案』と『聖トマス・アクィナスと世界国家』の構想を現実にする世界平和教育運動になると確信したのです。二人はシカゴ大学を離れて、ハッチンスはそのための環境づくりのビジョンを『学習社会（ラーニング・ソサイエティ）』（一九六八）として発表します。アドラーは、『グレート・ブックス』体系の中心思想に、トマス・アクィナス『神学大全』を位置付け、一九九〇年に二〇世紀古典を加えた『グレート・ブックス』全六〇巻セットの大改訂を成し遂げています。現在アドラーの全生涯をかけた研究業績はインターネットを活用したアドラー&アクィナス研究所に引き継がれ、世界の大学との協働教育の時代を迎えています。グレート・ブックス運動ルネサンスが二一世紀の今始まっているのです。

4　日本のグレート・ブックス運動の受容過程（1）

雑誌「TIME」は全米に、そして世界にも大きな影響力を持っていました。その「TIME」が一九四九年、ハッチンスのカバー肖像画と特集を組んだのです。またアドラーについても一九五二年に、同様の特集企画を組んだのです。ちょうど『世界憲法シカゴ草案』と『聖トマス・アクィナスと世界国家』が大きな全米の関心事になっていた頃に、稲垣良典先生が、アメリカ・カトリック大学で、トマス・アクィナスを中心にした研究に従事していたのです。稲垣先生はその特集記事を鮮明に記憶されています。「トマス・アクィナス研究会」で、その当時の二人の仕事を伺うことができました。アドラーは、「聖トマス・アクィナス『神学大全』に倣いて、二〇世紀版の

『神学大全』を目指して、『グレート・ブックス』体系全五四巻を完成させた」と語っていたそうです。また稲垣先生は、ハッチンスの聖トマス神学に基づく世界国家設立構想にも期待を寄せておられました。後に稲垣先生はハッチンスと同じ問題意識から、学校制度の枠組みを超えた学習社会の理念と制度のあり方を提案されています(「『人間の教育』とそのユートピア的構想」新・岩波講座哲学第十二巻・一九八六)。

アメリカ・カトリック大学院での指導教授がトマス社会・法哲学の研究者で、稲垣先生の修士論文は『トマス主義的法哲学の基本思想』でした。博士論文のテーマは、指導教授が自然法と実定法との関係の問題を示唆したのだそうです。とくにその頃米国の学会で日本の新しい憲法に対する英・米憲法思想の背景にある自然法の影響が関心を呼んでいました。それを中心に研究するようにと助言されたのです。日本語文献は戦前からの蔵書に加えて、占領下の日本で出版された書物は全部ワシントンの国会図書館に収蔵されていました。稲垣先生は国会図書館内に研究室を確保し、大学院の単位は殆ど取り終えていたので国会図書館に日参していました。何よりの幸運は、東京帝国大学法学部長、文部大臣を歴任された田中耕太郎博士(一八九〇―一九七四)に、さらに吉田茂首相にも巡り合えたことでした。特に当時最高裁判所長官だったカトリック法哲学者の田中博士が公務でワシントンに来られる度に、快く論文指導をしてくださったそうです。吉田首相とは三度も親しく仕事のお手伝いをする機会があったのです。更に、東京裁判でキーナン首席検事の法律顧問をされたB・F・ブラウン博士がアメリカ・カトリック大学法学部長であり、当時のアメリカにおける伝統的な自然法理論研究の第一人者であったことも米国における自然法研究について正確な認識を得ることを可能にしました。学位論文は『日本国憲法と自然法』(The Constitution of Japan and the Natural Law)と題してアメリカ・カトリック大学出版部から出版されています。稲垣先生のカトリック大学での研究(一九五一―五五年)は、トマスを中心にした伝統的な自然法理論に重点を置いていたので、アメリカ独自の自然法思想を研究する必要を痛感して、一九六二―六三の一年間、研究員としてハーバード・ロースクールに籍を置いています。アメリカ法学界の主流とされるプラグマティズム法学の批判を通じて独創的な自然法理論を確立したL・L・フラー教授の下で、実定法との関わりを中心に自然法理論の研究に当たっています。この時期、後に『正義論』（紀伊國屋書店）で日本でも広く研究されるようになったJ・ロールズ教授とも親しく交わって、正義理論への関心も深めたと語っています。

第二次世界大戦後、アメリカ・カトリック大学は、ジャック・マリタン、エティエンヌ・ジルソンといったヨーロッパを代表するカトリック神学、哲学の研究者との交流に力を入れていました。そういう研究環境の中で、稲垣先生は仕事をしていました。さらに田中耕太郎博士が、アメリカの司法研究に来ている時に、直接教えを受けていたのです。田中博士は内村鑑三（一八六一―一九三〇）の無教会派の門下生でしたが、カトリック神学・哲学の正統の岩下壮一神父（一八八九―一九四〇）を代父にして、上智大学イエズス会神父のヘルマン・ホフマン（一八六四―一九三七）上智大学学長より洗礼を受け、カトリック教徒となった先生です。従って、国際連合憲章にはもちろんのこと、そして日本国憲法に、中でも第九条・第十三条基本的人権に、田中博士が直接担当した教育基本法に、聖トマス神学に基づく自然法の理念が反映していることは、稲垣先生は当然のことだと考えていたのです。

しかし、『聖トマス・アクィナスと世界国家』を切り離して、『世界憲法シカゴ草案』だけに関心を示したグループもありました。戦前から反戦運動に取り組んでいた社会運動、労働運動のグループでした。元衆議院議員で、元日本社会党国際局長の河上民雄氏がメール・マガジンに「世界憲法シカゴ草案をめぐる思い出」を載せています。このシカゴ草案の事務局長に、ドイツの文豪トーマス・マンの末娘でシカゴ大学の文学担当のエリザベス・マン・ボルゲーゼ教授が当たり、河上氏とシカゴ草案に関する研究交流を深めることが出来たと感謝しています。そして、政治家では加藤勘十（一八九二―一九七八）、鈴木茂三郎（一八九三―一九七〇）が、徳川義親（一八八六―一九七六）に働きかけて世界恒久平和研究所を設立し、河上丈太郎（一八八九―一九六五）、河野密（一八九七―一九八一）の日労系も加わり、学者では、谷川徹三（一八九五―一九八九）、大内兵衛（一八八八―一九八〇）、有沢広己（一八九六―一九八八）そして、大原社会問題研究所の関係者が加わったと語っています。後にこの世界恒久平和研究所が日本社会党結党に深く関わったと回想しています。このようにハッチンスとアドラーの聖トマス神学の宗教的背景を抜きにしても、シカゴ草案は反戦の社会運動、労働運動の支えになる考え方であったことが、このメール・マガジンから読みとることができます。従って国際連合憲章はもとより、日本国憲法、教育基本法には、聖トマス神学の自然法が、反映していると考えるべきだと思うのですが、日本の戦後七〇年を想う回想の中に、この宗教的背景の視点が欠如しているのが問題だと思います。

広島・長崎被爆七〇年後の二〇一五年八月六日、安倍晋三首相は、「今年秋の国際連合総会で新たな核兵器廃絶決議案を提出する」と表明しています。安倍首相が総会で七〇年前の核戦争による人類破滅という大危機意識を想い起こさせ、聖トマス神学の自然法に基づく立法・行政・司法の世界法（世界憲法）を提案、決議まで持ち込むきっかけになればよいと、私は期待しています。日本は唯一の被爆国です。その日本がローマ・カトリック教会やハッチンスの『世界憲法シカゴ草案』に倣いて、国際連合が地球益・人類益を国益に優先させる機関に大改革するプロジェクトを提案する勇気を期待しています。この提案はジャック・マリタンが『人間と国家』の最終章「世界政府の問題」で「超国民国家的勧告機関」の名称で構想している「権力は何ら持たされず確たる倫理的権威だけを付与されているような新しい上位の機関」を国連の上位に創設するというものです。このモデルはプラトンが『国家』でソクラテスの口を借りて述べた「哲人王」の理想です。今こそ世界を核兵器による破滅から救う途としてこの提案を示すべきだと思うのです。安倍首相がそのリーダーシップをとる時機にあると思うからです。そしてこのたびの「日本の平和と安全」のための安全保障関連法は、「世界の平和と安全」環境が整うまでの繋ぎの関連法だと理解すればよいと思うのです。もちろん時間がかかります。しかし日本社会は高い理想を掲げ続けた方が力を出します。閉塞状態にある日本の教育を革新することになると思います。

それにしても残念なことがあります。戦後まだ日本の将来に向けての基盤・方向が定まらない状況下で、日本の共産主義国家化を防ぐ努力をされたカトリック法哲学の田中耕太郎博士を、この七〇年間に反共産主義者と決めつけてしまったことです。ローマ・カトリック教会の立場に立つカトリック法哲学者ならば田中博士と同じように、アカデミックな観点から良心に従い、共産主義国家化、共産主義思想を否定、排除したと思うのです。それが戦後の自由主義国家のカトリック法哲学者の共通した最良の判断であったからです。田中博士は戦時中からリベラルな実行力のある学者として高い評価を受けていたのです。吉田茂首相はアメリカ・カトリック大学から名誉博士号を受け、最後にカトリック教徒になられたのですが、田中博士を心から信頼していました。フランスのド・ゴール大統領が、ジャック・マリタン教授を尊敬・信頼していたようにです。稲垣先生は、戦後の自由主義国家のカトリック法哲学者に共通した最良の行為を目の当たりにされていました。

ハッチンスが『聖トマス・アクィナスと世界国家』で述べているように、平和はカリタス（愛）と正義の仕事です。そしてまず第一に、カリタス（愛）と「補完性の原理」に基づく宗教的実践活動を優先させることなのです。共産主義国家の理念と制度は、この第一義の宗教と教会を否定・排除していますから、ハードパワーの国家権力を拡大し続け、基本的人権の生命・自由・幸福の追求を奪う全体主義国家の方向を強めてしまいます。現実にソ連邦崩壊後、カリタス（愛）と「補完性の原理」に基づく宗教的実践活動を消失させていたツケが、現在の民族間、民族内の対立・紛争の原因になっています。

もちろん国際連合の組織を大改革するにはまだ時間がかかります。ではそれまでの間どうすれば世界の現在の八方塞がりから抜けだすことができるのか。何か市民として参加できるプロジェクトはないのだろうか。実は日本人でそのことに気づいている人は、そう多くはないと思うのですが、すでに新しい国際秩序づくり、平和教育の草の根の万人参加の世界運動が始まっているのです。それが松浦晃一郎ユネスコ事務局長時代（一九九九―二〇〇九年）に着手した「心の中に平和の砦を築く」大革新のユネスコ世界遺産運動です。このユネスコ世界遺産運動については、本書の第二章「世界遺産のための教養講座」の松浦晃一郎著『世界遺産』（講談社・二〇〇八）で詳しく扱っています。現代人はどの国の国民も、一八世紀半ばから一般化した近代国民国家の枠組みの中で、物の見方、考え方、感受性の精神の習慣が縛られています。しかしそれ以前は、国民国家の概念、現代の国境の概念はなかったのです。現代人はそのことに気づいていません。ですからこの枠組みをはずして世界遺産から学ぶ地球の歴史、人類の歴史、民族の歴史、さらに言語の多様性の歴史、文化の多様性の歴史、神話芸術の歴史、宗教の歴史などを共通認識する必要があるのです。現代人はこの世界遺産から近代国民国家の枠組みのなかった時代の近世、中世、古代、そしてホモ・サピエンスの誕生以前の地球資源まで遡り、地球の歴史、人類の歴史、民族の歴史を学び、地球益・人類益を共通善として認識する必要があります。また文字が出来てから、人類の文化遺産として受けついできた古典に学び、人類の精神の歴史を学ぶことも大切で、それがハッチンスとアドラーのグレート・ブックス運動であったわけです。

森永エンゼル財団では、これまで世界遺産として、芸術都市フィレンツェの研究に取り組んできました。さらにこの研究にハッチンスとアドラーのグレート・ブックス運動を関連付けて研究教育活動に取り組んできました。グレート・ブックス運動については、一九九〇年に八八歳を迎えていたアドラー博士の哲学研究所を直接訪ね、助言と指導を受けてきました。このたびの『世界遺産への道標――事例研究・芸術都市フィレンツェの経営政策』と題する本書は、これまでの戦後七〇年の歴史的背景を受けて編集したものです。ざっと協力いただいている先生方の発言の要旨をまとめておきます。

まず「ダンテ・フォーラム」での哲学者今道友信先生の『実践美学原論』です。一八世紀半ばから一般化した近代国民国家の理念と制度は破綻し、二〇世紀を大戦と殺戮の「世界戦場」としてしまった。二一世紀は何としても平和の世紀を実現しなければなりません。そのためには美の実践に基づく万人が参加できる「世界美化」の理念と制度を作りあげることです。私たちはその参考事例をフィレンツェ・ルネサンスの文芸復興に学ぶことが出来ます。フィレンツェ・ルネサンスは、どの生活領域でも、経済的価値基準よりも美的価値基準を優位に置き、市民の誰もが参加できる、美の実践に基づくイタリア美化の理念と制度を作り上げたのです。二一世紀の私たちはそのことをルネサンスから学び取らなければなりません。

次が西洋中世史家樺山紘一先生の『ルネサンスの歴史案内』です。先生は長く理想化されてきたルネサンス像の「中世の束縛から人間精神を解放した古典古代の文芸復興」を退け、ユネスコ世界遺産プロジェクトが始まる以前から、新しい視点と方法によるルネサンス研究に取り組んできたのです。樺山先生の『ルネサンスの歴史案内』に従って、フィレンツェ、そしてイタリア世界遺産の旅に出かけると、まさに国際教育機関ユネスコが、世界遺産を通じての異文化・異文明の相互理解の促進に期待していることを実感できます。現代人の国民国家の歴史はまだ本当に短く、国境の線引きは、当時のハードパワーの軍事力で決めたものですから、日本のそれと違い、言語、宗教、生活文化の異なる多民族からなる国民国家も多いのです。この問題が、今日の世界の混乱の原因にもなっているわけです。従って国民国家以前の地球の歴史、人類の歴史を背景において、地球益・人類益を学ぶことがいかに大切かということなのです。ルネサンスをよりよく理解するには、中世、古代、そして先史時代まで遡った地中海文明の世界遺産の旅が大切になってきます。旅をして初めてルネサンスが古代ギリシア・ローマから何を学んだのか、わかってくるからです。

そして次にイタリア美術史家田中英道先生の『ルネサンスの美術案内』です。私は田中先生のレオナルド・ダ・ヴィンチ（一四五二―一五一九）、ミケランジェロ・ブオナロティ（一四七五―一五六四）に関する著書を読むと、いつも二つのことを連想します。一つは今道先生がよく話される、四世紀の教父アウグスティヌスの「人は無限なる神を受け入れる有限なる器」という言葉です。もう一つは稲垣先生がよく話される一七世紀のパスカルの「人間は無限に人間を超えていることを知れ」という言葉です。ダ・ヴィンチ、ミケランジェロの作品は神に最も近づくことが出来た作品だと感じ入ることができるからです。この偉大な二人の作品は、キリスト教徒にとってだけでなく、まさに自然法に応えた普遍的な人類益であると思います。田中先生は二人の作品がなにゆえにこの頂点に立つ普遍的な人類益であるかを研究した上で、この価値基準で他の芸術家の作品を比較研究されていますから、最高のルネサンスの美術案内書だと思うのです。

5　日本のグレート・ブックス運動の受容過程（2）

森永エンゼル財団は一九九一年に経済企画庁（現・内閣府）認可の研究機関としてスタートしました。研究課題として、「エンゼルの精神」の学術的研究を中心におき、「余暇時代の生活文化に関する研究」と「家族のあるべき姿に関する研究」に取り組むことにしたのです。設立に向けて稲垣先生のアドヴァイスを受けて、財団の参考モデルとして、ハッチンスとアドラーのグレート・ブックス運動と学習社会政策を取り上げることにしました。そのために、まずは一九九〇年一二月に八八歳でなおグレート・ブックス・プロジェクトの革新に取り組んでおられたアドラー博士の哲学研究所を直接訪ね、助言と指導を受けてきたのです。その時のワークショップの報告をしておきます。

渋谷　私は森永エンゼル財団学術研究部門、エンゼル・ミューゼイオン・スタディーズ（ＡＭＳ）フェローの渋谷と申します。現在ニューヨークで仕事をしております。ＡＭＳは私の聖心女子大学時代の恩師、松田義幸先生が主宰しています。今日は私が代表して、アドラー博士に事前に準備してきました質問をさせていただきます。まず最初に、アドラー博士のグレート・ブックス・セミナーとの出会いについてお尋ねします。

アドラー博士　私は二一歳の一九二一年にコロンビア大学に在籍し、エリザベス朝文学を研究しているジョン・アースキン教授のグレート・ブックス・コースを二年間とっていました。そして卒業すると、二八歳まで私がそのコースを担当していたのです。しかしその年にシカゴ大学ハッチンス学長に頼まれてシカゴ大学に移り、そこで、グレート・ブックス・コースを担当することになったのです。コロンビア大学のグレート・ブックス・コースは、現在でもヒューマニティ専攻で続いています。ですから、ある意味で、コロンビア大学がグレート・ブックス運動の源泉といえるのです。残念なことにシカゴ大学はそのコースを廃止してしまいました。現在、私が薦めるグレート・ブックス大学は、アナポリスのセント・ジョンズ大学とカリフォルニアのトマス・アクィナス大学です。グレート・ブックス・セミナーを学校教育に導入するには、この二つの大学が参考になります。また、社会人のエグゼクティブを対象にするには一四日間プログラムのアスペン・セミナーが参考になります。

渋谷　アドラー博士の現在のグレート・ブックス運動の課題について伺います。

アドラー博士　この一一月一日に、新しく一九五〇年までの古典を取り入れた全六〇巻の大改訂版の出版をしたところです。この大改訂はとても大変な仕事でした。一九五二年版は一九世紀までの古典からなる全五四巻でした。

渋谷　グレート・ブックス運動に生涯をかけてこられて、何が一番難しかったか、お話しいただけますか。

アドラー博士　私たちがソクラテス方式と呼んでいるのですが、先生がセミナー参加者に例えば真・善・美のアイディアスに関連する古典を精読させた後で質問をし、参加者に答えを求め、その答えにまた質問をするというやり方を繰り返します。「二〇の扉」のように最適の質問をしながら、参加者の理解が古典から真・善・美のアイディアスの体系的な高みのアイディアスに達するように、参加者から引き出す熟練した先生、モデレーターを育成することが一番の課題でした。今日においても大きな課題です。このソクラテス方式はアースキン教授の発明です。アースキン教授の使った「ゼミナール」という言葉の意味は、一九世紀ドイツの大学で博士課程の院生指導で使っていたものです。院生の研究発表に質問し、答えを求め、その答えにまた質問をし、それを繰り返し、院生の研究が質の高い論文の体系になるように、最良の質問をし続けることだったのです。このソクラテス方式を古典教育に取り入れたのです。従ってグレート・ブックス・セミナーは、アースキン教授の発明です。コロンビア大学がこの伝統を引き継ぎ、革新してきました。

渋谷　グレート・ブックス・セミナーのソクラテス方式とそのセミナーを担当する先生、モデレーターの役割について伺ってきましたが、『グレート・ブックス』の体系の第二巻、第三巻のグレート・アイディアスについて説明をお願いいたします。

アドラー博士　西洋哲学で課題にしてきた真・善・美、自由・平等・正義、平和・幸福・神・愛・天使等のアイディア（思想・観念）を一〇二リストしてみました。最初は二〇〇〇リストしました。それを一〇二まで絞り込んだのです。次にこれら各アイディアについて、古代のホメーロスからヘミングウェイ、ジョージ・オーウェル、サミュエル・ベケットまでの作品がそれぞれどのような文脈の中で、どのような意味で使っているか、それを体系化して理解する古典読書案内の『シントピコン』を作りました。これは実に手間暇のかかる気の遠くなるような作業だったのです。『グレート・ブックス』出版体系は、単に古典を英訳して出版したのではないのです。第一巻が『グレート・カンバセーション』で、第二巻・第三巻が一〇二のグレート・アイディアスからなる『シントピコン』です。各アイディアについて各西洋古典から体系的に学ぶところにその特色があります。英語圏には古典の英訳はすでにいくつも出版されていたのです。私はブリタニカ社の仕事で、日本によく出かけていました。書店を回ってみると、『グレート・ブックス』を参考にしたと思われる『世界の名著』、『人類の知的遺産』、『世界文学大系』などを見かけました。しかし『グレート・ブックス』の第一巻から第三巻に当たる大切な『シントピコン』がついていませんでした。

渋谷　しかし、日本の古典出版物の中には東洋、日本の古典も入っています。西洋古典だけのアイディアスの研究は、偏っていることになりませんか。

アドラー博士　私はこの問題について、ハワイ大学東西センターの研究会に何度も呼ばれて、仏教、神道、儒教、道教の代表者と話し合いを持ちました。そこで得た確信は、数学、物理学、化学等の科学にインド、日本の数学・物理学・化学がないように、この哲学で取り上げるシントピコンの体系はトランス・カルチュラルであって人類に普遍的だということでした。

渋谷　私たちが日本に戻ってから、アドラー博士のグレート・ブックス運動を日本でも普及させたいと考えています。そのためには私たちはどのような準備をしてスタートしたらよいか、ご自身の体験を踏まえてアドヴァイスしていただけませんか。

アドラー博士　私はコロンビア大学でアースキン教授のセミナーに二年間出席してどうやるかを覚えました。次に私が引き継いで実際にセミナーを担当し、自分なりの改革ができたのです。そして私のセミナーに参加した人たちが、また独立してセミナーを担当するようになり、このグレート・ブックス運動が普及しました。私の経験から何とか担当できるようになるまで二年はかかると思います。ですからまず見て覚える、次にセミナーに受講者として参加する、三番目に自らセミナーを担当して運営してみる、この手順の繰り返しが皆さんにとって良い方法だと思います。私はもうすぐ九〇歳を迎えます。日本へ出かけて指導することはできません。しかしここに私が高校生を対象に行ったビデオ・テープがあります。これを皆さんが見ると、私がどのようにセミナーをやってきたかよくわかります。これは皆さんのモデルになると思います。ビデオを見ながら、私の質問にビデオを止めて参加することもできます。そして一通り終えたら、今度は私の役回りを皆さん一人ひとりが高校生、大学生を集めてセミナーを担当してみたらよいと思います。それを何回か繰り返してみることです。質問で大切なことは易しい質問から始めることです。二番目の質問は最初の質問の答えに対する質問です。だから先生方にはどのような答えが出てくるか分からないのです。その繰り返しでアイディアの高みに到達することが出来、このプロセスは受講者にとっての大切な哲学の学習過程なのです。その意味で、ゲームの「二〇の扉」は高度な哲学の学習過程といえます。ぜひ日本に戻ってこのビデオのセミナーの追体験をしてみてください。ところで松田教授の主宰するエンゼル・ミューゼオン・スタディーズはなぜグレート・ブックス運動の研究をすることになったのですか。

渋谷　労働時間の短縮・自由時間の増大というマス・レジャー時代の到来に備えて、アリストテレス、ヨゼフ・

ピーパー（一九〇四―一九九七）のレジャー哲学に基づく価値観・ライフスタイルの研究をしております。グレート・ブックス・セミナーに参加することはとても大切なレジャー・ライフスタイルだと考えています。

アドラー博士　自由時間はレジャーではありません。もともとのレジャーはスクールの語源のギリシア語のスコレーだったわけです。ヨゼフ・ピーパーの『文化の基礎としてのレジャー』（日本では稲垣先生の日本語訳で『余暇と祝祭』講談社学術文庫で出ています）は、とても素晴らしい本です。私にもレジャーを扱った『A Vision for the Future』があります。プレゼントしましょう。また森永製菓株式会社が、エンゼルを創業の精神にしていることは素晴らしいことです。エンゼルは哲学ではなく、神学の課題です。私がグレート・アイディアスに入れたエンゼルについての著書『Angel and Us』をプレゼントしましょう（稲垣良典先生の日本語訳で『天使とわれら』講談社学術文庫で出ています）。労働は経済的な仕事ですが、レジャーは文化的な仕事です。ですから自由時間が増えれば増えるほど、文化的な仕事に向かって欲しいのです。

アドラー博士のアドヴァイスを今読み直し、そもそも私自身がどのようにして、ハッチンスとアドラーの仕事に出会うことになったのか、ざっと回想しておきます。私（日経広告研究所）が、学習社会政策とグレート・ブックス運動に取り組むようになったのは、経済学者の斎藤精一郎氏（立教大学）と一緒に、財団法人余暇開発センター設立のお手伝いをするようになってからです。一九七二年の田中内閣の日本列島改造政策の国民生活部門のシンクタンクとして、通産省認可、経済企画庁協力のもとに、理事長に佐橋滋元通産事務次官（城山三郎著『官僚たちの夏』の主人公風越信吾のモデル）を迎えてスタートしたのです。財団設立後、斎藤氏と私が余暇政策研究を担当し、ハッチンスとアドラーのプロジェクトの研究に当たりました。その研究成果を受け、神奈川県の長洲一二知事の時代にアスペン・リゾートをモデルにした湘南国際村（会長・都留重人一橋大学名誉教授）ができ、グレート・ブックス運動を展開したのです。また私の出身地の山形県も田園理想郷「アルカディア山形」を掲げ、コロラド・アスペンを参考に学習社会リゾート拠点の遊学館を建設し、グレート・ブックス運動に取り組んだのです。その後、余暇開発センターのハッチンスとアドラーのプロジェクト研究を引き継いだ、森永エンゼル財団設立の一九九一年頃に、コロラドのアスペン研究所（アスペン人文研究所を改名）の理事をされていた小林陽太郎富士ゼロックス会長が、鈴木治雄昭和電工名誉会長と共に、グレート・ブックスのエグゼクティブ・セミナーを普及させるために、日本アスペン研究所設立を考えておられました。一九七〇年代から日本の産・学・官のオピニオン・リーダーたちが、グレート・ブックスのアスペン・エグゼクティブ・セミナーに参加し、古典教育の重要性に気付き、日本でもこの運動を広げたいと考えていたからです。私たちのエンゼル・ミューゼイオン・スタディーズ（AMS）が、その基礎研究、応用研究に当たっておりましたので、以上の諸団体のお手伝いをするようになったのです。

アドラー博士のアドヴァイスを受け、さっそくアナポリスのセント・ジョンズ大学のグレート・ブックス・セミナーの理念と実際の調査研究を江藤裕之AMSフェロー（現・東北大学大学院教授）に依頼しました。これには湘南国際村からも協力していただき、その成果を一九九九年に『グレート・ブックスの対話』（財団法人かながわ学術交流財団）にまとめることができました。しかし、アドラー博士がもう一つのカリフォルニアのトマス・アクィナス大学をなぜ薦めたのか、その背景に思いを寄せることができませんでした。

そして二一世紀の現在、ここまでハッチンスとアドラーの学習社会政策とグレート・ブックス運動を回想し、これからを展望した時に、このプロジェクトは、大革新・ルネサンスの時代を迎えていることに気がつきました。長い間、国際連合、国連諸機関の仕事は、政府代表の仕事と受け止めてきましたが、万人が参加できる世界遺産ルネサンス運動の草の根の大運動が展開していたからです。「心の中に平和の砦を築く」運動はもとより宗教と深くかかわっています。ユネスコ世界遺産運動が、宗教文化遺産を取り込み、また無形文化遺産まで取り込んでいたのです。国際連合、そしてユネスコが宗教界に働きかけて、そしてさらに国連食糧農業機構の世界農業遺産が協働し、まさに互いに自立・分離しながら、相互協力のもとに画期的なカリタス（愛）と「補完性の原理」に基づく地域再生の平和教育運動を展開しています。そしてもう一つのグレート・ブックス運動に後押しの風が吹いているのです。近代国民国家の枠組みの中で行われてきた学校中心の教育制度を飛び越えて、地球上の誰もが、どこでも、いつでも、自分のニーズ、能力に合わせて学ぶことのできるインターネット学習の時代を迎えているからです。現在、教育関係者の関心を集めている反転学習やラーニング・コモンズは、まさにアドラーが期待していたソクラテス方式の「二〇の扉」教育であり、グループ対話セミナーの現代版といえると思います。現実にアドラーの研究業績を引き継いだアドラー&アクィナス研究所は大学教育とインターネット協働展開をしています。このモデルは生涯学習時代の到来に備えている日本の図書館経営に応用できるはずです。森永エンゼル財団は、パシフィコ横浜での図書館総合展に二〇一二年から再び参加し、図書館ネットワークがグレート・ブックス運動と学習社会政策推進の担い手になる具体的な提案をしているところです。そしてここまできてふと思ったことがあります。戦後七〇年を経て、世界はすでに世界連邦共和国の方向に歩んでおり、ハッチンスが期待した最後の段階に来ているのではないかと。現在、国民国家が抱え込んでいるどの問題も、国民国家の枠組みを超えているものばかりです。すべてがグローバル化し、地球益・人類益を優先させなければ解決しない問題ばかりです。問題解決の実際は、グローバルに解決する方向に歩んでいると思います。残っている問題は「世界の平和と安全」よりも「各国家の平和と安全」を優先させている軍事力拡大の現実です。日本の被爆七〇年の今、ハッチンスが提案した世界連邦共和国設立に向けての

『世界憲法シカゴ草案』に、世界が一つになって取り組む最終段階に来たと思うのです。

6 『ミルワード神父のシェイクスピア物語』開始

私は、『渡部昇一・青春の読書』（ワック・二〇一五）をこのたび読み終えて、改めて思ったことがあります。渡部先生は、一九四九年に上智大学文学部英文学科入学、一九五三年同大学を卒業し、同大学院西洋文化研究科に進んでいます。この時代に、ハッチンスとアドラーのグレート・ブックス運動が大革新していたのです。そして当時の上智大学が、まさに太平洋を越えて、世界平和に向けた古典教育によるグレート・ブックス大学であった、私はそのように思ったのです。いや正しくはグレート・ブックス大学のモデルの西洋中世の大学の伝統を引き継ぐ、正統リベラル・アーツ大学であったというべきなのかも知れません。渡部先生は山形県鶴岡市の養海塚町のご近所の尊敬する先輩です。今日まで半世紀の長きにわたり、ほぼ毎月二回の研究会に参加し、また私の研究会にも協力していただいてきました。この間、断片的にいろいろ伺ってきた古典との出会いのお話を『青春の読書』を読み、体系的にもう一度私の記憶を整理し、回想することができ、私のこれからのハッチンスとアドラーの研究プロジェクトの進め方のとても良い勉強になりました。

上智大学はローマ・カトリック教会に所属する修道会の一つ、イエズス会の設立した大学です。一五四〇年に創立したイエズス会の初代総長はスペイン・バスク地方出身のイグナチオ・ロヨラ（一四九一―一五五六）です。日本にキリストの福音と西洋ルネサンス文化を携えて訪れたイエズス会フランシスコ・ザビエル（一五〇六―一五五二）は、イグナチオを尊敬する同じバスク地方出身です。上智大学はこの二人の聖人あっての大学です。渡部先生は、「マルティン・ルター（一四八三―一五四六）の仕掛けたドイツ語至上主義の宗教改革運動が、燎原の火の如くヨーロッパに拡大するかに見えたのです。そこにイグナチオが『キリストの国』の『キリストの騎士』のイエズス会を創立し、リベラル・アーツ教育活動とイエズス会活動を通じて、ローマ・カトリック教会の大危機を救ったのです。さらに殉教の血潮を以て、キリスト教を世界に拡めたのです。上智大学は、このイエズス会創立以来の世界平和のための古典教育の伝統と歴史を引き継いでいるのです」と語っています。

私の記憶で、いつ、どこでか定かでないのですが、「戦後の上智大学の先生方は何に力を入れていたのですか」と尋ねた時に、渡部先生が「戦後の上智大学の教育のあり方について調べるのなら、ヨゼフ・ロゲンドルフ（一九〇八―一九八二）先生が一九四八年に出版したアテネ文庫の『キリスト教と近代文化』を薦めます」とおっしゃられたのです。私はこれまで繰り返し読んできているのですが、改めて戦後七〇年を想うということで心をこめて読んでみました。私はロゲンドルフ先生が、ハッチンスの『世界憲法シカゴ草案』と『聖トマス・アクィナスと世界国家』と同じ反省のもとに、ローマ・カトリック教会がこれから果たすべき使命を語っていると思いました。

さらに、渡部先生は学生時代にロゲンドルフ先生から、ギルバート・キース・チェスタトン（一八七四―一九三六）の著作について学んでいたことを、よく話題にしていました。渡部先生の思想形成の支えになった古典であったからです。私は先生のこの読書案内に従って、私の余暇開発センター勤務の七〇年代に、『G・K・チェスタトン著作集』（春秋社）全一〇巻を入手していました。この著作集の編集責任者は、上智大学教授・イエズス会司祭のピーター・ミルワード先生です。しかし、残念なことに私は読み切れずにいました。難しい内容の本だと思っていました。

私はかねてより、『グレート・ブックス』体系の中で別格の扱いを受けているシェイクスピアの研究会を、森永エンゼル財団の仕事としてミルワード先生にお願いしたいと考えていました。アメリカでも、コロンビア大学のジヨン・アースキンのシェイクスピア・セミナーは大人気でありました。ミルワード先生と渡部先生が対談で出した『物語英文学史』（大修館書店・一九八一）の中で、ミルワード先生が「一五九〇年から一六一〇年までは、まさにシェイクスピアの時代で、シェイクスピアの瞬間（The Shakespearian Moment）と呼ばれています」と語っていたので、いつか公開講座かセミナーで、詳しくお話を伺いたいと思っていました。

二〇一四年は、シェイクスピア生誕四五〇年に当たるので、出来ればこの年に研究会を立ち上げたいと考えて、森永エンゼル財団にインターネット・コンテンツ開発の予算化をお願いして、私の主宰するエンゼル・ミューゼイオン・スタディーズ（AMS）で、二〇一〇年からその準備を進めてきました。私はミルワード先生のシェイクスピア関連の著書、キリスト教関連の著書、そしてミルワード先生の思想形成の支えになった文献を精力的に読むことにしたのです。まずはチェスタトンの著作集から入ることにしました。私はミルワード先生が全一〇巻の各巻につけた丁寧なポイントを突いた解説を読み、ロゲンドルフ先生が渡部先生にお話しをした、「今度、英文学、シェイクスピア研究のミルワード先生が上智大学に着任する」と喜んでおられたその場に、私自身も立ち合っている気分になりました。しかし、未だ全一〇巻を読み込んだとは言えないのですが、第二巻の『人間と永遠（The Ever-lasting Man）』を読み、キリスト教をこのように勉強すれば誰もがカトリック教徒になるのではないかと感服したのです。この本は二部からなり、第一部は「人間という名の生物」について扱っています。人間は動物から進化したと、とことん突き詰めて考えていくと、人間は動物から進化したとはいえなくなってしまいます。確かに人間の肉体に関してそういう仮説も成り立つが、人間の精神に関しては、それは絶対にあり得ないという結論になります。宇宙の起源、生命の起源、人間の起源は永遠の神秘なのです。この世に理性と意志を持つ人間が出現したのは、進化（evolution）ではなく、まさに新化（revolution）というべきです。先史時代の洞穴の彩色壁画は、稚拙な原始人の心の表現ではなく、現代の芸術に並ぶ、理性と意志を持つ人間の科学能力を使った、人間だけにできる立派な芸術表現と考えるべきです。芸術こそ人間の署名です（Art is the signature of man)。

第二部は、「キリストという名の人間」です。ここで、キリストをとことん人間として突き詰めてみます。その結果、キリストは人間ではなく神の子だという結論になります。なぜなら人間の言葉は有限ですが、キリストの言葉は永遠だからです。「天と地は過ぎ去るであろう。しかし、私の言葉は過ぎ去ることはない」。全くその通りなのです。それでキリストが磔刑で死んでも復活したのです。このことはカトリック教会の死と復活とまた重なります。キリストの託身（受肉・肉体化・具現化）のカトリック教会はどんな大危機に直面しても、また滅亡したとしても、キリストの言葉は永遠であり、そのたびに危機と死をのり越え、より正しく、気高くまた復活しています。ここのところが他の死と復活のない宗教と最も違うポイントです。

以上が第二巻のポイントの紹介です。この間に、なるほど、なるほどと頷く各章の話が詰まっています。そして、キリスト教文明圏の人々の今日に続くルネサンス（文芸復興）運動精神は、ホメーロスの『イーリアス』の勝者のギリシア軍側ではなく、壁を背にしてひるまずギリシア軍と戦って敗れたトロイアー軍側の精神を受け継いでいるのです。ホメーロスは、その神話伝説を敗れた者の持つ神々しいばかりの気品を以て謳っています。その精神をキリスト教的騎士道が引き継いできたのです。フィレンツェ・ルネサンス、イタリア・ルネサンスの精神の支えとなったキリスト誕生直前のウェルギリウスの『アエネーイス』は、ローマ建国を敗北のトロイアー起源にし、新しきトロイアーの復活神話として芸術表現した物語です。イギリスもまたトロイアー起源の神話を尊重し、高貴な人間に伴う道徳上の義務の精神の「ノーブレス・オブリージ」として継承してきたのです。そういう意味では、キリスト教文明は、滅亡することでさらに気高く復活する文明といえます。現在のＥＵは復活に向けての途上にある苦しみと見ることが出来ます。

私はチェスタトンのこのような考え方を背景におき、ミルワード先生の著書に取り組んでみました。大方の現代人は、人類は素朴な原始人の古代文明から一歩一歩努力して近代化された現代文明に進化してきたのであり、一八世紀半ばから一般化したナショナリズムと産業主義と民主主義の近代国民国家の理念と枠組みの文化・文明を肯定的に受け入れてきたと思うのです。それ以前の歴史は、単に知識として知っておく歴史でしかなかったと受けとめてきたのではないでしょうか。ところがミルワード先生のキリスト教関連の著書を読み、またシェイクスピア研究の著書を読んで驚いたのです。そしてそれが、イグナチオ・ロヨラの創立したイエズス会士の今日に続く価値観・ライフスタイルであったのだと納得したのです。

ミルワード先生は、現代人が現在直面しているどの問題に対しても、またシェイクスピア作品のどの研究においても、「天地創造」から「最後の審判」までの神の御業に関係づけて、一つひとつ実に丁寧に問題をとらえ、問題の解決の視点を探りそれを実証し、そしてそこから学んだ知恵から現代人は何を学ぶべきか、それを研究教育の基本姿勢にされてきたのです。よく考えてみれば、確かに人間の精神は、有限の肉体に縛られてはいません。ですから人間の精神は時間・空間を超越して、無限に拡大することが出来ます。イエズス会の大学は、「キリストの国」の「キリストの騎士」の歴史と伝統を今日に古典教育、リベラル・アーツ教育を通してこのように築いてきたのです。いまここで、人間の精神を映し出す鏡があると仮定してみます。大方の現代人の精神の部屋には、一八世紀半ば以降の近代国民国家の理念と制度のもとでしつらえた物質的文明中心の精神家具しか置いていないと思うのです。これでは鏡をどう動かしても一八世紀以前の精神の古典教養でしつらえた家具を映しだすことはできません。ところがミルワード先生の精神の部屋には「天地創造」から「最後の審判」までを概観するすべての古典教養の精神家具が揃っているのです。現代人と同じ鏡であっても、その小さな鏡に無限に拡がる時間・空間のすべての神中心の精神家具を映しだすことが出来るのです。私はこのことから、アウグスティヌスの「人は無限なる神を受け入れる有限なる器」、パスカルの「人は無限に人間を超えていることを知れ」を改めて納得したのです。

シェイクスピア作品は日本ではとても人気があります。シェイクスピア研究も盛んです。ミルワード先生のもとで学ばれた清泉女子大学学長の門野泉先生のところに、二〇一三年に、「シェイクスピア研究会」にご協力をお願いしに何度か打ち合わせにあがりました。そこで話題になったことがあります。門野先生によると、日本の研究だけでなく、世界のシェイクスピア研究も、近現代の枠組みに限定されていて、聖書との関係、さらにはシェイクスピアの時代のイギリスの政治的・宗教的・社会的背景に関係づける研究は、ミルワード先生お一人の業績であったのだそうです。私もこれまでのミルワード先生の著書からの勉強で気づいたことがあります。シェイクスピアの作品は、ヘンリー八世、エリザベス一世時代の未曾有の政治的・宗教的・社会的な大悲劇が現にあったからこそ、その苦しみを題材にして普遍的な作品を作り出すことが出来たと思いました。この関連づけの研究はとても大切だと思うのです。同様の視点は、ギリシア悲劇の誕生、フィレンツェ・ルネサンス、イタリア・ルネサンスについても言えると思います。もちろんこれまでも、これからも、シェイクスピア研究は謎だらけといわれています。しかし、門野先生によると、これまで生涯をかけてその謎解きをしてこられたミルワード先生の研究によって、世界のシェイクスピア研究に今、実に大きな革新が起きているとのことです。

以上の背景を踏まえて、シェイクスピア生誕四五〇周年を記念した『ミルワード神父のシェイクスピア物語』の研究会が始まりました。門野先生がこの題名をつけました。ミルワード先生の大好きなチェスタトンの『ブラウン神父の探偵小説』とチャールズ・ラム＆メアリーの『シェイクスピア物語』の連想から付けてもらいました。もうすでに出来上がったコンテンツから順に森永エンゼル・カレッジの無料インターネット・TVにアップしてあります。またこのたびの本書の第五章の「ルネサンス研究の自分史―課題と展望」で、「シェイクスピアは隠れカトリックだった」と題して紹介しています。

最後にまた『渡部昇一・青春の読書』に戻ります。渡部先生の卒業論文は小泉八雲（ラフカディオ・ハーン・一八五〇―一九〇四）の研究でした。小泉八雲は進化論には批判的でした。その小泉八雲の著作をコロンビア大学のジョン・アースキンが高く評価し、ハーンの作品を編集し、丁寧な紹介をつけ、アメリカで出版してくれていたのです。もちろんハーンの没後ということになります。書名は『ハーンの詩集鑑賞（Appreciation of Poetry）』（一九一五）、『ハーンの文学作品集（Life and Literature）』（一九一六）です。そして、そのアースキンがグレート・ブックス運動のアドラーの恩師で、自らも大人気のシェイクスピア・セミナーを担当していました。さらにアースキンはジュリアード音楽院の初代院長に就任するほどの多彩なカリスマ先生だったのです。本当に縁というものは不思議な絆を作るものだと思いました。あの七〇年前の戦後の大混乱期に渡部先生がイエズス会の古典教育の閑かな上智大学に学び、学生時代に聖トマス・アクィナスの洗礼名をいただき、充実した学生生活を送っておられたのです。これは本当に奇跡であったと思います。私自身にとっても遅ればせながら、創造的想像を働かせて、私の青春の追体験のスピリチュアル・エクササイズになりました。

7　被爆七〇年、忘れ得ぬ人々

国際連合憲章前文は次のように謳っています。

われらの一生のうち二度まで言語を絶する悲哀を人類に与えた戦争の惨害から将来の世代を救い、基本的人権と人間の尊厳及び価値と男女及び大小各国の同権とに関する信念を改めて確認し、正義と条約その他の国際法の源泉から生ずる義務の尊重とを維持することが出来る条件を確立し、一層大きな自由の中で社会的進歩と生活水準の向上とを促進すること、並びに、このために寛容を実行し、且つ、善良な隣人として互いに平和に生活し、国際の平和及び安全を維持するためにわれらの力を合わせ、共同の利益の場合を除く外は武力を用いないことを原則の受諾と方法の設定によって確保し、すべての人民の経済的及び社会的発達を促進するために国際機構を用いることを決意して、これらの目的を達成するために、われらの努力を結集することに決定した。

以上の全文は世界平和実現に向けての憲章として完璧です。なのになぜハッチンスは『世界憲法シカゴ草案』と『聖トマス・アクィナスと世界国家』を一九四八年、一九四九年と続けて提案する気になったのか、それを問題にしてみます。

ハッチンスは実は、国際連盟がそうであったように、国際連合も憲章は単なるお題目で、実体は強国主導の国益調整の経済的共同体でしかないと捉えていました。国際連合が早くも骨抜き機関になっていたからです。ハッチンスとアドラーは、長く時間がかかっても、ローマ・カトリック教会と、古典教育によるグレート・ブックス運動が相互協力をして、世界平和実現に向けての国内世論、世界世論を作ることだと考えていたのです。それでグレート・ブックス運動に打ち込んでいたのです。ところがそこに広島・長崎に原爆投下という大惨害が起き、大危機意識を抱き、急がなければならないと立ちあがったのです。

ハッチンスとアドラーは、核兵器戦争時代に入り、人類全滅の危機を救うには、恒久平和の地球益・人類益を第一義とする世界連邦共和国の世界国家を作る以外ないと確信しました。歴史家トインビーも全く同じ考えを抱いていました。トインビーはハッチンスと同世代で、早くから近代国民国家に恐ろしい危険な欠陥のあることを見抜いていました。例え民主主義を掲げていたとしても、ナショナリズムと産業主義は結局、経済力で世界制覇を狙う全体主義国家に向かわざるを得なくなると心配していたのです。トインビーは、世界平和実現に向けては、一八世紀以降のナショナリズム国家史観ではなく、またマルクスの唯物史観でもないそれ以前の宗教・言語・民族を背景にした文明史観に戻るべきだと考えました。それで国家・政府とカトリック教会の相互協力の大切さを提起していたのです。ところがそのように考えていたところに、核兵器戦争時代が到来してしまった。トインビーは大危機意識を抱き世界国家設立を思い立ったのです。戦前・戦中・戦後、トインビーは世界に大きな影響力を持つ世界のオピニオン・リーダーでした。『TIME』誌はハッチンス、アドラーを特集する前の一九四七年に肖像画表紙つきの特別企画特集を組み、マルクスの唯物史観を越える文明史観だと讃えたのです。この後、トインビーは、連邦制組織の世界国家設立は、戦後の高度科学技術の進歩を前提にすれば可能だと提起し続けました。ハッチンスは『聖トマス・アクィナスと世界国家』の中で、歴史的見解はトインビーを支えにしていました。また、太平洋を越えて、上智大学のロゲンドルフ先生もトインビーの見解を支えにしていました。しかしトインビーは第二次世界大戦終結後は、ローマ・カトリック教会の役割を第一義におきながらも、すべての宗教が「心の中に平和の砦を築く」ことで互いに相互協力していかなければならないと現実的に考えたのです。そのトインビーの願い、そしてハッチンスの願いが、第二ヴァティカン公会議以降の世界宗教者会議に繋がったわけです。

七〇年前の戦争終結直後、まさか強国主導の骨抜きの国際連合になるとは思わないで、国際連合憲章を作成したと思うのです。それで、きちんと地球の歴史、人類の歴史を踏まえ、自然法を背景においた立派な憲章を作ったのだと思います。ところが、スターリン（一八七九―一九五三）独裁のソビエト社会主義共和国連邦は、本来、民主主義思想のアメリカとは、基本思想で対立していたわけで、その対立が早くも一九五〇年六月に朝鮮半島を戦場にした朝鮮戦争となってしまった。

アメリカが国際連合組織をニューヨークに置き、これからという時に大きく歯車が狂い出したのです。国際連合組織を意識しながらも緊急の対策を取らなければならなかった。しかし、ハッチンスもアドラーも、同時にトインビーも一時対策ではなく、ピンチをチャンスに捉えて、本格的な世界連邦共和国の世界国家・世界政府をつくろうと提案したのです。

このさなか、稲垣良典先生は一九五一年から一九五五年までアメリカ・カトリック大学で研究に従事していました。一方、東京帝国大学法学部教授で、一九六五年に東京大学法学部長になられた西洋法制史の久保正幡先生（一九一一―二〇一〇）が、パリ・カトリック大学教授、ジャック・マリタンのアメリカ・ウォール・グリーン米国制度研究財団主催の講演会の出版物『人間と国家』（シカゴ大学出版・一九五一）を研究先のローマの客舎で読み、いたく共感されたのです。早速、東京帝国大学法学部で教えを受けた田中耕太郎博士に邦訳の仲介の労をお願いしました。田中博士が司法研究でワシントンを訪れていることを知っていたからです。久保先生は稲垣先生がアメリカ・カトリック大学で研究に従事していることを知り、共訳者となることをお願いしたのです。稲垣先生が二三歳の時ということになります。久保先生は良き共訳者を得たことをとても喜んでおられました。日本語訳は一九六二年に創文社から『人間と国家』と題して出ています。版を重ねていますから教科書として使われていたのだと思います。全体は七章構成で「人民と国家」「主権の概念」「手段の問題」「人権」「民主主義的憲章」「教会と国家」「世界政府の問題」のテーマを扱っています。ジャック・マリタンは、ハッチンスの『世界憲法シカゴ草案』と『聖トマス・アクィナスと世界国家』の提案を高く評価し、この提案に対し、またハッチンスとアドラーのグレート・ブックス運動に対し、心から敬意を表して、ローマ・カトリック教会のカトリック法哲学の立場から世界政府（世界国家）設立がいかにすれば可能か、聖トマス神学の自然法に根ざした立法・行政・司法の世界法を整備する重要性を、本当に真剣に考え、その思いを本にしたのです。ジャック・マリタンは一九四五年サンフランシスコで行われたUniversal Declaration of Human Rightsの草案作成にフランス代表として参加、ハッチンスはマリタンをシカゴ大学哲学教授として招こうと二度試みたのですが哲学科の反対で実現せず、結局プリンストン大学哲学教授（一九四八―五二）に就きました。

このような基礎学問からの現実世界への貢献を目の当たりにした稲垣先生は、田中博士、久保先生、ジャック・マリタン、エティエンヌ・ジルソンとの研究交流を通じ、アドラーがそうであったように聖トマス神学が現代への挑戦の書であると、早くも確信されたのだと思います。それにしても、久保先生には教え子も多かったと思います。このたびの「戦後七〇年を想う」マス・メディア、出版界の企画が、マス・メディア活躍中心の政教分離を前提に考える知識人ばかりに偏り、なぜ戦争終結直後に、日本を理想モデルに世界平和に尽くしたこれらの人々を想い出さなかったのか、私は非常に残念に思っています。

イエズス会士のミルワード先生は、英文学・シェイクスピア研究を通して、稲垣先生はカトリック哲学思想を通して、アウグスティヌスの「人間は無限なる神を受け入れる有限なる器」、パスカルの「人は無限に人間を超えていることを知れ」を生涯の生き方としてこられました。もちろん世俗中心に生きる人にとっては難しい生き方です。しかしこのような生き方を信念としてこられた先生に現代に生きる私たちがたとえ、インターネット・TVを通じての学習であったとしても、アクセスする人がその気構えになれば、創造的想像を働かせ、スピリチュアル・エクササイズで、そのセミナーに参加したつもりになって、リベラル・アーツ教育の真髄・本質に感じ入ることが出来るはずです。

稲垣先生は、近代哲学・現代哲学は、カントの理性批判、ニーチェの「神の死」、ヒューム、ロックの経験主義哲学の絶大な影響下にあると考えています。そして近代哲学・現代哲学すら、近代国民国家の理念と制度を精神的に支えきれなくなったと解釈しています。近代国民国家の理念と制度の枠組みの中で、カトリック哲学思想は、主流哲学思想から外され、ボクシングの映画『ロッキー』に例えれば、何度もアッパーカットを受け、ダウンしてきたけれども、キリストの死と復活、カトリック教会の死と復活と同じで、いつかカトリック哲学思想も主流に復活する、こう稲垣先生は確信してきたのだと思います。その稲垣先生の研究の自分史の回想と展望は、森永エンゼル・カレッジのコンテンツとしてアップしてあります。さらに、このたびの「戦後七〇年を想う」で、私にはそれができたらという夢がひとつあります。

二〇一五年六月六日、東京大学法学部二五番教室で、京都大学名誉教授、憲法学の佐藤幸治先生の「立憲主義の危機」と題する講演がありました。放送大学での講義を基にした前著の『立憲主義について　成立過程と現代』（左右社・二〇一五）に続き、このたびの講演も『世界史の中の日本国憲法――立憲主義の史的展開を踏まえて』（左右社・二〇一五）の本になりました。佐藤先生は、近代国民国家の理念と制度を支える実証的法観念・権利観念のもとでは人類の自然権観念が外されてしまったのですが、第二次世界大戦後の世界史的状況の中でこの人権の自然権観念が再生復活し、日本国憲法にもそれが反映している、すでにこの自然権観念は国際連合憲章、ポツダム宣言にも謳われている。こうお話をされています。

グレート・ブックス運動推進のアドラーは、グレート・アイディアスの中の基本的人権のアイディアスの生命・自由・幸福の追求を重視していました。この中で憲法学者、そして私のような教育者の間で、意見の分かれるのは「幸福の追求権」でした。果たして全ての人類に共通する幸福概念と達成方法が在るのか、無いのかで分かれていたのです。カントとロックは無いという立場に立っていました。しかし、アリストテレス、トマス・アクィナス、そしてアドラーはあるという立場に立ちます。私は早くから佐藤幸治先生の基本的人権、そして「幸福追求権」を在るという立場に立って、自然法に関連づけて先生の著書を参考にテキストを作り、レジャー論の講義をしてきました。レジャー論の第一章は、アリストテレスの「幸福はレジャーにあります。私たちは平和を求めて戦争するように、レジャーを求めて働くのです。そして、その本当のレジャーは、休養や気晴らしではなく、観想生活にあるのです」から始まります。このようなわけで佐藤幸治先生と稲垣先生との間で、第二次世界大戦終結直後、カトリック哲学思想の自然法観念、できれば聖トマス神学の自然法に基づく人定法・実定法がどのような背景のもとに再生復活したのか、グレート・ボイス対話をお願いしたいとの希望を抱いています。先人の自然法の研究に生涯をかけた研究業績を引き継ぐためにも是非若い世代の研究者に動機づけてもらいたいと思うのです。私はなぜ戦争終結後、カトリック哲学思想の自然法の研究が大学の法学部で一般化しなかったのかが、大きな研究テーマだと思っています。自然法の概念は、わが国の法学界で絶大な影響力をふるったハンス・ケルゼン（一八八一―一九七三）の法実証主義、その哲学的基盤である新カント哲学の「方法的二元論」つまり、存在と当為（価値）の分離の批判が壁となり、法学部では市民権を得られませんでした。もちろん全くという訳ではありません。上智大学神学部、法学部では中心研究テーマでしたし、また稲垣先生の同僚で交友を重ねておられた水波朗（一九二二―二〇〇三）教授は、自然法の研究者で大著『自然法と洞見知』（創文社・二〇〇五）、さらに必読文献の邦訳書ヨハネス・メスナー（一八九一―一九八四）の大著『自然法――社会・国家・経済の倫理』（創文社・一九九五）を共訳で出しておられます。水波先生もいつか自分の研究も役に立つ時代が来るはずだという確信を持っておりました。

日本人の価値観・ライフスタイルは、すでに一九七〇年代後半から、「物の豊かさから心の豊かさ重視・追求」

に転換していたのです。心の豊かさに最も影響するのは、宗教的実践活動と古典教育によるリベラル・アーツ教育だと、私は早くから確信していました。それは私自身が、リベラル・アーツ教員育成の歴史と伝統を築いてきた、東京高等師範学校・東京文理大学の流れを継ぐ東京教育大学に学び、また筑波大学の教師に就いた私の動機でありました。私個人としては、恩師に恵まれ、卒業して教師になってからは、リベラル・アーツ教育重視の先生方と学際的に交流を重ね、教え子たちにも恵まれ、幸せな人生であったと感謝しています。

しかし、日本の学校制度全体でみると、日本の六・三・三・四の学校教育は近代国民国家の理念と制度の枠組みの中に縛られており、改革は全く進んでいなかったのです。非常に残念に思っていました。

そうした中で、私には小学校就学前に兄たちの通っていた幼稚園の鶴岡カトリック教会のクリスマスに連れて行ってもらった本当に楽しい思い出があり、ご近所の尊敬する大先輩の渡部先生が戦後学んでおられたその当時の上智大学の教育に強い関心を抱いて大きくなりました。渡部先生は大学から帰省すると、いつでもどこでも本を読んでいる偉大な先輩でありました。そして現在の私は、「心の豊かさ重視・追求」「心の中に平和の砦を築く」宗教教育とリベラル・アーツ教育のイエズス会の歴史と伝統と革新について研究したいと思っています。ミルワード先生の『ミルワード神父のシェイクスピア物語』は、本当に刺激的なケース・スタディです。

ロゲンドルフ先生は、『キリスト教と近代文化』（アテネ文庫）の中で、ローマ・カトリック教会の歴代の教皇の回勅（注・教皇のカトリック司祭・信徒にあてたカトリック教会の指針を示す公的書簡）は、学術的にも宗教的にも現代の人間と社会が直面する緊急課題に高度な指針を示していると語っています。稲垣先生の推薦もあって、このたび関連する回勅を入手して邦訳とインターネット英文とを対訳にして読んでみました。多分、日本のマス・メディア、出版界の人たちにとっては馴染みになっていないと思います。しかし、歴代の教皇の回勅は第二ヴァティカン公会議以降のキリスト教文明圏では、カトリック教会関係者だけでなく、ギリシア正教会、プロテスタント教会、英国教会にとっても、またマス・メディア取材記者、出版編集者にとっても取材、編集の大切な価値判断基準になっていると思うのです。ここに日本と欧米の記者、編集者との取材基準、編集基準の大きな壁が在るのだと思います。日本の取材記者、出版編集者が、欧米のニュース、出版物の動向を見てから驚いて扱うというのでは、いつまでも間接取材、間接出版編集ということになってしまいます。私はこのたびの「戦後七〇年を想う」マス・メディア企画、出版編集企画で、政治と宗教、教育の三部門間で相互協力してきた努力の追跡・回想・展望の視点が欠けていたことを非常に残念に思います。

しかし、松浦晃一郎ユネスコ事務局長の時代に、世界遺産から地球の歴史、人類の歴史、民族の歴史を学び、近代国民国家の国益を超越する地球益・人類益を共通善として認識させる世界遺産運動をスタートさせたことを、万人に気づいてもらいたいと思うのです。そもそも近代国民国家の理念と制度の枠組みの中では、日中韓の共通の歴史認識は、成立できるはずがないのです。これはどの国民国家の歴史と比較した場合についても言えることです。日本人の伝統的歴史観は、神代の時代まで遡っているのですから、他国の近代国民国家の枠組みの歴史と、そもそも比較することはできないのです。その意味で近代国民国家以前の地球の歴史、人類の歴史、民族の神話の歴史まで取り込んだ、世界史を学ぶ世界遺産運動は、ユネスコ機構そのものを大改革したといってよいと思うのです。次の改革は本丸の国際連合組織の改革への着手です。それには日本の常任理事国入りの努力に併行して、まずは日本がジャック・マリタンが構想した『超国民国家的勧告機関』設立を目指しての組織をつくり、地球益・人類益重視の国内世論形成、世界世論形成を展開することだと思います。

8　モーティマー・J・アドラー著『戦争と平和　いかに考えるか』

ジャック・マリタンはトマス主義の哲学者です。著書の中に『形而上学序論』（吉満義彦訳・エンデルレ書店・一九四八）があります。この本の中に実践学についての記述があります。哲学者今道友信先生が、研究会でよく敷衍していた概念です。今道先生は、この実践学から実践美学を構想していました。

「ジャック・マリタンは、『すべての実践学はただ善を認識するためにだけ営まれるのではなく、何らかの行為を以て善を実現するための認識である』と語っています。実践学の目的は純粋認識ではなく、行為によって実際的善を実現するために認識することです。ここから私の美学と倫理学を体系化した二一世紀を平和の世紀にするための『美の実践』による『世界美化』の実践美学概論の仕事が始まったのです」（今道友信記念文庫編『美について考えるために――実践美学とカロノロジー』・ピナケス出版・二〇一五）。

ジャック・マリタンは、ハッチンスとアドラーを中心にした『世界憲法シカゴ草案』を実践学を背景に高い評価をしていました。『人間と国家』の最終章は「世界政府の問題」を扱っています。書き出しは、世界大戦終結の前夜の一九四四年に、モーティマー・J・アドラーが公にした『戦争と平和　いかに考えるか』の書評から始めています。この本で「世界政府」こそ平和を保障する唯一の手段だと主張していたことにまず注目したからです。つまり、原爆投下前に、二度の大戦を目の当たりにし、哲学者アドラーが結論を出していました。そのことをまず高く評価したのです。そこに原爆投下が起き、世界中に「恒久平和か、人類滅亡か」の二者択一の大危機意識が起きたわけです。この大危機意識の世界に対して、ハッチンスとアドラーをリーダーとするシカゴ・グループが、それまで古典研究から学んだグレート・ブックスの知恵の蓄積を総動員して、『世界憲法シカゴ草案』を作成し提言したのです。続いて、その真意をアリストテレス協会で、ハッチンスが講演し、『聖トマス・アクィナスと世界国家』

の著書にして、公にしました。これだけの至高の提言を、公の国際機関、また各国家に期待することは難しいことです。第一、国際機関、また各国家は複雑で難しい経済利害の諸問題を抱えていますから、シカゴ・グループのように、自由な立場で万人が納得する提言ができないのです。シカゴ・グループには、「恒久平和か、人類滅亡か」の二者択一で、恒久平和を選択させる古典から学んだ世界世論形成の知恵と教育力があります。このことは学者・教育者ならば、上手・下手はありますが、皆が取り組むことが出来ます。また、この目的に向かってやらなければならない一番大事なことなのです。ハッチンスとアドラーのグループは、そのモデルになる学者・教育者グループなのです。ジャック・マリタンは、世界世論形成に向けた、ハッチンスとアドラーのグループの考え・実践するエネルギーを非常に高く評価したのです。世界世論形成で大切なことは、その時代、その社会に生きる人々の良心の代弁者になるということです。それがこのグループにできたのです。世界世論、国内世論が大勢になった時は、国際機関、そして各国政府は、政治の実際にそれを反映させなければならなくなります。私はここまできて、想い起こしたのは、ふたたびロゲンドルフ先生の『キリスト教と近代文化』の第二章の「キリスト教から見た文化」です。先生はそこで、「キリスト教的文化は、本質的にいって、『創造』と『託身』の教義にある」と語っています。

「創造」の教義　神は人間の力を借りずして世界を創造し、しかし人間の協力を得てはじめて世界を完成することができる。それで、神は「神の姿に似せて」人間を造ったのです。平和で幸福に生きるということは、人間にとって最も大切な仕事ということになります。

「託身」の教義　文化・学問・芸術は、宗教によってのみ生命力を与えられる。人間を聖化することで、人間存在すべてを聖化させるというものです。それにはジャック・マリタンの「託身のヒューマニズム」に人間と国家を向けさせることです。それは永遠の生命に立ち向かう垂直的運動と、現世における人間的創造の水平的運動の交叉する教会で、しっかり考えて、そしてその考えを実践に移すことです。

私にはロゲンドルフ先生から教えを受けた渡部昇一先生からよく伺っていた話があります。

「民主主義国家にとって大切なことは、垂直的運動と水平的運動を交叉させた政治です。その時代、その社会に生きる人々の要望にだけ応える水平的運動の政治だけでなく、過去に生きた人々の知恵、未来に生きる人々のことも考えて連続する生命を尊重することが、民主主義政治でなければなりません。その時に古典に学ぶということがとても大切になります。私自身ハッチンスとアドラーの仕事には、早くから関心を寄せてきました。私は『グレート・ブックス』も、そして初版から版の大革新のすべての『ブリタニカ・エンサイクロペディア』を揃えて利用していますが、アドラーの大革新した版もよく利用しています。『グレート・ブックス』と『ブリタニカ・エンサイクロペディア』の大プロジェクトは、良き時代のアメリカを代表する大仕事だと思っています」。

私はここまで「被爆七〇年の夏に想う」と題して考えてきて、ハッチンスとアドラーの世界平和に向けてのグレート・ブックス運動と学習社会づくりが、世界のこの混迷の時代に、再び最優先の教育改革モデルであることは間違いないと思いました。さらにもう一つ、イグナチオ・ロヨラの時代から世界にネットワークを張り、歴史と伝統を築いてきたローマ・カトリック教会設立のイエズス会の学校・大学からも、学ぶことが非常に多いと思いました。

私はジョセフ・ナイ教授の軍事力、経済力のハード・パワーに対する、文化・芸術・教育のソフト・パワーに力を入れることが、いまいかに大切かということを再認識しました。現在、世界で展開されている「心の中に平和の砦を築く」それぞれの運動を、自立・分離しながら、現在、世界的に関心を集めている世界遺産運動の中に位置付けて相互協力し、二一世紀を万人参加の「美の実践」による「世界美化」に方向づけるお役に立ちたいと思いました。

戦争終結後に普通ではありえないことが、現にあり得たということが驚きです。第一級の世界的研究交流の環境、アメリカのカトリック大学で研究に従事しておられた稲垣先生、あの戦後の喧騒の東京で、ただ一校閑かな上智大学の充実した古典教育の恩恵を受けて勉学に励んでおられた渡部先生、尊敬するお二人の先生の青春に、「被爆七〇年の夏に想う」ということで、十分に思いを寄せることができました。お二人の先生に感謝を申し上げ、この後に続く本書の前座とさせてもらいました（本章は、二〇一五年の第一七回図書館総合展の「被爆七〇年の夏に想う――心の中に平和の砦を築く」と題する講演内容に加筆したものです）。

第二章　世界遺産のための教養講座

――異文化・異文明の相互理解に向けて――

松田義幸

1　今道友信先生の「実践美学原論」

美しさとは輝きである

哲学者今道友信先生は、建学の精神「美しさとは輝きである」を掲げる日本美容専門学校の第四代校長に就任し、わかりやすく解説した美の思索入門書、『美について考えるために』（ピナケス出版・二〇一五）を出しています。この本は、先生の美学体系の中に、全く新しい概念の『実践美学原論』を構想し、その思索ノートを入門書としてまとめたものです。

学生たちはこの学園で、将来、美容師として、今日ではスタイリスト、デザイナーという呼称に変わっていますが、働くことを志して学んでいます。美容教育の基本は、戦後の新憲法のもとでできた理容師法にのっとり、「美容とは、パーマネントウェーブ、結髪、化粧等の方法により、容姿を美しくすることをいう」に沿っています。今道先生も、「美容の本質は、人びとを美しく活性化する技術にあります。それは最も伝統的な文化の一つに数えられ、どんなに機械文明が発達しても、人の手や感性を離れたところには存在しません」と述べています。古代から現代まで、どの民族の生活文化史を振り返ってみても、「髪型の工夫や耳飾り、首飾り、腕輪、化粧の顔料など、美容と服飾に類する芸術的技術」は存在していたからです。特に日常生活に対する非日常生活の祝祭では、美容は祭りを聖化する生活芸術であったわけです。民俗学では、ケとハレ、俗と聖に対比させています。

日本美容専門学校は、一九五五年に婦人解放の時流の中で、高い理想を掲げて、美容の全国組織・日本美容師会の付属教育部門として、初代校長に中国文学の奥野信太郎先生を迎えて創立した、この分野の伝統校です。「美容師の社会的地位の向上」「社会に貢献できる美容師の育成」を教育目標にし、開学した当時の校風を偲ぶことができます。

今道先生は校長に就任し、それまで美容分野で思いつかなかった、教科書を作ってみようと考えたのです。将来、美容の仕事に就いた時に、狭い視野ではなく、大きな視野を持って、人のためになる仕事をしている、世の中のためになる仕事をしている、また生活者として、市民として、美しく輝いて生きている、このような自覚と信念を抱いて、人生を送ることのできる卒業生を社会に送り出したい、そう願ってこの教科書の執筆に当たっています。

今道先生の実践美学原論の構想は、とてつもなく大きなものです。二一世紀の万人を対象に、この構想実現への参加を呼び掛けています。その最初の実験の場を美容教育に求めたということです。その実験事例をすべての職業教育領域、生活領域、市民領域に拡げようと意図しています。それでは、その実践美学原論の構想の要旨を記しておきます。

美の実践による世界美化の実現に向けて

二一世紀が目指すべき政策課題として「世界美化」をあげています。これは二〇世紀が「世界戦場化」であったことを反省して構想したものです。二〇世紀は一八世紀半ばに成立した近代国民国家の理念と制度が破綻し、大戦と紛争と殺戮の世紀にしてしまいました。二一世紀は平和の世紀にしなければなりません。そのためには、人間と社会のどの領域においても、経済的価値基準よりも美的価値基準を優位におき、行為することです。そして、万人が参加できる美の実践に基づく世界美化の理念と制度を作り上げることです。

今道先生はこのように大きな道筋を提言されているのです。私は先生のこの提言を受けて、二つのエッセイを想い起しました。

一つ目は、ハーバード大学のジョン・ケネス・ガルブレイス（一九〇八―二〇〇六）の二一世紀への期待のエッセイです。二〇〇三年一月三日付けの日本経済新聞に、「日本の再設計――新しい価値への対応」と題するエッセイを寄せてくれたのです。日本は世界の国々に先駆けて経済的意味を問い直し、幸福の追求、心豊かに生きる楽しみの価値基準（理念）を作り、〈新しい人間、新しい社会〉に転換し、それを世界の国々に示すべきだ」と提言したのです。

今道先生は、二〇世紀までの近代国家の経済的価値基準の重視を二一世紀には美的価値基準重視に転換すべきだと主張しています。ガルブレイスの日本への期待に立派に応えている構想だと思います。

二つ目は、一九四一年一月の日本が戦乱の世にある時に、哲学者三木清（一八九七―一九四五）が『婦人公論』に「生活文化と生活技術」と題して寄せたエッセイです。骨子をまとめてみます。文化とは自然に働きかけて、人間が作り出すものです。したがって、生活文化は一人ひとり、生活に対して積極的態度を示し、その根底に文化への意志をおくことです。生活文化はその内容においても、形式においても、過去からの文化の伝統を継承し、伝統は私たちの革新的な働きかけによって、真に伝統になるのです。芸術家が芸術作品を作るように、私たちもまた私たち自身の生活という作品を作る創造的芸術家なのです。

三木清のこのエッセイは、特に女性リーダーに向けての呼びかけですが、今道先生の提言の枠組みの中にきちんと位置づくとみてよいと思います。二人の哲学者に共通していることは、単に考えるだけでなく、考えて実践する行為に駆り立てる力が漲っていることです。

考える人から、考え・実践する人へ

今道先生は、美の実践による世界美化への参加を、芸術家だけでなく、万人に呼び掛けています。万人が美の実践者でなければ、世界美化は実現しないからです。私は世界美化の理念と制度ができあがるためには、「意識革新→風土革新→制度革新」の手順を踏む必要があると思っています。芸術家だけでなく、どの職業に就いている人も、また生活者として、市民として、美的価値基準（理念）を大切にして、仕事に当たり、生活芸術家として美しく輝いて生きることなのだと思います。このような態度で、万人が「意識革新→風土革新→制度革新」の流れ作りに参加することが、美の実践による世界美化を現実にする基本だと思います。

それでは万人に美の意識を動機づけるにはどうすればよいのでしょうか。最初の意識革新が肝心です。その意識革新を促す学問が実践学なのです。今道先生はここに力点を置いて、実践美学原論を構想していたのです。

実践学とは何か。二〇世紀を代表するカトリシズムの哲学者ジャック・マリタン（一八八二―一九七三）は、「すべての実践学は、ただ善を認識するために営まれるのではなく、何らかの行為を以て善を実現するための認識である」と述べています。今道先生はこの言説を受けて、実践学は目的が純粋認識にあるのではなく、行為によって実践的善を実現するために認識するところにあります、こう捕捉しています。そのうえで、美の普遍性について次のように述べています。

美には国境などありません。国家、宗教、民族、事業の差異を超えて、万人が手を結ぶ可能性があり、かつ万人が自らその実現に何らか主体的に参加しうる営みであり、しかもそれが知覚的に確認しうる成果をもつものです。

私は美の実践による世界美化の実現に向けて、大切なことは、さきの「意識革新→風土革新→制度革新」の大きな流れづくりに参加するために、意識革新を揺るぎない信念にすることだと思います。一人ひとりが、自分自身の物の見方、考え方、感受性の「心の習慣」「精神の習慣」の中心に、美の実践と世界美化を位置付けて、古い自分を抜け出し、仕事に当ること、生活することなのだと思います。

ユネスコ世界遺産による世界美化運動

私は今道先生の実践美学原論の構想の視点から、日本の歴史、世界の歴史を振り返ってみると、美の実践による世界美化の大きなプロジェクトが、有形・無形のユネスコ世界遺産としてすでに展開していると思っています。問題は万人にそのようにまだ認識されていないことにあります。国連、ユネスコは、第二次世界大戦後、世界平和を希求してできたものです。ユネスコ憲章前文は、次のように謳っています。

戦争は人の心の中で生まれるものであるから、心の中に平和の砦を築かなければならない。相互の風習と生活を知らないことは、人類の歴史を通じて、世界の諸人民の間に疑惑と不信を起こした共通の原因であり、この疑惑と不信のために、諸人民の不一致があまりにもしばしば戦争となった。

アジアから初めて就任した松浦晃一郎ユネスコ事務局長（一九九九―二〇〇九）は、ユネスコ憲章にのっとり、世界遺産プロジェクトの理念と制度の大革新を行い、世界平和に貢献する歩むべき道筋を示したのです。松浦事務局長のリーダーシップのもとで、総合的、体系的な羅針盤を構築したといってもよいと思います。二〇〇八年に講談社から出版された『世界遺産』は、事務局長の立場にあって、初めて著すことのできる内容の本です。

この『世界遺産』を精読して、イタリアの世界遺産を地図で見ると、世界遺産が全土に輝き、点在していることに驚きます。イタリアまるごと世界遺産都市国家だと思うくらいの驚きです。もしも、他の国々も努力すると、このようなことができるならば、地球まるごと世界遺産による世界美化も夢ではなくなります。私は、このユネスコ憲章を具現化した世界遺産プロジェクトに、美の実践による世界美化の精神を抱いて、一人ひとり参加することが、今道先生の実践美学原論の呼びかけに応えることになると思っています。

2 アーウィン・パノフスキー先生の『ゴシック建築とスコラ学』

歴史の中に見る美の実践による西洋美化

ここで、西洋中世に見る美の実践による西洋美化の事例として、ゴシック様式の教会建築を取り上げようと思います。

美学者アーウィン・パノフスキー（一八九二―一九六八）の著作の中に、『ゴシック建築とスコラ学』（Gothic Architecture and Scholaticism 1951）があります。日本語訳には、建築学の前川道郎先生（一九三一―二〇〇〇）が当たり、一九八七年に平凡社（現在は、ちくま学芸文庫）から出ています。とても難しい内容の本ですが、私は前川先生の丁寧な解説を案内に、繰り返し読んでみました。パノフスキーのこの本に関しては、いろいろ批判もあり、ゴシック建築の研究に関する一つの見方だと思いますが、私はゴシック建築とスコラ学の関係の解釈として非常に説得力があると思いました。

私は、ヨーロッパに旅に出かけるときは、カトリック教会を訪ねるようにしています。中でも黒い森のイメージのゴシック様式の教会には、同じ教会であっても、何度も訪ねています。そのたびに、ステンドグラスから美しく輝く光を受け、ミサを執り行う大聖堂は、キリストの再臨と神の国の到来の準備を心がけているキリスト教徒にとって、本当に相応しい聖なる空間なのだと感じ入ってきました。そして、この聖なる教会がどのようにして造営され、今日に至ったのか、いろいろと思案してきました。

まだ、芸術家として独立した職業が存在していなかった時代に、いろいろな職種の職人たちが集まり、誰の指揮のもとで、教会造営の理念やデザインを共有し、全体像と自分の担当する部分の仕事の関係をきちんと自覚し、実際の造営に参加したのか、私は教会を訪ねては、時空を超えて、造営中の現場に立ち会ったつもりの創造的想像を逞しくして、想いを巡らしてきました。

私のこの疑問に応えてくれたのが、パノフスキーだったのです。そのキー・ワードが「メンタル・ハビット」です。私はこの興味深い用語に、一九七二年一月のアメリカ・カンサスのシンクタンクのＭＲＩ（Midwest Research Institute）のレジャー研究のワークショップで出会いました。ＭＲＩの担当者から次のような説明を受けました。

「メンタル・ハビット（mental habit）」は、どの文明研究、どの民族研究にとっても、汎用性の高い研究用語です。一般化すれば、ある時代のある社会に支配的な人びとの物の見方、考え方、感受性の「心の習慣」「精神の習慣」ということになります。これは美学者パノフスキーが、自分の研究に上手に使っている用語です。ラテン語で、〈ハビトゥス・メンタリス（habitus mentalis）〉といいます。

私はＭＲＩで出会ったこの用語をそれ以来、私自身の研究においても、キー・ワードに使ってきました。とても使いでがあります。そして、森永エンゼル財団の研究に参加するようになってからは、パノフスキーの『ゴシック建築とスコラ学』を、研究グループの共通テキストにしてきました。今では今道先生の美の実践による世界美化の実現に向けて最も参考になるテキストだと思っています。

ゴシック建築とスコラ学の出会い

ゴシック様式の教会建築は、一一九四年のパリのノートルダム大聖堂の大火災の再建から始まったのです。当時、パリのまわり一〇〇マイル地帯の教育はスコラ教育が独占していました。新しい教会建築に関心を寄せる建築工匠、その他職種の違う職人たち、また市民たちが、大学の公開討論を、現代の音楽会やオペラと同じように、公開講座に参加し、学者、聖職者、詩人たちから学び、交流をしていたのです。この交流を通して、地域社会構造を支えていた精神の習慣に革新が起きました。この革新は、一二世紀の変わり目から始まったのです。アリストテレス哲学がスコラ学に新しく入ってきたからです。パノフスキーは、スコラ学の革新を次のように説明しています。

人間の霊魂は不死と考えられていたが、いまやそれは肉体から独立した実体（もの）であるよりもむしろ、肉体自体を構成し統一する原理であると考えられるようになったのです。草木は草木として存在すると考えられるのです。草木というイデアの写しとして存在すると考えられたのではありません。神の存在は、「ア・プリオリ（先験的）」にではなく、神の創造物によって証明しうると信じられるようになりました。

パノフスキーは、このような神の存在証明は、カトリック・スコラ学の主流ではなかったと解釈しています。ところが、公開講座に出席していた人びとの精神の習慣に革新が起きたのです。再建する教会は神の国の単なるイデアの写しではなく、神の存在を証明するものでなければならないと自覚するようになったからです。

これから再建するノートルダム大聖堂を構成し統一する原理は、アリストテレス哲学によるスコラ哲学思考でなければならないと信じ、再建プロジェクトに着手したのです。後に、このようにしてできた新しい様式の教会建築物をゴシック建築と呼称するようになりました。このゴシック様式の建築が、パリのまわり一〇〇マイル地帯の外側に伝播し出し、まさに今道先生の世界美化の西洋版をヨーロッパの歴史の中に作り上げたのです。そして、二一世紀の現在、ヨーロッパ中に点在するゴシック教会は、世界遺産として輝いています。

美の実践による西洋美化の伝播過程

経営学のマーケティングの分野に、新製品の普及過程という考え方があります。エヴェリット・ロジャース（一九三一―二〇〇四）の理論で、新製品が市場に普及・伝播するプロセスは「革新者→初期採用者→前期追随者→後期追随者→遅滞者」を辿るというものです。私は日経広告研究所に勤務していた二十代に、よく市場調査にこの理論を応用していました。そして、この理論の連想から、今道先生のお考えは、美の実践による世界美化の実現に向けて「意識革新→風土革新→制度革新」の流れの手順を踏むことだと考えたのです。精神の習慣の革新は、個々人の意識革新と個人が集まって構成する風土革新に密接に関係し、それを前提にして制度革新に入るという流れです。私はこのような考え方をゴシック様式の建築物の普及過程、それに続いて起きたゴシック芸術（リベラル・アーツ）の普及過程の検討に応用できると考えました。

カトリック教会の本質「創造の教義」と「托身の教義」

ここにもうひとつ、カトリック教会の本質を考える時に、小さな文庫本で、とてもわかり易い、参考になる本があります。上智大学のヨゼフ・ロゲンドルフ先生（一九〇八―一九八二）が、第二次大戦後に平和を希求して著した『キリスト教と近代文化』（弘文堂アテネ文庫・一九四七）です。私にとって、パノフスキーの難しい本を理解する助けになったありがたい本です。特に関連すると思うところは、カトリックの本質の「創造の教義」と「托身の教義」です。その要点を記してみます。

創造の教義　創造主の神が、この世界を創造したが、この世界の完成には、神の似姿の人間を必要とし、現在まだ続いている神の創造プロセスに、人間が創造者として参加し続けることを条件にしていたのです。創造主は、ザ・クリエーター（The Creator）でCは大文字です。創造者の人間のクリエーター（creator）のcは小文字です。

カトリシズム文化は、創造者としての人間が、創造主の神の似姿として、現在も続いている神の創造のプロセスに参加して、この世界の完成に尽くすということです。

美的価値基準の重視の今道先生はカトリシズムの立場ですから、実践美学は、「創造の教義」を学問として説いたものだと、私は考えています。一方、プロテスタンティズム、マルキシズムの労働観は、近代国民国家の経済的価値基準を第一に重視したもので、この理念は破綻したと、今道先生は考えたのだと思います。ロゲンドルフ先生はこの小さな本で、そのように考えています。私自身も、創造主の創造プロセスに寄り添う創造者ではなく、創造プロセスに逆らうことの多い人間になってしまったところに、近代国民国家の破綻の遠因があるのだと思っています。現代人がエコロジーの問題に関心を寄せるのも、創造主に寄り添いたいという忘れていた記憶の想起だと解釈しています。

托身の教義　カトリック教会は絶え間なく行われるキリストの托身（受肉・肉体化・具現化 incarnation）であり、可視的な組織体の形で、人間に委ねられています。教会は人間の歴史の場に、垂直的なものと水平的なものとが交わった交点です。垂直的運動は永遠の生命に立ち向かうことであり、水平的運動は現世における人間的創造を示すことです。この二つの運動の交点が教会です。キリスト教は確固たる理念と制度を有する共同社会、すなわち教会なのです。歴史の中で人々が垂直的運動から離れて、現世の世俗的文化の水平的運動のみに向かった時に、教会はキリスト教の伝統をそのたびに守ってきたのです。したがってキリスト教と教会は、正しい文化・芸術の創造を示し、表現物に生命を与え続けてきたのです。

神の存在を証明するカトリック教会建築物とリベラル・アーツ

このロゲンドルフ先生の「創造の教義」と「托身の教義」の内容は、現在のカトリック教会を支える大切な指針になっています。この二つの教養の具現化した源流を訪ねると、パリのまわり一〇〇マイル地帯で起きた、精神の習慣の革新に辿りつく、パノフスキーはそのように解釈したのだと思います。ゴシック様式の有形の教会建築物のヨーロッパへの伝播に、無形のゴシック様式の芸術（今道先生の注・西周が「リベラル・アーツ」に、「藝術」の訳語を当てた）の創造が寄り添い、教会が学問・芸術の母として、偉大な役割を担ってきたのです。このようにして、美の実践による世界美化の西洋版を、ヨーロッパの歴史の中に作り上げたのです。

ここまで、パノフスキーの『ゴシック建築とスコラ学』を読み込む準備をして、私がこの本から学んだことを整理してみます。

一一三〇年―四〇年頃とトマス・アクィナスがパリ大学にいた一二七〇年頃に、パリのまわり一〇〇マイル地帯の人びとの精神の習慣に革新が起きたのです。この特別の期間に教会建築とアリストテレス哲学を取り入れたスコラ学との間に密接な交流が始まり、スコラ学的思考が原因になって、結果としてゴシック様式の建築物と芸術が生まれ、パリのまわり一〇〇マイル地帯の外側に伝播しだしたということです。スコラ学は精神の習慣（ハビトゥス・メンタリス）を、伝統的に「行為を規制する原理」の意味に使っています。パノフスキーもそのように認識しています。スコラ学がアリストテレス哲学を取り入れ、精神の習慣に革新が起き、まず教会という理念と制度が神の国の単なるイデアの写しではなく、神の存在を証明するものでなければならないと、建立する側も、カトリック教徒の側も自覚するようになったのです。

この本の日本語訳を担当した前川先生は、パノフスキーの解釈をもう一歩進めて、ゴシック様式に携わった人びとが、自分たちのそれまでの建築的思考を超越して、アリストテレス哲学を取り入れたスコラ学的思考の域に到達したのだと解釈しています。ここでロゲンドルフ先生の「創造の教養」の視点に立ち、今日的言い回しをすれば、ゴシック様式のカトリック教会は、創造主と創造者のコラボレーション（協働）作品と言うことになります。もちろん、パリのまわり一〇〇マイル地帯の一般の人びとが、精神の習慣の革新に共感し、ゴシック様式の教会建築と芸術（リベラル・アーツ）を伝播させる革新者、初期採用者の一翼を担い、その結果、美の実践による西洋美化が現実になったのだと言えます。前川先生はパノフスキーの業績をちくま学芸文庫の帯広告のコピーに次のように記しています。

ゴシック建築とスコラ学は中世ヨーロッパ文化の双璧である。飽くなき全体性と明晰への意志、理性と想像力、超越と内在の媒介の仕方、つまりは世界を分節するスタイル、両者には不思議な類似と平行性がある。一見相異なる文化領域を支える共通の論理とは何か。細部に宿る理念と文化史的コンテクストの発見術たるヴァールブルグ的イコノロジー（美術史家ヴァールブルグの流れを汲む図像解釈学）の最良の実践であるとともに、ヨーロッパ精神史を貫流するテクネーとロゴスの構築性という問題にも新たな視点をもたらした。

3　稲垣良典先生の『問題としての神』

トマス・アクィナス『神学大全』邦訳完結

第二次大戦後の一九六〇年に、プラトン、アリストテレスに精通し、中世スコラ哲学を研究していた京都大学の高田三郎先生が、創文社の久保井理津男社長と組み、トマス・アクィナスの『神学大全』の日本語訳とそのための研究のプロジェクトに着手したのです。このプロジェクトは、山田晶先生、そして九州大学の稲垣良典先生に引き継がれ、半世紀を超えて、二〇一二年に全四五巻の邦訳の大事業として完了しました。一般的には、『神学大全』は近寄り難い古典と思われていますが、パリ大学公開講座のトマス・アクィナスの講義には、多くの人びとが集まり、一二七〇年には『霊的生活の完全性について』『世界の永遠性についてーつぶやく者どもに対して』などに聞き入ったといわれています。この事については、パノフスキーが『ゴシック建築とスコラ学』の中で、特記している通りです。

トマス・アクィナスがパリ大学の公開講座に力を入れたように、稲垣先生にも森永エンゼル・カレッジのインターネット公開講座に出演していただき、この映像コンテンツに誰もが、いつでも、無料でアクセスできるようにしてあります。テキストは、稲垣先生が二〇〇九年に講談社から出した『トマス・アクィナス〈神学大全〉』です。また、『神学大全』全四五巻完結の記念フォーラムの映像コンテンツもアップしてあります。

稲垣先生は、パノフスキーと同じように、中世哲学の最盛期を飾る大著は、知的、学問的なゴシック・カテドラルに譬えることができると語っています。実は、前川道郎先生は、パノフスキーの『ゴシック建築とスコラ学』の日本語訳の仕事をしている時には、すでに京都大学から九州大学に移り、稲垣先生の研究室と交流していたのです。そのことを「あとがき」の謝辞に記しています。

なぜ『神学大全』が現代への挑戦の古典なのか

今道先生は、二一世紀が目指す政策課題として、美の実践による「世界美化」をあげています。これは一八世紀半ばに成立した近代国民国家の経済価値重視の理念と制度が二〇世紀に破綻し、「世界戦場化」になったことを反省しての提言でした。

稲垣先生は、近代国民国家の理念と制度が二〇世紀になぜ破綻したのか、その原因の手懸りを、自然法の法哲学から、トマス・アクィナスの『神学大全』に求めています。先生は、その根本原因は、人間の理性が、神を探求することを放棄し、信仰から切り離されてしまい、人間の理性が人間の効用、つまり人間中心的な価値としての快楽と物の豊かさに奉仕する道具になってしまったからだと考えています。

稲垣先生の著作の中に『問題としての神』（長崎純心レクチャーズ・創文社）があります。この本の中でこの問題を扱っています。市民を対象にした公開講座ですから、とても分かり易い本です。その要旨を記します。

人間の理性が行う最も根源的で包括的な探求が哲学です。その哲学の歴史を振り返ると、古代、中世、近世までは、哲学はいずれも神の問題と深くかかわりながら展開してきました。ところが、カントの理性批判、ニーチェの神の死、経験主義哲学などが、神の問題を哲学から切り離し、現代哲学は「哲学の解体」「反哲学」というところまできてしまいました。

哲学の解体のもとでの現在、人文、社会、自然の領域の学問は、哲学から離れ、科学的実証重視の人文科学、社会科学、自然科学と呼称するようになりました。その結果、どの領域の学問も、専門化、細分化、部分化、断片化し、全体知・総合知の欠如、グランド・デザインの全体像の欠如に陥っているといえます。かつて、小宮山宏先生が東京大学総長の時代に、今道友信先生との対談の中で、「東京大学の九〇〇〇の講義を全体像にどう位置づけ、教育改革をするか、それが緊急課題です。その改革のキー・ワードが、〈自律分散協調系〉です。生命体は、心臓とか、腎臓などの臓器は一つ一つ分散して存在し、自律的に動き、生命体のために協調して活動しています。現在の学問は、専門化、細分化し、そこに相互理解・交流が欠如しています。そこで生命体をモデルにして、学問のあり方をいかに〈自律分散協調系〉に改革するかが課題なのです」と教育改革の難しさを吐露していました（日本アスペン研究所『アスペン・フェロー』二〇〇八年№16）。

稲垣先生は、生命体に学ぶということは、信仰と理性、宗教と科学の独立性の分離を前提に、互いに排除・孤立するのでなく、相互協力的に共存することが、現代ならば最良の道だと考えておられます。小宮山先生が「自律分散協調系」の教育研究改革を生命体にモデルを求めているということは、トマス・アクィナス、稲垣先生の信仰と理性、宗教と科学の協力的ありかたの一歩手前まで来た考え方だと私は思っています。もう一歩進めて中に入って、信仰と理性、宗教と科学の相互協力的な視点から、「自律分散協調系」の全体知・総合知を探求してみると、大学改革の道筋が見えてくると思います。

稲垣先生はこの問題に関して、一九九八年のヨハネ・パウロ二世教皇の公布した回勅『信仰と理性』を紹介しています。信仰から理性を切り離し、理性による探求を信仰の光に頼る必要のない、自らに固有の領域のみに限ろうとする現代哲学のあり方は、「偽りの謙遜」であり、理性の「矮小化」であって、「知恵の探究」という哲学の「哲学」的使命の放棄であり、哲学の崩壊、「偽哲学」だと批判しています。その上で、教皇は人文、社会、自然の領域の科学者は、トマス・アクィナスの思想の永遠の新しさに立ち返ることを提起しています。稲垣先生は、そこに立ち返ることの大切さを、「自らの理性の限界を認め、その意味で自己を否定することであると同時に、自己の超越を通じて、まさしく理性を完成することだからです」と語っておられます。

『神学大全』の中の習慣（habitus）概念

パノフスキーは、キー・ワードにラテン語の「ハビトゥス・メンタリス（habitus mentalis）」英語の「メンタル・ハビット（mental habit）」を使っています。現代の私たちは、「ハビット」に「習慣」を当てていますが、ゴシック建築・芸術に与えたトマス・アクィナスは、「ハビトゥス」をどのようにとらえていたのか、理解しておく必要があると思います。その上で、パノフスキーの「ハビトゥス・メンタリス」「メンタル・ハビット」について、検討してみようと思います。稲垣先生は、『神学大全』の日本語訳の仕事に取り組みながら併行して、トマス・アクィナスの研究成果を、哲学、言語学、倫理学、自然法、法哲学などの分野から学術書として出しています。その中に、今日、一般には、実証科学の心理学の対象とみなされている「習慣」を、哲学の問題として取り上げた学術書『習慣の哲学』（創文社・一九八一）があります。

稲垣先生は、この本の中で、哲学の問題としての習慣の概念を整理し、その後で、トマス・アクィナスの古代ギリシア・ローマのプラトン、アリストテレス、キケロからアウグスティヌス、偽ディオニシウス、アリストテレス註釈家たちまでの歴史的先行研究を取り上げています。その上で、トマス自身の習慣の本質、習慣の原因、習慣と徳について言及しています。稲垣先生は、それから以降のオッカムから経験論哲学のパース、デューイまでを扱い、最後に先生自身の習慣論の体系的研究に入っています。

『習慣の哲学』はとても難しい内容の本です。一般化してわかり易くとはいきません。そこで『トマス・アクィナス〈神学大全〉』の森永エンゼル・カレッジの公開講座テキストと併せて、パノフスキーの精神の習慣につなげることを意図し、要約してみようと思います。

人間の行為の究極目的は、幸福の追求にあります。その人間にとって、幸福追求の望ましさ、善さの根源は、最高善（神の本質）にあります。人間の私たちをひきつけ、私たちに働きかけ、私たちを呼びさまし、能動たらしめる根源が、最高善だからです。人間はその第一根源を分有しており、人間本性は最高善に秩序づけられて、幸福の追求をすることを望んでいるのです。それが人間の真の自由の選択（自由意志）です。したがって人間の真の自由の選択は、最高善に向かって、人間の自然本性を開花（自己実現）させることにあります。

人間の一生は、真に人間である（自然本性）ことの完成に向かって、人間であることを学び続ける、地上の旅人なのです。それが無限に善きものを目指す幸福の追求です。人間は、誰しも幸福追求の最高の可能性（哲学用語では可能態 potentia, potentiality）と最高の行為の現実性（現実態 actus, act）を有しており、最高善を直視・観想する受容力を備えているのです。ここで最高の可能性を、最高善に秩序付けられた最高の現実的行為にするには、人間の諸々の徳（卓越性）の能力を必要とし、それが学習を通して、獲得、形成される習慣（能力態 habitus, habit）の問題なのです。習慣の形成は人間の高度な活動です。それは可能性の状態から能力の状態への高まりであり、しかもこの高まりは一つの習慣が形成された後も、さらに高次の習慣形成という仕方で連続的に行われることを意味しています。したがって、習慣はそれを通じて人間に究極目的である至福に到達するところの行為の原理（principium）なのです。

稲垣先生は、古典的習慣論を以上のように考えておられ、現代哲学がこの視点からの習慣論を忘却、無視してきたことを厳しく批判しています。パノフスキーは、『ゴシック建築とスコラ学』の中で、「精神の習慣（habitus mentalis, mental habit）」を「行為を規制する原理」というスコラ学的意味で使っています。ということは、パノフスキーは、現代の習慣の意味ではなく、古典的習慣論に立ち戻るということで、「習慣」に「精神」を付け、「精神の習慣」という用語にしたのだと思います。

トマス・アクィナスの交換的正義・配分的正義・法的正義

最後に、稲垣先生の政治哲学の課題の共通善の復権について触れておこうと思います。それは、今道先生の実践美学原論の構想を具現化する上で、大切な視点だと思うからです。

トマス・アクィナスは、アリストテレス哲学を受けて、「人は人にとって自然本性的に友である」という立場を取っています。人間は他者に助けられる存在であり、人間は自らの豊かさを人びとに分かち合う存在です。そのために人間にリベラル・アーツの学習が必要なのです。その生涯学習目標の諸徳（卓越性）の根源は「愛徳（caritus)」です。人間は本来、社会的（ポリス）存在ということになりますから、この社会的本性に基づく理念と制度を整備する必要があります。その時に大切なことは、支配者は被支配者の善、共同体全体の「共通善」を追求・実現することでなければなりません。しかし、近現代の法哲学は、この自然法の「共通善」を忘却・無視してしまったのです。

近代国民国家は、政治目標に「物の豊かさ重視・追求」を第一に掲げてきました。しかし、これは全構成員の「追求・共有」目標として不成立になってしまいました。物の豊かさの重視・追求は、あくまで制限つき善きものとしなければなりません。そこで新しく、愛徳に基づく諸徳の「心の豊かさ重視・追求を」を第一に立て、これを全構成員の「追求・共有」目標にすることが出てきます。そのための政治・教育課題が「共通善」です。

戦後、学生の間で広く読まれた『自由からの逃走』の著者・エーリッヒ・フロム（一九〇〇―一九八〇）は、晩年に所有価値（to have）に基礎をおく「古い人間、古い社会」から、存在価値（to be）に基礎をおく「新しい人間、新しい社会」への転換を提言し、ユネスコもこの大きな転換の重要性を認識して、二一世紀の教育目標を「人間らしく生きることを学ぶ（learning to be）」においています。もちろん、他にも、ローマクラブの『成長の限界』やエルンスト・フリードリッヒ・シューマッハー（一九一一―一九七七）の『スモール・イズ・ビューティフル』などまだまだあげることができます。

この哲学思想の新潮流を現実にするために、稲垣先生はトマス・アクィナスの正義論に学ぶことを勧めています。

今日の一般認識では、正義と権利について、法律で確定された権利を、政治共同体の各市民に斉一的及び厳格に帰属させることが正義ということになっています。しかし、これだけでは社会的徳としての正義や自然法に基づく正義を忘却・無視していることになります。

トマスは正義を三段階に分けています。①低段階は交換的正義です。法律に基づく適法正義で、斉一的、厳格に律します。②中段階は配分的正義です。法に内在する正義、正しい法の創出に関わる正義です。これは「共通善」を前提にしています。③高段階は法的正義です。これは諸徳の中心に愛徳（caritas）をおいた、真正の「共通善」の実現の正義です。法的正義は「共通善」を私的善に優先させ、厳格な意味では、正義を超える愛であり、それは「共通善愛」と呼んでもよいものです。

実は、松浦晃一郎ユネスコ事務局長のリーダーシップのもとでの世界遺産プロジェクトの理念と制度の中に、トマス・アクィナスの配分的正義、法的正義が貫かれていると、私自身は読み取っています。第二次世界大戦の「世界戦場化」を反省して設立した国連の国連憲章、ユネスコ憲章、そして他の国連諸機関の憲章すべてを、トマス・アクィナスの自然法に基づく配分的正義、法的正義に関連付けて読み取ることが、とても大切なことだと思うからです。

松浦事務局長が、人種、民族、言語、宗教、生活文化といった無形文化遺産を新たに世界遺産プロジェクトに取り込み、国連憲章、ユネスコ憲章を、万人が納得できる世界遺産プロジェクトに具現化したことは、本当にすごい改革だと思います。

その意味では、現在、世界中に点在している有形・無形の世界遺産は、まさに、今道先生の美の実践による平和を希求する世界美化の運動だと思います。そして、現在、登録準備のものを入れると、世界美化の「意識革新→風土革新→制度革新」の大きな流れ作りに、世界中の実に多くの人びとが参加していることに気付きます。

4　渡部昇一先生の『言語と民族の起源について』

言語と文化の多様性の尊重と保護

二〇〇八年はユネスコが提唱し、国連が定めた「国際言語年」でした。国連の六つの公用語であるアラビア語、中国語、英語、フランス語、ロシア語、スペイン語を平等にあつかい、そのもとで世界諸民族のすべての言語を尊重・保護するスタートの年にしたのです。そのプロジェクト・リーダーが、松浦晃一郎ユネスコ事務局長でありました。

現在、この地球上で使われている五〇〇〇から六〇〇〇の言語の半数以上が、消滅の危機にさらされています。世界人口の大都市への集中、インターネット革命、経済産業のグローバル化の影響を受けて、諸民族の言語が、現にこれまで消滅してきたし、これから急速に消滅していくと予測されています。そこで、松浦事務局長は、国際言語年を迎えるに当たり、メッセージを発表しました。その要約を記します。

言語は私たちのアイデンティティの拠り所であり、文化や価値観の重要な担い手です。国連の持続可能な開発、EFA（Education For All）などの政策課題において、言語は極めて重要であり、人類が直面する問題解決に大きな役割を担っています。言語の多様性と文化の多様性は密接に結びついており、世界遺産プロジェクトは、「無形文化遺産の保護に関する条約」、「文化的表現の多様性の保護及び促進に関する条約」をすでに結んでいます。ところが、この世界で話されている言語が、今、消滅の危機にさらされているのです。二〇〇八年を国際言語年とし、国連、ユネスコは、言語と文化の多様性を尊重・保護するプロジェクトに取り組み、地球規模の草の根運動を展開してまいります。

私は、この松浦事務局長のメッセージを読み、英語学者渡部昇一先生の『言語と民族の起源について』（大修館書店・一九七三）を想い出しました。この分野の日本の言語研究は、非常に立ち遅れていますので、まずはこの本を読んで、二〇〇八年の国際言語年の問題提起の重大さを、感じ取ってもらいたいと思います。

カトリック教会の正統性を救ったイエズス会

渡部先生のこの本の中から、二〇〇八年の国際言語年に関係する参考事例を歴史の中から取り上げようと思います。

各民族の言語と文化を尊重し、保護を促進しながら、過度の民族独立主義に陥ることなく、各民族が各民族の枠組みを超越した人類の共通の普遍的同一性（アイデンティティ）を守った時代があったのです。一六世紀のヨーロッパは、民族と民族の枠を超越する普遍的同一性のバランスが崩壊する寸前まできていたのです。それを食い止めたのが、カトリック・イエズス会です。

マルティン・ルター（一四八三―一五四六）の仕掛けたドイツ語至上主義の宗教改革運動が、燎原の火の如くヨーロッパに拡大するかに見えました。そこにスペイン・バスク地方出身のイグナチオ・ロヨラ（一四九一頃―一五五六）が、「キリストの国」の「キリストの騎士」のカトリック・イエズス会を創立し、リベラル・アーツ教育活動とイエズス会司祭活動を通じて、カトリック教会の大危機を救いました。

イグナチオの言語観・民族観・文化観は、ルターとは対蹠的でした。カトリック教会は伝統的に、ヘブライ語、ギリシア語、ラテン語を「神聖な言葉」としていました。イグナチオはこの伝統を受け継ぎながら、特にラテン語を重視しました。この言語は古代ローマ崩壊後に、教会を中心に数百年かけて形成された「カトリック教会の母語」といってよいものでした。カトリック教会や大学・学校の関係者は、世界中から集まってくるわけですし、また都市国家や社会の指導者たちにとっても、どうしても普遍的な共通語が必要でした。それが中世ラテン語だったのです。イグナチオは、まずこのラテン語のマスターをイエズス会士たちに義務付け、ゆとりが出たらヘブライ語、ギリシア語まで広げて学習させ、それ以外の世界中のどの民族の言語も等価値にしたのです。文明度の高い言語も、未開地の言語も、すべて平等と義務付け、イエズス会士たちには、着任を命じた世界中のどの地域においても、現地の民族の言語をマスターさせたのです。イエズス会士のリベラル・アーツ教育活動も、またイエズス会司祭活動も、すべて現地の民族の言語で行なっていました。

渡部先生は、イエズス会創立の上智大学に学び、上智大学の先生になり、長くイエズス会の先生方と交流をしておられます。私自身、比較文化学のヨゼフ・ロゲンドルフ先生、英文学とシェイクスピア研究のピーター・ミルワード先生とご一緒の渡部先生の会合に参加して参りました。世界中のイエズス会の先生方が、現代の比較言語学、比較文学、比較文化、文化人類学などの開拓者であったことについて、私はよく納得することができました。イエズス会の先生方は、イグナチオの時代と全く同じ理念と制度を受け継ぎ、言語と文化の多様性の尊重と保護を、このように異文化相互理解の研究・教育活動を通して実践しています。イエズス会の異文化の相互理解とは、言語と文化の多様性を尊重・保護しながら、各民族の枠組みを超越して、人類共通の普遍的同一性（アイデンティティ）の高みに動機付けることにあるのです。

今道先生の世界美化も、稲垣先生の法的正義も、そして松浦事務局長の国際言語年も、提言している内容は平和の構築ということで、一致していると思います。今日、大切なことは、国連憲章、ユネスコ憲章にのっとり、言語と文化の多様性を尊重・保護し、その上で人類共通の普遍的同一性を育む教育活動を促進することにあるのだと思うのです。その意味では世界遺産プロジェクトは、人類の歴史で初めて取り組む万人が参加できる最大規模の草の根「世界美化」運動だと思います。

紛らわしい国家、人種、民族の概念

渡部先生は、戦後のドイツ留学時代に、『言語と精神形成——精神の世界を構成する力としての言語』(福本士貴之助訳・講談社・一九六九、原題は Muttersprache und Geistesbildung ですからここでの「言語」は「母語」を指しています)の著者のレオ・ヴァイスゲルバー(一八九九—一九八五)の教えを直接受けています。そのヴァイスゲルバーが、紛らわしい国家、人種、民族の概念を次のように分かり易く定義しています。

国家(Nation, nation)は政治的概念であり、その基礎は権力(Macht, power)です。人種(Rase, race)は生物的概念であり、その基礎は血液(Blut, blood)です。民族(Volk, folk)は精神的概念であり、その基礎は母語(muttersprache, mother tongue)です。

渡部先生は例をあげています。ドイツ民族は、ドイツ語を使う社会集団ということです。ドイツとオーストリアは二つの国家ですが、言語の面からは一つの民族です。ヒットラーがチェコを征服した時、一つの国家になったが、チェコ人はドイツ民族ではなかったわけです。ドイツ人の父母を持つ人でも、フランスの国籍を持ち、フランス語しか知らない人は、ドイツ人種であっても、ドイツ国家に属さず、ドイツ民族にも入りません。

二一世紀の現在、民族の言語(母語)が、宗教と密接に関わり、国家、人種、民族の関係が極めて複雑に難しく絡み合い、世界各地で深刻な問題を引き起こしています。私は、言語と文化の多様性を考える時に、ヴァイスゲルバーのこの説明が問題を直に理解するのに、とても有効だと思っています。

さらにヴァイスゲルバーは、母語には精神・文化を形成する力に加え、歴史を形成し、世界を変える「歴史力がある」と洞察しているのです。このことについて、渡部先生は次の例をあげています。

ドイツの旧教と新教の両派の諸侯が対立して始めた内戦が、ヨーロッパ諸国を巻き込み三十年戦争(一六一八—

四八年）になったわけですが、その間、そしてその後、ドイツの統一はなく政治的に多くの種族（ゲルマン人種の中のザクセン、フランケン、アレマン、バイエルン等々）が雑居していたのです。ドイツは、ナポレオン・ボナパルト（一七六九―一八二一）の時代になり、またその時代が終わっても国家としても、「人種」としても、「ドイツ」なるものは存在していませんでした。唯一残っていた共通点は、ドイツ語という「言語」でした。このドイツ語が唯一の統一の力となり、国家成立の母体になったのです。ヨーロッパの国際関係が支離滅裂となり、ドイツ語圏のまとまりが崩壊したその同じ時代に、文学と哲学が互いに手を差し伸べ、国民的教養という絆を作る銅（あかがね）の二匹の蛇を建立したのです。文学の代表がヨハン・ヴォルフガング・フォン・ゲーテ（一七四九―一八三二）であり、哲学の代表がイマヌエル・カント（一七二四―一八〇四）でした。またドイツ民族のアイデンティティを『ドイツ国民に告ぐ』で高揚させたベルリン大学の初代総長のヨハン・ゴットリープ・フィヒテ（一七六二―一八一四）でした。そしてこのドイツ語による精神的・文化的形成の社会的力を実際に使ったのが、精神論に力点をおいた『戦争論』の著者カール・フォン・クラウゼヴィッツ（一七八〇―一八三一）であり、この本を重視し、参謀本部をつくって戦ったドイツ統一の中心人物の「鉄血宰相」オットー・フォン・ビスマルク（一八一五―一八九八）だったのです。なお渡部先生の著作の中に、『ドイツ参謀本部』（中公新書・一九七四、現在は祥伝社新書）があります。フランス革命以後の近代的軍隊の理念と実際をとらえたロングセラーです。

話を戻すと、ビスマルク以後のドイツのように、過度に民族の言語（母語）を重視し、勤労の精神のプロテスタンティズムを強調し、愛国心を高揚させ過ぎると、ヒットラーのような過ちを犯すことになります。国連、ユネスコの国際言語年は、そのようにならないように世界遺産プロジェクトの展開を通して、言語と文化の多様性を尊重・保護し、同時に各民族共通の人類の普遍的同一性（アイデンティティ）の高みへの志向を呼びかけているのです。この国際言語年に関連付けて、渡部先生の『言語と民族の起源について』の中からもう一つヘルダーの『言語起源論』を取りあげてみます。

ヘルダーの「言語起源、民族起源」論

渡部先生は、ヴァイスゲルバーの言語観の系譜を辿り、その中から二人の研究者に焦点を当てています。その一人は、ゲーテ、シラーと交流のあったカール・ウィルヘルム・フンボルト（一七六七―一八三五）です。フンボルトの『人間の言語構造の相違性と人間精神形式に及ぼす影響』の書名から、言語と文化・精神の多様性を扱った内容であることは容易に察しがつきます。

もう一人の研究者はヨハン・ゴットフリード・ヘルダー（一七四四―一八〇三）です。渡部先生は、ヘルダーの『言語起源論』（一七七一年、日本では大修館書店から上智大学のドイツ文学者・木村直司先生の訳で一九七二年に出ています）を、近代的言語起源論の正確な出発点と位置付け、高く評価しています。この本は、一七六九年のベルリン・アカデミーの懸賞論文に応募し、最優秀賞に選ばれた折り紙つきの学術論文です。

この論文は二部構成になっています。第一部では人間の言語と動物の鳴き声の比較から考察しています。その要点を記します。

人間も動物と同じように「感覚の叫び声」を出すことでは共通しています。しかし、人間が思考し、内省する理性的な言語は、この「感覚の叫び声」から進化したものではありません。人間は叫び声を出しますが、動物のような十全な本能から見放されています。人間は不完全な本能だけで生存することはできません。人間は本能の十全でない欠陥動物だからです。この不完全な本能に代わる力として理性的な力を必要とし、そこから言語が生まれたのです。渡部先生はさらにこのヘルダーの言語起源の影響を受けたカナダの言語学者リチャード・アルバート・ウィルソン（一八七四—一九四九）の『言語という名の奇跡』（一九三六、日本語訳は渡部先生他で大修館書店から一九八一年に出版）を取りあげ、ダーウィンの進化論の流れの言語観を退け、ヘルダー、ウィルソンの言語観を支持しています。ウィルソンは、人間の言語（単語）は、①「分節」があり、子音と母音に分けることができる、②意味と音の結びつきは恣意的である、③ボキャブラリー（単語）を無限に増やすことができる、と三つの特色をあげています。動物の「感覚の叫び声」にはこの三つがありません。

ヘルダーの『言語起源論』の第二部は、第一部を受けて、四つの言語に関する自然法則をあげています（木村先生の解説も参照しています）。

第一の自然法則（理性に基づく言語起源）

人間は自由に思考・内省し活動する者であり、その能力は前進的に働き続ける。それ故に人間は理性的な言語の動物である。

第二の自然法則（言語の社会形成力）

人間は本性上、社会的動物である。したがって言語を通して社会を形成していくことは自然であり、本性に適った必然のことである。

第三の自然法則（語族・民族の起源）

全人類が一つの群でとどまりえなかったように、人類は唯一の言語を保持し得なかった。それで種々の語族・民族の言語が形成されることになった。

第四の自然法則（民族の言語の枠組を超越した普遍的同一性の高みへの志向）

おそらく人類は、大家族をなす同一起源の前進的全体なのであり、過去、現在、未来へと向かう言語の総体は、より高次の創造のデザインの流れに従って、人類全体の統一的発展に寄与している。

二一世紀の今日の言語研究は、経験科学的言語学が主流ですが、渡部先生の言語研究はまず言語哲学を第一においています。その意味でヘルダーの言語観、民族観を、近代的言語起源論の出発点として高く評価しています。

二〇〇八年の国際言語年の松浦ユネスコ事務局長の言語観は、ヘルダー、ウィルソン、そして渡部先生の言語観に、とてもよく呼応していると私は思っています。もちろん、イグナチオ・ロヨラの言語観にも呼応していると思っています。

5　松浦晃一郎先生の『世界遺産』

初めての『世界遺産概論』の出版

ユネスコ世界遺産。日本では誰もが知り、関心を寄せるまでになりました。今後ますます国内外の世界遺産学習ツアーが盛んになるに違いありません。観光産業は経済波及効果を期待できますし、関連する職種も実に多い。「もっと世界遺産の過去、現在、将来について、総合的、体系的に勉強するには、どんな本を読んだらよいのでしょうか」。私自身もこれまでこのような質問をなんども受けてきました。

松浦晃一郎ユネスコ事務局長が、二〇〇八年に講談社から出版した『世界遺産』は、そのようなニーズに応えた最適の概論書だと思います。なぜなら前にもふれましたが、ユネスコ事務局長の立場にあって、初めて著すことのできる内容の本だからです。松浦晃一郎先生は一九五九年に外務省に入省し、経済協力局長、北米局長、駐仏大使等を経て、一九九九年から二〇〇九年まで、アジアから初めてユネスコ事務局長に就任しています。

ユネスコ（United Nations Educational, Scientific and Cultural Organization）は、諸国民の教育、科学、文化の協

力と交流を通じて、世界平和と人類の福祉を推進することを目的にしています。松浦事務局長はユネスコの目的に沿う強い信念とリーダーシップを発揮して世界遺産のプロジェクトを総合的、体系的に大きく革新し、ユネスコの存在感を地球規模に高めた大功労者です。先の『世界遺産』の本は、その大革新の記録であり、国連の精神、ユネスコの精神の現れであり、将来に向けての羅針盤を示した必読の書物だと思います。

では世界遺産プロジェクトはどのような背景から誕生し、その後いかなる性格付けがなされ、その枠組みの世界遺産条約はどのような経緯でできたのでしょうか。新たにどのような宣言や条約ができ、現在の世界遺産プロジェクトの理念と制度になったのでしょうか。さらに現在いかなる問題を抱え、将来どういう方向に歩もうとしているのでしょうか。この総合的、体系的な質問に、事務局長の立場からきちんと応えた概論書がこの『世界遺産』です。

民族の枠組を超越する「和の精神」の心の砦造り

もう一度ユネスコ憲章の前文を上げさせてもらいます。

戦争は人の心の中で生まれるものであるから、人の心の中に平和の砦を築かなければならない。相互の風習と生活を知らないことは、人類の歴史を通じて、世界の諸人民の間に疑惑と不信を起こした共通の原因であり、この疑惑と不信のために、諸人民の不一致があまりにもしばしば戦争となった。

松浦事務局長はこのユネスコ憲章を背景に、世界遺産プロジェクトの根幹の理念について自問自答します。そして各民族の言語と文化の多様性を尊重し、同時に民族の枠組みを超越する「和の精神」を導き出したのです。私は松浦事務局長の言語起源の洞察をヘルダー、ウィルソン、渡部昇一先生の言語起源論に関連づけ、よく呼応していると思いながら読んでおりました。

松浦事務局長は就任の最初に、現在の世界の諸人民の起源の現生人類のホモ・サピエンスの誕生に思いを寄せます。さらにその前の猿人の人骨まで遡る調査に思いを寄せます。エチオピアの首都アディス・アベバの国立博物館の金庫に保管してある三二〇万年前のアルファール猿人の女性ルーシーの人骨を目の当たりにします。次に猿人から枝分かれしたホモ・サピエンスが、一つの言語、一つの文化を持って、二〇万年前にアフリカに誕生し、一〇万年前から移動が始まり、長い年月を経て現在に至り、地球上のそれぞれの地域に住みつき、多様な言語と多様な文化を育んできた。このように松浦事務局長はこれまで科学が実証的に明らかにしてきた研究成果に、時空を超えて思いを寄せます。現在、世界に六八〇〇言語あるのですが、その五〇〇〇言語は先住民の言語です。この言語の多様性と文化の多様性は、密接に関係しているわけですが、二〇世紀の後半に入って、中でも一九九〇年代に入って、世界人口の大都市への集中、科学技術の革新・経済産業のグローバル化の影響を受けて世界の言語が激減していま す。もしも、人類がこれらの言語を尊重・保護する努力を怠ると、約二〇〇年後の二二世紀末には六八〇〇言語の九〇パーセント以上が消滅すると警告したのです。もちろん、言語の多様性の喪失は、文化の多様性を損ねることになります。

松浦事務局長は世界遺産プロジェクトの基本課題として、言語の多様性と文化の多様性の尊重・保護をおき、その基本理念を「和の精神」と呼ぶことにしたのです。「共生」「もったいない」「里山」と並んで、「和」も国連用語になっているようです。

言語の多様性と文化（民族）の多様性の関係は、古代ギリシアのプラトン、アリストテレスの時代から、フンボルト＝ヴァイスゲルバー仮説、サピア＝ウォーフ仮説の今日まで、哲学、言語学の分野のとても興味深い研究課題です。私はこの分野の概論書として、前節で取り上げた上智大学名誉教授の渡部昇一先生の『言語と民族の起源について』（大修館）を愛読しています。私自身にとっての長年の基本書です。「より源流に、より本質に」ついて思索する時に、スピリチュアル・エクササイズとして繰り返し読んでいます。

文化的多様性に関する世界宣言

国家統一の基盤とは、国民の国家に対するアイデンティティにあります。アイデンティティを担保している大きな力が言語と文化です。そこで、松浦事務局長はこの基本問題を世界遺産プロジェクトの第一義におき、さっそく手を打ったのです。就任最初の二一世紀冒頭の二〇〇一年総会で、「文化的多様性に関する世界宣言」を採択に漕ぎ付けたのです。全体は十二条からなっていますが、大切なのは第四条までです。

第一条　文化の多様性は、人類共通の遺産である。
第二条　文化の多様性は、確固たる文化多元主義を生みだす。
第三条　文化の多様性は、開発のひとつの要素である。
第四条　文化の多様性を守ることは、人権の尊重と結びついている。

第一条は、基本を謳っています。言語の多様性、文化の多様性が失われ、同一化が進むと、異文化交流を通しての文化価値の創造がありえないことになってしまいます。そこで二〇〇八年を国際言語年とし、言語の多様性を保護する戦略に着手したのです。第一条と第二条を支えにして、二〇〇三年に伝統的な音楽、踊り、演劇、風俗習慣、工芸技術等の世代から次の世代へと受け継いできた「生きた遺産」を、無形文化遺産条約としてまとめ、一気に総会の採択にまで持っていったのです。対象分野は、① 口承による伝統及び表現、② 芸能、③ 社会的習慣様式及び祭礼行事、④ 自然及び万物に関する知識及び慣習、⑤ 伝統工芸技術です。さらに現代文化の多様性を取り込んだ「文化的表現の多様性の保護及び促進に関する条約」を二〇〇五年の総会で採択しています。第三条の「開発」の問題は、国連の諸機関が協働して取り組む国連システムの持続的発展政策の中に組み入れることにし、それによって観光政策に望ましい道筋をつけたのです。第四条の「人権」の問題は、自国の中心的言語・文化の尊重に加えて、自国内の少数民族の言語・文化の尊重を謳っています。

「第三期」を迎えた世界遺産プロジェクト

もちろん、松浦事務局長就任以前にも、世界遺産プロジェクトは、理念の見直し、対象の見直しを行なってきました。例えば一九九二年の「文化的景観」を対象に入れることを採択し、人間の手で設計・創造された庭園・公園、農業景観、宗教・芸術・文化と結びついた聖山等を追加しました。また一九九四年には、西洋の建造物「石の文化」に、日本・アジアに多い「木の文化」「土の文化」を加え、世界遺産基準を弾力化しました。

『世界遺産』の本では、世界遺産プロジェクトのこれまでを三期に分けています。第一期が一九七八年から一九九一年まで、第二期が一九九二年から二〇〇六年まで、第三期が二〇〇七年以降です。第三期の現在の課題は成立した条約に則って、世界遺産プロジェクトをどのように具体的に展開、運営していくかということです。

『世界遺産』の本からまだまだ取り上げたい課題があるのですが、ここでは世界遺産プロジェクトの過去、現在、未来の流れについてのお話に止めておきます。是非この本を精読していただきたいと願っています。私はこれまでの話で次の事を申し上げたかったのです。これは私の一つの譬えばなしなのですが、今、有形世界遺産の文化遺産、自然遺産、複合遺産、文化的景観を「肉体」に譬え、無形文化遺産の言語の多様性、文化の多様性を「霊魂（理性）」に譬えた時に、松浦事務局長が「肉体」に「霊魂（理性）」を吹き込み、世界遺産プロジェクトを持続的発展を遂げる生命体のような性格付けにしたと思っています。

6　樺山紘一先生の『ルネサンスの歴史案内』

理想化されたルネサンス像の転換

歴史学者樺山紘一先生の『ルネサンス』（講談社学術文庫・一九九三）は、ユネスコ世界遺産のプロジェクトに関連する、基本教養書だと思っています。

樺山先生はこの本で、長く理想化されてきたルネサンス像の「中世の束縛から人間精神を解放した古典古代の文芸復興」を退けています。先生は、一四―一六世紀のイタリア、ヨーロッパのルネサンス文化運動の現地を訪ね、また地中海文明のゆかりの地に立ち、そこでの作品、文化遺産に直接向き合い、研究交流を重ね、新たな視点からルネサンスを見つめ直しています。

ルネサンス文化運動全体としては、実に多様な要素が衝突し合っている。視えるものと視えないもの、生と死、歓喜と虚無、静粛と喧騒、都市と田園、貴族と市民、宇宙と内面、日常と非日常、これらの対立極がどの地域でもきわどい分裂を繰り広げた。

このような対立極は、民族、人種、言語、宗教、性差、分配、所有等の中にまだまだあげることができると思います。ここで大切な要点は、対立と分裂、そして複雑で困難な多様な要素の絡み合った衝突が、国、都市、そして個人の心の中でも起き、その火花の激しさが、ルネサンスを豊饒にしたのだという洞察です。

そもそもルネサンスは一九世紀半ばに、フランスの歴史家ジュール・ミシュレー（一七九八―一八七四）が、「再生」を意味するフランス語の「ルネサンス（Renaissance）」を使い、スイスの歴史家カール・ヤーコプ・ブルクハルト（一八一八―一八九七）が受け継ぎ、歴史用語になったものです。樺山先生は、ブルクハルトの「中世の暗黒からの離脱と近代文化の基盤を据えたルネサンス像」を退け、ルネサンス研究は、研究者自身の生きた時代の人間観、社会観が反映し、ルネサンスの書き換え研究作業は、これからも続くと見通しています。先生はまた、ルネサンスを「文化の死と再生」と一般化し、イタリア・ルネサンス、ヨーロッパ・ルネサンスをモデルにして、東西の世界史の中に類例を見出すことも大切な仕事であるし、さらに、現在・未来において、ルネサンス文化運動は生起すると予知しています。これは卓見だと思います。

したがって、イタリア・ルネサンス、ヨーロッパ・ルネサンスは研究し尽くされたのではなく、ルネサンス研究、学習の課題は尽きることはないということです。この視点こそ、国際教育機関ユネスコが、世界遺産を通じての異文明・異文化の相互理解に、期待している内実なのだと思います。

ダンテ『神曲』からルネサンスへ

ダンテ・アリギエーリ（一二六五―一三二一）の著作に『帝政論』と『俗語論』があります。樺山先生は二〇〇九年のダンテ・フォーラムでこの二著を『神曲』に関連づけて、お話をされたことがあります。ダンテは、フィレンツェの人ですが、イタリア人について、そして、イタリア国家統一についていかにあるべきかを、この二著を通して提言しています。

『帝政論』　ダンテの時代のイタリアは都市国家が林立し、巨大なドイツに本拠地を置く帝国・皇帝の支配下にありました。同時にローマは教会・教皇のお膝元ですからその強い影響下にありました。各都市国家は、皇帝側につくか、教皇側につくか、また都市国家内にも両派が存在し、極めて難しい複雑な関係のもとで、政治が行われていたのです。出来るならば、世俗の政治問題は、イタリア人によるイタリア統一国家を作り、ドイツ皇帝の権力を切り離し、同時に教会権力からも自立したい、ダンテだけがこのように考えたのではないのですが、ダンテは積極的にこう提言しました。

もちろんダンテは、イタリア統一国家の樹立がそう簡単にできるとは考えていませんでした。そこでダンテは、世俗的権力によるのではなく、イタリア人の心の中に、「言語の力」「文化の力」によって、実質的統一のマインド・アイデンティティを創ろうと考えたのです。

『俗語論』 ここで俗語とはイタリア語の母語（英語ではマザー・タング）を指しています。自分が生まれた土地の言葉ということです。ダンテの時代は、物を書くということは、ヨーロッパ共通言語のラテン語で書くということでした。しかしダンテは、イタリア人が日常使っているイタリア語の母語で、感情や思想や思考を表現し、イタリア人の心の中に、イタリア国家統一のマインド・アイデンティティを創ろうと考えました。そこでダンテは、どの地域の言語（方言）がイタリア語としての標準語に相応しいか、比較検討してみたのです。ミラノ、ヴェネツィア、ボローニャ、フィレンツェ、ナポリ等々、それぞれの方言に強い偏りがあったからです。その結果、ダンテはフィレンツェから追放の身であったのですが、数多い方言の中から、誰にでも理解でき、またより適切な表現力を持っている方言はフィレンツェ語（トスカーナ地域の言語）だと判断したのです。

なお、ダンテ・フォーラムの森永エンゼル・カレッジのインターネット・コンテンツを基にしての研究会で東北大学の江藤裕之先生が、ダンテの『俗語論』と『神曲』について、フンボルト＝ヴァイスゲルバー仮説、本居宣長の国学を背景におきながら、ダンテの母語による作品『神曲』が、イタリア人のマインド・アイデンティティ造りに計り知れない貢献をしただけでなく、民族や国家を超越した人類共通の普遍的同一性（アイデンティティ）の高みに動機づける貢献をしたという興味深い発表をしています（『芸術都市の誕生』エンゼル叢書・PHP・二〇一〇）。

また、京都大学の岩倉具忠先生は、一九九八年に『ダンテ俗語詩論』（東海大学古典叢書）を著し、ダンテが各民族の母語で詩作する可能性について、有意義な比較研究をしたことを考察しています。

ルネサンスのフロンティアのフィレンツェ

樺山先生は、ダンテが『神曲』の執筆に当たり念頭にあったことを、二つの視点から忖度しています。最初の視点。ダンテは、同時代の人々が、遙か昔の「時間の地平線」の彼方へ思いを寄せていることを見抜いていたのです。古代イタリアはすでに失われていたわけですが、当時の人々は自分たちのイタリアの街の古さを豊かさの拠り所にしていました。そこでダンテは、ローマ時代の大詩人ウェルギリウスを導き手にお願いし、古代イタリアの栄光を取り戻し、当時の全イタリア人が古代ローマ人の生まれ変わりであると深く感じ入ることのできる作品にしよう、こう創造的想像を働かせていたと忖度しています。さらに、当時の全イタリア人が、ローマ・カトリック教会の教皇が、フランスのアヴィニョンに七〇年間に亙り強制移転させられ、失って初めて自分たちにとって教皇が統合のシンボルであることを再認識したのです。そこで、キリスト誕生以降のキリスト教のより源流へ、より本質への導き手に、ダンテにとっての「永遠の女性」のベアトリーチェにお願いしたのです。

ウェルギリウスは、古代ローマ皇帝アウグストゥスからのローマ民族の新しい建国の神話創りの要請に応え、古代ギリシア人のアイデンティティを創ったホメーロスの『イーリアス』を意識して、大長編詩『アエネーイス』を著しました。ウェルギリウスは、トロイアーはギリシア側より倫理的に気高く、ギリシア側と対等の戦いであったのに、卑怯な計略で負けたのであり、トロイアーの英雄アエネアースは、女神ウェヌス（ヴィーナス）の息子で、祖国の再建をイタリアに求め、ローマを建国したという神話を創りました。

二つ目の視点。ダンテの時代に航海技術が革新し、地中海を仲立ちにして、フィレンツェ人、全イタリア人の「空間の地平線」が急速に広がったということです。貿易の拡大に併行して、異文明・異文化の交流が促進したのです。その影響が『神曲』にみられるというのです。例えば、二〇世紀に入り、ミゲル・アシン・パラシオス（一八七一―一九四四）が、ダンテの『神曲』のインスピレーションは、イスラム世界からきたという仮説を出したのです。女性のイメージ、人間の聖なる性格、地獄・煉獄・天国という宇宙観などの影響です。この学説に対し批判的意見が圧倒的なのですが、樺山先生は、現在なおダンテ研究、ルネサンス研究の大きな課題だと述べています。イタリアの各都市が、東へ向けて空間の地平線が広がっていた時代の一三一〇年代から、ダンテが『神曲』の執筆に当たっているからです。

ダンテから脈々と続いたフィレンツェ・ルネサンス精神

ダンテの『神曲』以降、フィレンツェを中心にイタリアの各都市で、様々な変化が起こりました。フィレンツェでは、フランシスコ・ペトラルカ（一三〇四―七四）、ジョヴァンニ・ボッカチオ（一三一三―七五）がダンテ『神曲』を引き継ぎ、やがてイタリア各都市をリードした形で、芸術都市フィレンツェが誕生したのです。ジョット・ディ・ボンドーネ（一二六七―一三三七）、レオナルド・ダ・ヴィンチ（一四五二―一五一九）、サンドロ・ボッティチェッリ（一四四五―一五一〇）、ミケランジェロ・ブオナローティ（一四七五―一五六四）、ラファエロ・サンティ（一四八三―一五二〇）、ジョルジョ・ヴァザーリ（一五一一―一五七四）等々により、多様な芸術を支える精神が都市の中に住みつき、フィレンツェはルネサンスのフロンティアとして成長したのです。メディチ家のような経済的支援があったからというだけでなく、ダンテ以来二〇〇年に亙ってルネサンスへの道を開発していった要点は、フィレンツェの市民と芸術家たちが世界の時間と空間の地平線を拡大し、ダンテから脈々と続いた精神的冒険の継承と革新に生きてきたからなのです。樺山先生はフィレンツェに始まるルネサンス運動をこのように洞察しています。

したがって、芸術都市フィレンツェに始まるヨーロッパ・ルネサンス運動は、今道友信先生の「美の実践による世界美化」運動モデルであり、ユネスコの有形・無形の世界遺産プロジェクト・モデルだと思うのです。

7　田中英道先生の『ルネサンスの美術案内』

画期的なレオナルド研究・ミケランジェロ研究

美学者・美術史家の田中英道先生の『レオナルド・ダ・ヴィンチ』（講談社学術文庫・一九九二）と『ミケランジェロ』（同・一九九一）は、イタリア・ルネサンス旅行には必携の書だと思っています。この二著は、まず一九七〇年代に『季刊芸術』に連載され、前著は一九七八年に単行本として新潮社から、後著は一九八〇年に講談社から刊行されたものです。したがって、田中先生の三〇代から四〇代にかけての研究成果です。日本のイタリア・ルネサンス研究のパイオニア杉浦明平先生は「田中英道の『レオナルド・ダ・ヴィンチ』は、自分の眼で実作品を見たものだけがもつ説得力があり、世界的水準の画期的レオナルド研究であり、すでに古典的地位を占めている」と驚きの評価をしています。また『ミケランジェロ』については、大阪府立大学のイタリア美術史家の中江彬先生が、「著者は従来の解釈を素直に安易に受け売りせず、新しい見方と独創的論理で解釈する類い稀な才能の持ち主である。著者は世界に羽ばたく代表的研究者である」と脱帽しています。

樺山先生は、「ルネサンスの書き換え研究作業は、これからも続く」と見通し、フィレンツェ・ルネサンスをモデルにした類例を世界史の中に見出すことも大切な仕事だと提起したわけですが、田中先生はまさに、レオナルド研究、ミケランジェロ研究、そして、東洋から見たイタリア美術史研究で、世界的水準の書き換え研究業績を上げてきたのです。さらに、併行して、イタリア・ルネサンス、ヨーロッパ・ルネサンスから見た日本美術史の書き換え研究作業に取り組んだのです。中江先生はその頃の様子を次のように記しています。

日本美術史においてこれまで不問にされてきた分野に大胆な仮説を提示し、波紋を静かに起こしつつある。実証しえない部分は仮説で補わなければならないと考える著者の西洋仕込みの論理に対して、戸惑い気味に「困っちゃうなあ」というある研究者たちの感想は、実際のところ、ミケランジェロについての学会発表を最初に聞いた時の筆者の反応でもあった。（『ミケランジェロ』解説）

一九九〇年代半ば以降、その研究成果を次々に発表しています。『日本美術全史』（講談社・一九九五）は、外国の世界美術史の研究者にとって、必読の書と評価されています。それまで、日本美術史は、日本側の世界的視野からの研究とPRの不足で、世界美術史の中に存在していなかったからです。田中先生は、日本の美術作品を世界水準で評価する世界に向けての日本美術史を書き上げ、そして、押されて国際美術史学会副会長の要職に就き、比較研究交流を通してのPRに力を注いできたのです。もちろん日本人も改めて、世界水準の眼で見た日本の名作の系譜を辿るまたとない日本美術史案内書を手に入れたことになります。芸術都市フィレンツェのミケランジェロと芸術都市奈良の公麻呂を対比させた『天平のミケランジェロ』（弓立社・一九九五）は、日本の世界遺産に関心を寄せる人にとって、精読してもらいたい本だと思っています。天平芸術を生んだ経済的基盤、そして、大和言葉による『万葉集』に見る天平の人びとの精神の習慣と革新、こうした革新的風土が、「古典主義」美術を持つ芸術都市奈良を誕生させたのであり、奈良は「アテネ・奈良・フィレンツェ」三大芸術都市と宣言してよいと特記しています。さらに続いて、西洋美術史の手法で解き明かした『写楽は北斎である』（祥伝社・二〇〇〇）、西洋美術史の眼で見た新・古寺巡礼の『法隆寺とパルテノン』（同・二〇〇二）と大きな問題提起をしています。

私は田中先生の本を読んで、いつも思うことがあります。ダンテを読めばダンテと、レオナルドの作品を見ればレオナルドと、ミケランジェロの作品を見ればミケランジェロと、互いに差しで納得するまで対話をしていることです。しかも、巨匠たちの作品を眼前にして、時空を超えて作品制作の現場に立ち合い、創造的想像（creative imagination）を働かせて、納得し確信するまでとことん対話をしています。したがって、イタリア・ルネサンス、ヨーロッパ・ルネサンスの美術巡礼と、日本の古寺巡礼の旅人にとって、田中先生の研究プロセスの追体験ができる最上の案内書だと思っています。

レオナルド絵画の新しい解釈視点「二重人物像」

田中先生は、レオナルドやミケランジェロの作品に直に向き合い、巨匠たちが、視覚的表現世界は、言語的表現世界よりも、はるかに広大な豊饒な世界であることを確信していた、と実感しています。先生は、『レオナルド・ダ・ヴィンチ』を書き終え、あとがきに次のように感慨を記しています。

ひとりの芸術家は、その作品によってのみ価値づけられる。しかし作品をよりよく価値づけるには、彼の生涯を辿り、その中から必然性を想定しなければならない。作品に対する新しい解釈の試みは、必然的に生涯の再検討に向かわせる。

田中先生がレオナルドの作品研究に取り組んだ当時、ヨーロッパの研究者の間では、ルネサンスの巨匠の研究はほぼ尽くされていると思われていたのです。レオナルドに関しては、「普遍的（万能の）人／ウオーモ・ウニヴェルサーレ」、「アリストテレス的科学者・画家」、「フィレンツェ市民の妻モナ・リザを西欧近代市民の理想的肖像に仕上げた画家」と評価が定まっていました。

しかし私たち東洋人は、そうした固定観念を持っていない。西洋の学者が伝統にとらわれずに、他の国々の文化を再発見するように、この大画家を新しい眼で見なおすことは可能である。特に「見る」という行為は、それを比較的容易にさせる。

『レオナルド・ダ・ヴィンチ』は、「自然の子」「メディチが私をつくった」「未完成の画家」「ミラノの魅惑」「画家は『神』となる」「ミラノ、ヴェネツィア、そしてフィレンツェ」「女性像と男性像」「果たしてモナ・リザか」「政治と芸術」「大洪水と闇」「晩年のレオナルド」の以上一一章の構成です。

どの章にも、田中先生のレオナルドのユニークな発見があります。例えば、庶子のレオナルドは、実母、継母ではなく、祖父アントニオ、無職の叔父フランチェスコの愛情のもとで育ちます。それが後に、レオナルドが少年サライに愛情を注ぐ因果関係をつくります。そこにプラトンの『饗宴』の人間はもともと二人が結合していたという思想が関係してくるのです。男男、女女、男女、の愛の形と意味を知ることになります。レオナルドの同性愛は単なる表面的な性的なものではなく、精神的なものであったと田中先生は解釈をしています。父親はレオナルドを画家のヴェロッキオの工房に預けます。やがて二人の少年を描いた「キリストの洗礼」のヴェロッキオとの共作が仕上がります。師は二人の少年を比べ、弟子が自分より上であることを悟ります。田中先生の解釈です。

それはたとえば少年のような天使の顔の中に少女を感じさせ、アンドロギュノス（両性具有）を予想させたり、髪の毛の中に水の流れを思わせたり、着物の襞の線に大地の動きを感じさせたりすることではあるまいか。

田中先生は、レオナルドがこの後、プラトニズムの「愛」の思想を「二重人物像」として表現していることに着目し、新しい光で作品解釈に次々に取り組んでいきます。例えば、「三王礼拝」、「岩窟の聖母」の中に読み解く二重人物像の解釈は見事です。

田中先生は、レオナルドの性格に、庶子だったことと、もう一つ「自然の子」であったことが、影響していると解釈しています。レオナルドの自然観察の眼は鋭く繊細です。この能力の基礎は、幼少時代に悪徳に満ちた都会ではなく、「自然の子」として、田舎生活で自然の豊かさも恐ろしさも充分味わい、大宇宙の自然界と対話して習得したと推理しています。レオナルドの小品に「岩と水」（ウィンザー王宮図書館）があります。

彼の絵画における、石ころひとつゆるがせにしない描写力は、石の中に自然の歴史の神秘が宿っているという認識があることを教えるが、この寓話の石ころにはさらに、レオナルド自身の田舎の生活への愛着が記されているようで興味深い。

レオナルドの「モナ・リザ」や「三王礼拝」「聖アンナと聖母子」といった作品の背景に描かれている自然風景を、このような視点で楽しめるのも、田中先生のおかげです。

果たして『モナ・リザ』のモデルは誰か

レオナルドの『モナ・リザ』は、パリ・ルーヴル美術館の至宝です。『ルネサンス画人伝』のヴァザーリが、そのモデルがフィレンツェ市民のジョコンダの妻モナ・リザと記述したことから、今日まで作品名が『モナ・リザ』となっています。

一般に聖母像は個性を捨象して表現します。そこでは彼岸的な清らかさが課題になります。しかし、『モナ・リザ』の作品は極めて現世的で、個性的な容貌の女性です。この場合には人間誰しもが普遍的性格・表現が課題になります。この時代はまだ騎士道物語の「貴婦人信仰」の精神の習慣が強く残っていたのです。そこで田中先生のモデル探しの謎解きのレオナルドとの対話が始まります。

「深い」表現はこの女性の「神秘の微笑」という表情に表れる。これは医家の指摘するこの女性が妊娠している兆候を示していることとも関連している。自分のうちに子を宿しているという満足感と不安感、また完成しきれない母性の神秘性が備わっている。そしてその妊娠していることの中にレオナルドのもっていた「二人でひとり」というプラトニズムの「愛」の姿も秘かに満たしていたのである。これはイザベラ・デステが描かれたとき、ちょうど彼女が妊娠していたことが、このモチーフを表す要因となったと考えられる。（田中英道著『イタリア美術史』）

田中先生は、作品名『モナ・リザ』のモデルは、マントヴァ侯妃イザベラ・デステであるという仮説を立て、レオナルドのイザベラ・デステのデッサン、文献を遣い、レオナルド自身と十分な対話を重ね、証拠立てたのです。これは当時の国際美術史学会のビッグ・ニュースになりました。

ミケランジェロの世界観・宇宙観

田中先生は、ジャン・パウルの「天才は天才によってのみ理解される」を引き、二〇歳年下のミケランジェロが、表面的な対立はともかくとして、レオナルドを深く理解していたことを、二人の巨匠を研究して、実感しています。

一九八〇年代に入り、田中先生は、ヨーロッパの美術史学会があっと驚く大きな仕事に着手しました。一九八〇年に『若き日のミケランジェロ』（講談社／後に『ミケランジェロ』同学術文庫）を刊行すると、一九八〇年からヴァチカン・システィナ礼拝堂天井画の四七〇年ぶりの大修復事業が始まります。先生は一〇年にわたる修復を期に足場の上から、全体像を徹底的に研究する機会に恵まれました。その「ミケランジェロ・システィナ礼拝堂天井画研究」と題する論文に、東北大学から文学博士号が贈られたのです。一般向けには東北大学出版会から『ミケランジェロの世界像』（一九九九）と題して出ています。この研究成果のローマ大学での招待講演は、「世界最大、最高のミケランジェロ天井壁画の謎を解明し、初めて統一的解釈を提案した」、と大きな評価、反響を呼びました。なお先生は一九六九年にストラスブール大学で博士号を取得しています。

先生は、一九七〇年代に、ミケランジェロ研究に取り組むと、早々に四大要素が作品研究のキー・ワードであることに気づきます。ルネサンスは古典古代の再生とよくいわれています。具体的には、メディチ家の援助のもとで設立したプラトン・アカデミーの指導者マルシリオ・フィチーノ（一四三三―一四九九）が、プラトンの宇宙論『ティマイオス』を紹介してから、聖書の解釈し直しが始まったのです。万物の根底において世界を構成する四大元素（空気・火・水・土）、そしてこの連想から、四気質（多血質・胆汁質・粘液質・憂鬱質）、四季節（春・夏・秋・冬）、四世代（青年・壮年・中老年・老年）、四風（南・東・西・北）四感覚（嗅覚＝視覚・触角・味覚・聴覚）、四つの時（朝・昼・夕・夜）、四色（赤・黄・白・黒）、四動物（猿・獅子・子羊・豚＝犬）、四星（木星＝金星・火星・月・土星）の四大要素の考え方に、田中先生は着目したのです。ミケランジェロの作品研究に、それまでその関連づけが体系的に指摘されていなかったのです。「ミケランジェロはこれみよがしな象徴物を描こうとしていないことが、それまでその点の指摘を受けなかった理由であろう」このように先生は回想しています。すでに一九七五年の日本におけるミケランジェロ学会で、メディチ礼拝堂の四裸体像が「朝・昼・夕・夜」の擬人像であることを発表し、その後『若き日のミケランジェロ』で、システィナ礼拝堂天井画の四裸体擬人像との関連づけの考察をしたのです。それを踏まえて田中先生は、この大修復事業を眼の当たりにして、二〇年来のミケランジェロ天井壁画の集大成を遂げたのです。大論文のはしがきで次のように感慨を記しています。

この論文はこの原則（注・四大元素及び四大要素）にそって第二章から第七章まで天井画の制作順に、すべての部分についてて出来るだけ綿密に分析したものである。特にノアの三場面と『ドーニ家の聖家族』の構図的な類縁関係は密接であり、預言者・巫女像などの人物像の形成上、ミケランジェロは先輩画家シニョレルリの影響を受けていることも指摘している。特に今回の修復により、色彩が復元され、空気＝青、水＝緑、土＝茶、火＝赤という哲学擬人像に対応する四大元素の色彩が明確となり、天地創造、アダム、エヴァの創造に関連して、イニューディと呼ばれる四裸体像もこれにもとづき描かれている。いずれにせよ、すべての部分に渡って考察したものは、修復後ではこれが初めて、と自負している。

天井画の修復が一九九〇年に終わると、続いて『最後の審判』の修復に移り、一九九四年五月に完了します。先生はここでも足場に何度か登り、直に作品に向き合って、ミケランジェロと時空を超えた対話をしています。その様子を『美術にみるヨーロッパ精神』（弓立社・一九九三）で「最後の審判と日本人の精神」と題して語っています。一般に「最後の審判」の作品は、至福に満ちた聖者や善人の顔が描かれ、絵としては単調なものが多い。ところがミケランジェロの作品は、絵の中心に最後の審判を下す前のキリストがいて、周りの人たちが一斉に驚きの顔をしてキリストに緊張した視線を注いでいるのです。不安の中の人間、これはある意味で現代的であり、「実存主義」を思わせます。

私自身も修復後に何度も訪ねているのですが、開館と同時に年々身動きできないほど人が集まっています。ここに集まった人たちはまさにパノフスキーのゴシック様式の大聖堂の解釈と同じく、礼拝堂にキリストがおいでになっていると信じて見入っているのだと思いました。

普遍的価値基準「気韻生動」

田中先生は、イギリスの西洋美術史家ケネス・クラークの「私は東洋美術が好きであって、特にそれを勉強したことはないが、子供の時から親しんでいる。（中略）しかし、彼ら（東洋のオーソリティ）がいかにこれが名品であると解説してくれても、私にはぴったり来ない場合が多い」という言説をよく引き合いに出します。今から二〇年前の一九八七年のパリ「日本の前衛展」は、批判と失望で終わってしまったと言われています。田中先生はその時に、西洋人がまだ日本美術に対して、「普遍的価値」を見出せずにいると認識すべきだと注意を喚起していたのです。

西洋美術史において、言語の違う例えば、イギリス人、フランス人、ドイツ人が、イタリア美術を民族意識を超越して「普遍的価値基準」を育ててきたように、日本美術にも同じ基準で選択した優れた作品だけの歴史を書かなければならない、田中先生はこの動機から『日本美術全史』を著したのです。同じことは、美術館経営についてもいえます。ルーヴル美術館、ロンドンのナショナル・ギャラリーはそのモデルです。日本では、国宝・重要文化財であっても必ずしもそれが普遍的価値基準に立脚した芸術作品でない場合があるからです。

では言語の違い、民族意識の違いを超越する「普遍的価値基準」とは何か。田中先生は、「東西共通な人間の本源の姿の表現・人間性表現であり、精神性・真実性・理想性の表現である。もともと芸術は言語表現を超越する美的価値創造であるから、どうしても曖昧さを伴うけれども、一言でいえば気韻生動（気高く趣があり、生き生きしている様）である」と語っています。具体的には、まず、天才と評価されている芸術家たちを基準にして位階性（等級）を作成することだと考えています。

田中先生は、レオナルド・ダ・ヴィンチとミケランジェロを徹底的に研究し、宗教・神話をテーマにした二人にしか表現できない意味と形の超一級の作品であると同時に、永遠に朽ちることのない時空を超越した人間同士のコミュニケーションの前提の気韻生動を描いているから、言語・民族意識、宇宙観を超えて誰をも魅了するのだ、と解釈しています。その結果二人を位階性のトップに位置づけているのです。同様の価値基準で、日本でトップに位置づくのは、天平の天才彫刻家国中連公麻呂（くになかのきみまろ）であり、この時代の奈良にはルネサンスに匹敵する奈良の天才たちがいることを掘り起こしています。

日本の美術史はまだまだ政治的歴史区分に従った羅列的記述が多いのですが、西洋では二〇世紀に「様式史」「精神史としての美術史」「図像学」からの書き換え研究作業が行われてきました。田中先生はこの流れに沿い、さらに作家固有の図像学、形象形成を重視する形象学（フォルモロジー）を主張してきたのです。

ユネスコ世界遺産による二一世紀ルネサンス運動

田中先生は、現代芸術に対してはどのような批評をしているのでしょうか。

マルセル・デュシャン（一八八七―一九六八）が、便器を作品として出展し、話題になったことがあります。現代芸術が否定をもっぱらとし、現代芸術の概念が、雲散霧消しているということです。しかし別の視点から見れば、レオナルドやミケランジェロのような過去の芸術が現存しているから、こうした否定芸術運動に現代人が耐えることができるとも言えます。現代人が過去の芸術を単に振り返るというのではなく、現代人の眼前に、過去の芸術と現代芸術が、同じ時間・空間の中に共存・共生しており、人間の芸術として見直していくことが何より大事なことなのです、田中先生はこのように語っています（『法隆寺とパルテノン』）。

結局田中先生は、今道友信先生、稲垣良典先生と同じく、経済の拡大を第一義においた近代国民国家の理念と制度が破綻したことにより、現代哲学思想も、現代科学も、そして現代芸術もまた破綻し、気韻生動を表現することができなくなった、このように捉えているのだと、私は思っています。

ユネスコ世界遺産は松浦晃一郎事務局長の時代に、有形世界遺産に、言語の多様性と文化の多様性を無形文化遺産として取り込み、世界遺産プロジェクトの理念と制度の大革新を図ったのです。ここで大切なことは、単に地球上の各地域の言語・文化を棲み分けて保護するのではなく、異文化・異文明の相互交流、相互理解を通じて、それぞれの言語と文化の枠組みを超越した人間の普遍的同一性の高みへの志向の共有、田中先生の言葉でいえば気韻生動を共有することなのだと思います。それがユネスコ憲章の「心の中に平和の砦を築く」ことに繋がる世界遺産運動なのであり、美の実践による世界美化運動なのだと思います。

第二部　事例研究・芸術都市フィレンツェの経営政策

――美の実践による「世界美化」運動モデル――

第三章　フィレンツェ・ルネサンスの形成
——世俗世界の現実を写しとった詩人ダンテ——

〈講演1〉　ルネサンス思想の系譜

今　道　友　信

1　混迷の時代のイタリア・ルネサンスの叡智

皆様、こんにちは。私は年初に歯が一本抜けまして、発音がおかしくなっているのではないかとコンプレックスを持っておりますが、聞き取っていただけるなら幸せでございます。

今日のテーマは「混迷の時代の叡智——フィレンツェに学ぶ」ということですが、本当にふさわしい題ではないかと存じます。今、世界中が新しい技術文明を活用しながら、しかし、それを十分に使いこなせず、アキレス腱のようになっているところがあります。明らかに近代国家の自己矛盾そして破綻が露呈しています。その結果、世界中、文化的にも混迷の時代だと思います。そのときに、やはり新しい時代を生むために、かつて混迷の中で苦しんだフィレンツェを中心にしたイタリア・ルネサンスの人々の努力を跡づけて学ぶことは、大事なことではないかと存じます。

私の題は「哲学から見たルネサンス」でございます。これは題としては非常に珍しい題で、ルネサンスといえば、ほとんど間違いのない事実なのですが、レオナルド・ダ・ヴィンチ、ラファエロ・サンティ、ミケランジェロ・ブオナロティという三人の造形美術の巨匠がおりまして、その前後に、そういう人々に並ぶような大画家がいたり、大建築家がいたり、彫刻家もいたりするものですから、どうしても一四～一六世紀に入るまでぐらいの目に見える作品を中心にしたルネサンスが話題になります。そのことに少しも間違いはございません。しかし、ルネサンスというのはただそれだけではなかったということをまず考えに入れていただきたいと思います。

2 「八世紀、一二世紀、一四～一六世紀」の三期からなるルネサンス

もちろん私は一四～一五世紀のイタリアの哲学についてお話をしますが、ルネサンスという言葉から言いますと、特に哲学の面から見ますと、一九三〇年代から既に「一二世紀ルネサンス」という言葉が使われておりました。これはどういうことかと申しますと、ルネサンスというのは日本語で訳すと意味がおかしくなるので、そのまま「ルネサンス」と使います。もともとの意味は、復活とか、再生とか、復興というような意味でございます。大きく見ますと、ヨーロッパの歴史の中で何が復活するのかということになりますと、一般的にはギリシア、ローマの古典文化を再生する、復活するということであります。しかし、「一二世紀ルネサンス」という言葉がありますが、ルネサンスを、もしも古代文化の再生・復興というふうに考えますと、八世紀、一二世紀、一四世紀以降の三期に分かれるルネサンスがあったといわれています。

一つ目は八世紀のカロリング王朝ルネサンス（Carolingian Renaissance）です。人はこれを余り「ルネサンス」と申しませんけれども、カロリング王朝のカール大帝が当時衰えていた文化を何とかして復活させ、主としてローマの優れたラテン語古典をみんなが読めるようにしようということで、学院と訳したり学校と訳したりするスコラ

を創立したのです。それが第一回目のルネサンスだと言う人もいます。「ルネサンス」という言葉を広く取れば、それはそれでヨーロッパの歴史、あるいは人類の歴史の一つの考え方として入れてよろしいかと思います。

それよりも何よりも二番目に出てきた「一二世紀ルネサンス」というのは、言葉としては新しいものです。一九二〇年代からこの呼び名が始まって一九三〇年代に普及しました。しかし、これは今でも一般化しているとは言えません。この「一二世紀ルネサンス」はどういう人が言い出したかというと、中世の哲学史というものがございますが、その中世哲学の大家にフランスのパリ大学教授のエティエンヌ・ジルソン（一八八四―一九七八）という人がおりました。このエティエンヌ・ジルソンが「一二世紀にギリシア哲学が本格的にヨーロッパに伝わった、それを『一二世紀ルネサンス』と呼ぼう」、と言ったのです。そのもとで研究をしたアメリカのハーバード大学教授チャールズ・ホーマー・ハスキンズ（一八七〇―一九三七）が、西欧文化史の不朽の名著の一冊と言われておりますが『一二世紀ルネサンス』を著したのです。この二人によって、一般に知られるようになりました。一四〜一五世紀のイタリア・ルネサンスに先立つルネサンスということです。そしてそのときの中心は主としてパリでございまして、これがルネサンスとして語るときに忘れてはならないことでございます。特に哲学のルネサンスということになりますと、このことも少しだけ述べなければなりません。

3 西洋中世は叡智の時代であった

中世というと、今でも日本では暗黒時代と言われております。事実、暗黒時代と言われてもいたしかたない愚かしいことがたくさんございました。十字軍を組織して行くというときに、子供の十字軍を組織してみたり、何のためにあんなばかな遠征をするのかと思うようなこともあったんです。これも第一回目の十字軍のときには巡礼者を守ろうという大義名分があったのですが、その後は暗黒時代の愚挙と言ってもよろしいかと思います。そういうことがありましたし、それから魔女裁判のようなことも伝わっておりますので、何となく中世というと暗黒という気になるかもしれませんが、野蛮な事件にだけ注目すると、どの時代も暗黒時代になるんです。

二〇世紀はすばらしい時代ですけれども、二〇世紀にだけ世界大戦が二度あって、二〇世紀の一九八六年までの統計によると、戦死者の数は一億八七〇万人と言われます。これは歴史家がみんな口をそろえて言うのですが、有史以来一九世紀の末までの戦死者は二〇世紀の一〇〇年間に及ばないのです。一九八六年までの死者の方が多いのですから、こんなに世界を戦場化し人殺しの多い世紀は、幾ら人口が増えているからと言って異常なことです。一億八七〇万人もが公に殺されていて、殺し合った同士が、いろいろなところで「愛国の勇士」と言って褒め合っているのです。私どもは祖国のために亡くなった方を本当に尊敬しなければなりませんが、ただ事実として見た場合に、後世の歴史家から二〇世紀は世界戦場化の暗黒時代だと言われても仕方がないでしょう。ですから悪い面を見ると、どの時代も暗黒時代になります。

中世にも確かにそういうことがありましたけれども、文化を見ますと、中世というのは大変豊かな時代でもあったということをジルソンとハスキンズ、ドイツではマルティン・グラープマン（一八七五―一九四九）が一九二〇年代からいろいろ申しておりました。

一番分かりやすい例を一つ申し上げます。一九三〇年代、ニューヨークのマンハッタンにエンパイアステート・ビルディングが建ちましたが、あれが建ち上がるまでは世界のどこの国でも一番高い建物は教会でございました。どの教会も、ほとんどが中世期に建てられた教会です。ゴシック様式の教会の高い塔とか、ロマネスク様式の教会のどっしりとした塔とか、そういう高い建物を、ただ竹の棒を伸ばして高くするというのではなくて石で造っております。そしてゴシック様式の教会になりますと、ヴィトローと言いますか、ステンドグラスと申しますか、美しく輝く色ガラスを嵌めてございます。色ガラスを嵌めるということは何でもないようにお考えかもしれませんけれども、石の壁面を減じて、そこに支える力の弱いガラスを入れるのですから、あの重い石を天井に抱いて建っているためにはどうしたらいいだろうということになります。そこで扶壁を造りました。しかし、それは建築学の今の人から見ても、恐ろしく正確な数学上の計算がなければできない仕事だと言われております。先頃も、夕張の方でございましたか、雪が積もって屋根が落ちてきたという話を聞きました。しかし教会の石の屋根が落ちたというのは聞いたことがございませんでしょう。何百年と続いている建築物を造ったのが中世期であったということを見ますと、暗黒どころか叡智の時代だったと言っても差し支えないのです。

そればかりではない。その中には堂を圧するようなすばらしい音響を持って、すばらしい音楽が流れていた。あの教会音楽を可能にしたパイプオルガンの大部分は、中世期に発明されたものです。今はそれを更に改良してはおりますけれども、基本的なものはそこにできていた。それから、中世のお堂を飾る彫刻を見ますと、顔面に集結した彫刻家の意思がはっきりと表れておりまして、一人ひとりは直立不動のまま柱の代わりになっている場合もありますから、胸から下はみな同じかもしれませんが、顔一つひとつは違うのです。一二使徒の性格を表しているとか、キリストの慈悲を表しているとか、マリアの愛を表しているとか、そういう彫刻ができています。

そうしますと、みなさん、よくお考えになってください。ギリシアの肉体美だけの彫刻は、顔面が壊されていても、見て意味があるのです。パリ大学教授のエミール・マール（一八六二―一九五四）という中世の美術史家が書いているのですが、中世の彫刻に限っては顔面がなくなったら意味がないのです。それほど顔面に特色があるということは何を意味しているのかというと、人間の心のありさま、あるいは性格のありさま、キャラクターを彫刻の技術で表しているということです。こういうことを考えてみますと、必ずしも中世は暗黒時代ではありませんでした。

4 哲学・神学からみても実り多い中世の時代

特に哲学を考えてみますと、神の遍在、神はどこにでもいらっしゃるということをどうやって説明しようかというときに、巧みな説明をした人はフランシスコ修道会士でパリ大学教授のヘールズのアレクサンダー（一一七〇年代―一二四五）でした。彼はこういうことを言っているのです。「神はどこにもいらっしゃるという神のユビキタス（遍在）、あまねく神が存在するということは分かりにくい。このコップの中にも神がいるのか。遍在と言ったら、そうだろう。いや、コップの中ならまだしも息ができる。神はこの時計の中にもいるのだろうか。そういうふうに聞いてみたくなります」。そして、彼は次のように言うのです。これが中世の人の問いですが、「コップの中に神がいるというのならば、神はコップに制限されるだろう。時計のような機械の中に神がいるというのだったら、神はそういう小さな空間に制限されるのか。そうではない」と。「すべての空間が神に向かって伸びている。だから、今ここに我々がいる空間も、空間としてはここにとどまっているけれども、存在論的に見ると、神に向かってこの空間が手を伸ばしているのだ。つまり別の言い方をすれば、神の力がこの空間に及んでいるから、この空間に神がいるのだということにもなる」こういう説明をしている。彼が先駆的に誰に学んだかというと、一二世紀のアベラールに学びました。アベラールの論証の仕方を体系化したのがヘールズのアレクサンダーなのです。次に聖トマス・アクィナスが著した『神学大全』があります。そして、ああいう一分の隙もない論理的な書物が『神学大全』（*Summa Theologiae*）なのです。現在、九州大学の稲垣良典先生による日本語訳が創文社で進められておりますが、日本語訳の本は各巻A5版で四〇〇ページぐらいの本、それが四〇巻かかってもまだ訳し切れないでいるのです（二〇一二年に訳業は完成された――編集部注）。それぐらい大きなものをトマス・アクィナスは書いております。こういうことを考え合わせてみますと、中世を決して野蛮な暗黒時代ということはできませんでしょう。

「一二世紀ルネサンス」についてもう少しだけ考えてみますと、この時代は三つの中心地域がありました。それはトレドとシチリアとヴェネツィア、ピサでございました。スペインのトレドには一二世紀にアラビア語の翻訳研究所ができました。どうしてかというと、サラセン文化といいますか、イスラム文化といいますか、アリストテレスがたくさん入っておりましたので、その研究所ができたのです。それから、南イタリアのシチリアの方にはやはり九世紀以後イスラムの人たちが入りましたので、そういうところに研究所を造って、イスラム文化、アラビア文化を学びました。そして、ここではアラビア語とラテン語とヘブライ語の三つが公用語でございました。北イタリアのヴェネツィア、ピサではギリシア語のラテン訳と文化人の交流がありました。こういうふうなことを考えてみますと、中世は少しずつ後期ルネサンスに近づいてきているのだと言ってよろしいでしょう。

5 中世ラテン語の果たした大きな役割

「一二世紀ルネサンス」で一番大事なのは何かというと、ピエール・アベラール（一〇七九―一一四二）がいたことです。アベラールというと、アベラールとエロイーズの思恋というか、悲しい恋の物語というか、そういうものだけが思い出されるかもしれませんが、アベラールは『然りと否』（*Sic et Non*）という書物を書きました。「sic」はイエス、「non」はノーですから、『イエスとノー』という書物です。これは問題のありそうな一五八の命題を選んで、それに肯定する、あるいは否定する命題を出して、どちらを論証として取るかということを述べ、そして最後に批判をするということです。主にアリストテレスの『トピカ』第八巻の弁証論の書物を利用して、それを当時の意味で現代化した立派な書物にしたのでございます。これを更に体系化したのがトマス・アクィナス（一二二五頃—一二七四）の『神学大全』だと言われております。

ついでながら、トマスもイタリアの人で、ナポリ近郊のロッカセッカ城で生まれたと考えられていますが、この人が大学として選んで活躍したのはパリ大学とケルン大学とナポリ大学であります。今から考えると、非常に旅行の難しいとき、盗賊に出遭ったり、病気になったり、いろいろ難しいことがあったと思うのですが、そういう時代に、三つの国の大学で勉強したり教えたりするのは大変なことではないかと思うのです。そのときになぜそういうことができたかというと、一つは、一つの言語、ラテン語でみな学問をしたからであります。そして一二世紀になるまでは、『ティマイオス』というプラトンの宇宙哲学の書物しか知られていなかったのです。それが一二世紀の間にギリシア語からのラテン訳が全部出来上がっていきます。それから、アリストテレス研究は、残念ですが、キリスト教主義の考えでは「残念」と言ってはいけないのかもしれませんが、その頃はイスラムの方が圧倒的に盛んだったのです。イスラムに負けないようにというわけで、キリスト教の学者たちが一二世紀にそれこそ努力をして、アリストテレスの書物をラテン語訳して、一二世紀からは今の人が驚くぐらい優れた写本ができております。ただいま我々が読んでおりますプラトンの書物も、ほとんど一二世紀のマニュスクリプト（写本）を基にしています。例えばウィーンの場合には「ヴィンドモネンシス」とか、パリの場合には「パリシエンシス」とか、そういうふうな名前でエディションが決まっております。そういうエディションを見て作り上げていくのです。そういう基礎の下に、新しいルネサンスができてきた。それが一四世紀イタリアのルネサンスであります。

6　トスカーナ方言を芸術語に変えた大詩人ダンテ

一四世紀イタリア・ルネサンスを先駆けた人が、詩人のダンテ・アリギエーリ（一二六五―一三二一）であります。『神曲』（*La Divina Commedia*）は詩の文芸ですから、ダンテは詩人だと言わなければなりませんが、同時に哲学者でもあって、哲学の論文もたくさん書いております。そのダンテが、一四世紀のイタリアにおいて幾つかの新しい考えを提供しました。一つの新しさは、もちろん人間が物を考えていくときに、人類のために共通語のラテン語を使って考えながら書くのもよいが、しかし、心から叫び出るようなパトスは果たしてラテン語でいいのだろうか、そうではなく、それは母語で表現すべきだと考えたのです。日本ではかつて「母国語」と言っておりますが、「母国語」という言葉は学術用語ではございません。今後お使いにならないようにして下さい。「母国」とは言ってもよろしいのです。というのは、日本で育って、日本人であっても、母親の国籍がアメリカであったり元アメリカで、母から習う言葉、母語が英語であったら、その人にとっては「母語」は英語です。育て方によりますけれども、どうしてもかわいいから、その心情を自分の国の言葉でつい言いたくなって、その言葉を語っているのが胸にしみて、大抵の人は、詩を母語によって作るんです。日本にもいろいろな民族の人がいることを忘れてはなりません。アイヌ人もいれば、韓国人もいる。そして一家全員、日本の国籍を持っていても、母親が外国の人であった場合には、その子供に本当に語りかけるときにはどうしても母親の母語が出てきます。そうすると、それが心にしみていくことになります。母語と日本語、両方とも上手な人がいますが、それでも詩を作らせてみると、どちらかというと母語で作る人が多いのです。

ダンテはそれを考えて、一番自分が苦しんだとき、その苦しんだときにこそまた優しい人の愛が身にしみますから、天国に行ったベアトリーチェの思い出が忘れられず、それを何で書こうかといったときに、イタリアのトスカーナの方言で書いたのです。それはご存じでしょう。それでダンテはほかの人が考えなかったことをイタリア語で考えました。ほかの人が考えなかったことというのはどういうことかというと、天国に行ってからの霊魂の生活です。天国に行くと、それまでの教えでも、あるいは哲学でも、神はいつも目の前にあるのです。神の愛はいつもいただけるのです。それで幸せに輝いて、それでいいのだということになりますね。時々、極楽とか天国とかいうのは非常に楽しい所で、そこに行けば朝から晩まで酒が飲めて、娘さんがきれいでというような歌もありますが、そういうものではなくて、天国にいて幸せになって救われた霊魂には仕事があると言うんです。尊い義務があるということ、普通の教理学の書物や神学や哲学の書物にないことをダンテはうたっております。

ここにイタリアの人たちがいらっしゃらなければ、イタリア語で書いたダンテの詩を、私は読もうと思いましたけれども、ちょっと恥ずかしいので、日本語で読みます。皆様、後でこのイタリア語をお読みになってください。イタリア語は大体書いてあるとおりに発音すればよろしいです。私がダンテを訳すときは、「PER ME SI VA NELLA CITTÀ DOLENTE」という口調が一番合うので、いつも八・七、八・七の言葉で訳すのですが、「ああ天上なるわが見る勇士！ 悪例によって道をはずれた 地上の人らのため祈りませ」。地上の人の生活が間違いに行かないように、天上の霊魂が祈ってください。天上の霊魂が祈らなければ救われ方が遅くなるのですというふうな言い方です。これが天国篇への一八歌にございます（天国篇第一八歌 124〜126）。そして天国で嵐を待つんです。嵐とは方向転換の嵐です。「le poppe volgerà u' son le prore」（天国篇第二七歌 145〜147）、「船の艫（とも）をば舳先の方に巡らせ」というのですから、船が進んでいった艫（とも）の方を舳先に巡らせ、つまり方向転換をする。嵐を待って方向転換をしなければならない。世界は方向転換をしなければならない。大胆な考え方が天国の中で語られているのです。これはある意味で革命を予言しているようなことだと言ってもよろしいかもしれません。

ですから、ダンテは少なくとも二つの新しいことを始めた。一つ目は、心のあふれ出るのは母語の上ではないか。だから母語を立派に使ってみよう。それはトスカーナの方言でございまして、ダンテがきれいに使うまでは少しぎこちないところがあったのを、ダンテがきれいに使って立派な芸術語にしたのです。二つ目は、天国にいる霊魂に天国らしい仕事がある、尊い義務があるということであります。

7 登山の精神的価値を開拓したペトラルカ

そういうものを受けて、フランシスコ・ペトラルカ（一三〇四―一三七四）はダンテを読んでいるのですが、ペトラルカは面白い文章を書きました。Ventoux という山がございます。これは「ベントゥクス」と発音したくなるかもしれませんけれども、フランスの山で「バントゥ」となります。Ventoux という山に登った記録というので、これはアウグスティノ会の神父であったセポルクロ神父に宛てた書簡ですが、書簡で論文を書いた。これは面白い考え方です。つまりダンテは詩でもって詩のわかる人に読んでもらおうとした。これは公刊するものの一つの形です。ペトラルカは、公刊した書物ですが、それを一人の人に宛てる手紙の形で出した。母語で書くときに、心の内を本当に打ち明けるときに、これもいいのではないかと思うのですが、彼はそれを母語で書かないでラテン語で書いています。どうしてかというと、イタリア語で書くことは、なるほど、その地域の人、それを母語にする人にはいいかもしれないが、世界の人が本当にそれで読むだろうか、世界語としてのラテン語は大事にすべきではなかろうかという考えが、同じ一四世紀のルネサンスの中にもあったのです。だから一人の人が優れた試みをしたから、みんながまねするというのではなくて、自分はダンテに倣ってイタリア語でも書くけれども、しかし自分はあくまでラテン語で書いてみよう。そのときに人類を目当てにするためには、人類の公用語のラテン語を大事にしようと思ったのです。だから同じ時代に同じように優秀な人が違う考えで自分の仕事をしているのです。そして、山に登るに当たっていかなる悩みが私の胸に上ってきたか、あなたは聞いてくださったというふうなことをペトラルカは書いています。これは何でもないようにお思いかもしれませんが、心の内を打ち明ける人がいて、その心の秘密を打ち明ける場合の秘密の種類が一般的なものであるならば、プライベートなものではなくて一般的なものになりうるならば、それはだれもが読んで、当時の知識人、どこの国の知識人にも読んで分かるラテン語で書いてみようということなのです。

ここに大事な問題があります。つまり絶対に人に漏らしてはならないプライバシーもあるでしょう。プライバシーの問題だけれども、パブリックな問題がある。これは難しい時代であればあるほど出てくる問題なのです。ペトラルカの考えでは、どんな悩みがあるか、このことはこの神父には打ち明けよう。一つの悩みは、友達と一緒に登ろうと思うけれども、友達の性格を見ると、どの人もそれぞれ欠点があって、一緒に登るのは無理だと思って、彼は親友を誰も誘わないで弟を誘って登るということです。こういうことは何でもないようなことですが、やはりプライバシーの問題でしょう。ですから、すべての人にというわけにはいかないけれども、あなたには訴えますと書いている。

ペトラルカは、とにかくそこで自然であるところの人間が、生きている世界を美しいと見る見方を初めて理論的に示した人だといわれています。実は一三世紀に活躍したアッシジのフランチェスコ（一一八二頃―一二二六）という聖人は自然美をやはり賛美した人ですが、ペトラルカは自分でわざわざ苦しい山登りをして、その上からの景色を楽しむという登山の本当の意味を開拓した最初の人だといわれています。一四世紀のイタリアは都市国家の隆盛した時代ですが、そういうときに生活の場面が人造物で囲まれてくる。そうすると展望が絶たれます。今ほどではないにしても。それで Ventoux 山に登ってみると、はるかな、はるかな景色を楽しむことができる。人間の未来が広がって見えてくるということです。ですから、ペトラルカのこの考え方は、ある意味で閉塞された空間の中に生活する人が、自分の力で、体力の限りを尽くして開拓していった場面に立ったときに、何か新しい啓示を得るかもしれないという喜びを教えているものであります。だから山を登る前にはいろいろな悩みがあったのですが、登ってみると、それがおのずから消されていくような、そういう思いを述べています。ここに「一四世紀イタリア・ルネサンス」の哲学者が自然をどういうふうに見ようとしていたかということが分かります。つまり人工の街が閉塞空間になっています。少し努力をして身を傷めながら登った山の上に行ってみると、神が造ったままの世界がどこかに見えてくる。これは今の我々にでもできることで、それによって神の創造主としての偉大さを知ることができる。ですから政争、学問上の議論、そういうことで忙しい世界、人間が造った建物と人間が作った文字とによって、ある意味で閉塞状態に陥りかけている人間に何が救いになるのかというふうにして、山への旅ということで精神の超越を肉体の空間的登高によって体験させようとした。その意味で、この書簡は非常に有名なものであります。私どもも学ぶべきことがたくさんあるのではないかと思います。

8　都会の中の人間「尊厳と悲惨」

そして「一五世紀イタリア・ルネサンス」です。一五世紀のイタリア・ルネサンスというと、私どもはついつい一五、一六世紀に盛んになったミケランジェロ、レオナルド・ダ・ヴィンチ、ラファエロの名前を思い浮かべますが、ここでは「哲学から見たルネサンス」ですから、一五世紀の有名な哲学者として、マルシリオ・フィチーノ（一四三三―一四九九）をとりあげます。この人は「人間の尊厳と悲惨」ということに注目して、面白いことを言っています。この頃は都市国家で、都市生活が普通になって、都市生活はよい意味での社交の生活が続きます。その中で倫理が作られたり、法が立てられたりしている。そういう生活の中で忘れられるものがあると言うんです。それは何かというと、唯一であって、ほかに存在のないところの神、不変なる一にして唯一の静かなる存在、その生き方をまねすることができなくなるおそれがある。そこで孤独な生活の有益なることをフィチーノはまず人に伝えました。人間の尊厳というのは、ある意味で神の「一にして静である」ことを受け持つところにあると考えました。これだけが仕事ではなくて、それ以外にいろいろすることはあるのですけれども、とにかくそういうことを述べて、ある意味で一二〜一三世紀の修道院の生活における孤独とは別の孤独、己が世俗の世界の中において守らなければならない孤独の尊さということを教えている。これもまた都会の猥雑な雑音の中に生きている我々にとっては、ペトラルカの山に登っていくということと一つにして考えておかなければならないことだと思います。

9　フィチーノの愛弟子ピコ・デラ・ミランドラの死

そして、フィチーノの愛弟子であり、フィチーノを手本にして勉強したジョヴァンニ・ピコ・デラ・ミランドラ（一四六三―一四九四）についてお話ししなければなりません。これはある意味で「一五世紀イタリア・ルネサンス」の最も優れた哲学者だったのではないかと思います。ピコ・デラ・ミランドラは『人間の尊厳について』という題の書物を書いております。この人は一四六三年、ちょうどフィチーノの三〇年後に生まれて、一四九四年にフィチーノよりも五年前に死んでいる。伝えられるところでは、『論語』の孔子が愛弟子の顔淵を失ったときに「天予を滅ぼせり、天予を滅ぼせり」と語ったそうです。天は儒教で言えば神様です。神様が私を滅ぼすのだ、神様が私を滅ぼすのだと、人を失ったときの私の知る限りの最も悲しい言葉を孔子は繰り返したと言われております。フィチーノはピコ・デラ・ミランドラを失ったときに「言葉を失った」と言われております。何を言っていいか分からなかった。それほど期待した学者であります。そのピコ・デラ・ミランドラは、人間は高く上ろうと思えば神にまでも心を満たすことができる。この体は上らせることはできませんけれども、神のことを考えようと思ったら、神を思うことができる。しかし、下を見て、何か食べ物があればそれに飛び付く、感覚を喜ばすものがあればすぐそれに飛び付くというような、ハエのような生活をしようと思えば、ハエよりももっと醜いものにもなる。自分の欲望をかなえるものをハエは作り出すことはできませんが、人間はそれを作り出すことさえもできる。だからハエよりももっと下の存在になることができる。人間は己の持つ意志によって何にでもなれる存在であると書いております。これは主意主義というので、行き過ぎかもしれません。しかし、ここで私どもが学ぶべきことは何かということ、「志」という問題です。

10　この世に生きる最高の理想とはなにか

今の日本も、ちょうどルネサンスのときと同じように、いろいろな文化、文明はある。しかし、それに閉ざされていては新しい時代は来ないのではないか、何か新しい課題を探さなければならないのではないかというような閉塞した状態にあります。ダンテが書いていたように、四周を見渡して、これという指導者がいない都市になってしまったように、我々の国家も、我々の社会も、そういう意味では本当に指導者を失っているような社会といえます。ちょうどピコ・デラ・ミランドラが言っているように、もしかしたら人が高い神、神が分かりにくければ仏でもいいでしょう、儒教の天でもいい、日本の神でもいいのかもしれない。しかし、人類のためになるものでなければならない。一家のためだけとか一民族のためだけではない。そういうすばらしい超越者にあこがれる気持ち、志というものを失っているのではないか。日常生活の中でも、ピコ・デラ・ミランドラの言うように、ある内的な意思が何を志すのか。自分のあこがれる理念が漂っているような天を見上げるのか、それとも自分の欲望が誘われがちな地上の事物にとらわれるのか、それを決定するのはなんじ自身である、否、我自身であるとピコ・デラ・ミランドラは言いました。そしてこの世に生きる者の最高の理想は何でなければならないかと言ったら、難しいかもしれないけれども、それは世界の平和であると言っております。ピコ・デラ・ミランドラは九〇〇の新しい考えを持っていたと自分で人に漏らしたことがあります。その中には、我々には分からないけれども、世界平和に向けての考え方が何かあったかもしれません。

11　おわりに

私どももう一度考え直してみましょう。私は一五世紀のことは分かりません。しかし、一六世紀に戦争の死者は一六〇万人だったと言われています。一七世紀にそれが少し増えて五〇〇万ぐらいになった。もちろん時代が下るごとに人口は増えていますから、死者が増えるのも仕方がないと言うかもしれませんが、先ほど申し上げましたように、二〇世紀だけで一億八七〇〇万人の戦死者がいる。それを二一世紀が引き継いで殺戮(さつりく)し合っているのです。戦いばかりではありません。犯罪の殺し合いもあります。そうすると、世が乱れているからこうなっているに違いない。世が乱れているというのはどういうことかというと、やはり言語の問題でも、コンピュータ言語というのがあると、どうしても英語だけに傾いていくことになります。ちょうどラテン語だけに傾いていた中世と同じようなことがこれから起きるのだろう。しかしそれでいいのだろうか。母語を大事にしなければなりません。しかし、母語だけで語っていたら、誰も日本の文化のことは知らないのではないか。ではどうしたらいいのだろうか。自分の国の文化のもとになる日本語を大事にしながら、愛国主義ではなくて、人類のために優れた日本の文化を外国語に移していくことも新しい仕事ではなかろうか。このように、いろいろな問題があります。

「哲学から見たルネサンス」で忘れてはならない人たちがいます。ヘールト・フローテ（一三四〇―一三八四）はオランダの人です。『キリストに倣いて』の原書を書いた人ではないかとも言われています。ニコラウス・クザーヌス（一四〇一―一四六四）は神の新しい名を考えたドイツの人です。ピエトロ・ポンポナッツィ（一四六二―一五二五）はイスラムの考え方を一生懸命学んだ人です。フランソワ・ラブレー（一四九四―一五五三）はフランスで新しい教育を考えた人、パラケルスス（一四九三／四―一五四一）は新しい自然哲学を考えた人、このようにいろいろな人がおりました。私どもは今、大急ぎで、どんな人が一四世紀、一五世紀のイタリア・ルネサンス、ヨーロッパ・ルネサンスにいたのかということを、例外的にダンテのことをちょっと考えながら瞥見しました。一目見ただけですが、私どもの世の中、モダニティから、つまりモダンな近代からポストモダンに移ろうとする混迷のときに、ちょうどそれは中世の理念が衰えざるをえなくて、どうしても新しい時代を呼ばなければならないというときに苦労した人たちと同じような種類の苦労があることが分かったと思います。これらの人の書物も日本語訳がございますので、お読みになって下さい。混迷のこの時代を乗り切っていくためのいい指導理念を与える人として、ダンテ、ペトラルカ、フィチーノ、ピコ・デラ・ミランドラ、そういう人のことを忘れずにおこうではありませんか。以上をもって私の講演を終わることにいたします。（拍手）

〈講演2〉ルネサンス時代の諸言語の饗宴

樺山紘一

1　アイデンティティを育む母語の力

皆さん、こんにちは。ご紹介いただきました樺山でございます。土曜日の大変お天気のいい日に、こんな暗いところへおいでいただきまして、ありがとうございます。もう二週間もすると、多分このイタリア文化会館裏というか、表というか、千鳥ヶ淵には桜が咲きまして、一日何十万人の方がお越しになるという、その時期でなくてよかったかなと安心いたしております。

「歴史からみたルネサンス」というタイトルをいただきました。いろいろな見方がありますが、きょうは時間も限られているところでもありまして、こんなことを考えてみたいと思っております。ルネサンス時代の言語・言葉の状況はどういうことだったかということを通して、できれば現在の私たちの状況を考えてみたいというのがきょうのお話の趣旨でございます。先ほど今道先生が「母国語」とは絶対に言うなとおっしゃいましたので、私も同じことを申し上げますが、マザー・タング、母語を大事にしよう。しかし、母語を通してほかの言語との間の関係も考えよう。そのことが結果として母語を大事にし、かつ私たちが現在と歴史全体を受けとめるための重要な鍵になるだろうという趣旨のことをお話になりましたが、私も全く同感でございまして、そのことをルネサンスを通して少し考えてみたいというのがきょうの趣旨でございます。

ルネサンスの時代には様々な言語・言葉が行き交い、言うならば一種の饗宴の状態になったのだということを申し上げたいのですが、それに先立ちまして、このことを考える糸口を一言申し上げなければなりません。

ご承知のとおり、言うまでもなく私たち多くの日本人は、生まれてから日本語を使ってまいりました。しかし、ごく当たり前の自明の理として、私たちは今の日本語をごく普通に使っているつもりなのですが、現在の日本語、現在の言語が必ずしも安心できる状態ではないというのは多くの人々が時折語ってきたとおりだと思います。早い話が、よく言われますとおりに、日本語の乱れということがあります。「乱れて困ったもんだ」ということでありまして、それでいいじゃないかという考えもあり、また、もっともっと本来の日本語の美しさを保つべきだという考え方もある。いろいろあるでしょうけれども、結果として、現在、私たちが使っております言語、日本語は必ずしも安心できる状態にない。このことは多くの人々が多分一致するところだろう。まず、漢字が書けなくなっているということもあるだろう。人のことは言えません。私たちもふだん機械（パソコン）で書くものだから、いざとなると、あの「饗宴」という字が書けなくて、先ほどの「饗宴」は機械で書きました。「さあ、下は食べるという字だけれども、上はどういう字だったっけな」となります。「饗」だったらまだいいのですが、「憂鬱」となると、どうにも書きようがなくて、ごじょごじょごじょとしておいて、後で機械で書きます。

こういう漢字が書けないという側面だけではなくて、言語そのもの、言葉そのものを共通のものとして正確に使おうではないかという合意も、随分と危うくなってまいりました。子供たちが、あるいは小・中学生が使っている言葉、あるいは若い大学生が使っている言葉は、もう日本語とはとても思えないじゃないかという人もいます。いろいろな言葉が可能性を発揮するのは決して悪いことではありませんが、日本語としてのアイデンティティをもう少しきちんとしなければいけないという主張にも、確かに聞くべきところがあります。

でも、問題はそれだけではありません。私たちの周辺では、今、日本語とは違った言葉、例えば最も代表的な英語は、我が国でも、新聞紙上でも日常現場でも片仮名言葉として通用するようになりましたし、また、それだけではなくて、私たちが外国に物を言うときには日本語ではなくて、下手ではあるけれども、英語でもって表現しないと相手に対して伝わらない。その英語が今や日本語よりもはるかに重要な地位を国内でも持ち始めている。そして、文部科学省の指導要領によれば、小学校でも間もなく英語の教育が始まるという。この英語の優位といいますか、優越といいますか、これと日本語との関係は一体どうなるのだろうか。

さらに、私たちが通常生活している空間の中でも、しばしば日本語以外の言葉が出回っています。早い話が、居酒屋さんに行きますと、注文を取りにくる女性はあらまし日本人ではなかったりする。なかなか上手な日本語を使いますが、一たん厨房に帰ってみると、中華屋さんのお嬢さんなどは、そこでは中国語で会話をしている。この九段辺でもそうですが、行き違ってぱっと通り過ぎた人たちが、実は日本語ではなくて韓国語か、中国語か、そうではなくてインドネシア語かと思われる言葉、いろいろな言葉で話している。つまり多言語状態とでもいうか、いろいろな言葉が話されている。そんな言語状態が日本でどんどん進行してきています。

こうした変化、あるいは環境は、多分、私たち日本人が長きにわたって、二〇〇〇年以上にわたって日本語を使ってきた経験とは全く違った新しい状況を私たちに指し示しているかもしれません。これは嫌だ、嫌だと言っても始まるものではない。英語なんか嫌だから、全部日本語でやるんだと言って済む話ではありませんし、また「日本語を使わない人は出ていけ」などという理屈を言って始まる話でもありません。新しい言葉の状況に、私たちはどうやってつき合いながら、その中でもって日本語の適切な使い方をもそこで発見することができるだろうか。きょう、あしたに始まる話ではありませんが、今後、二一世紀、私たち日本人はこの日本語をどうやって適正に、しかも実り豊かな言語として確保しながら、なお英語をはじめとする外国語とも巧みにつき合っていく方向を見つけることができるかどうか、これは大変大きな宿題になってまいりました。

私どもはこの年齢ですと、あとは人に任せればいいやという感じですが、若い方々にとって、あるいは次の世代にとっては、この問題は多分非常に大きな宿題として肩に伸しかかってくるだろう。偉そうなことを言っておりますが、私にはわからないけれども、さて、少し話を本題に移しながら、この問題をルネサンスで考えたらどうなるだろう、そこに幾つものヒントがあるのではないかと日ごろから考えてまいりました。

2 トスカーナ方言から生まれたダンテ『神曲』

「ルネサンス諸言語の饗宴」と申し上げたのは、ルネサンスの時代に様々な言語が行き交いながら、その中からイタリアのフィレンツェの言語、言葉に人々は自分たちの言葉の感覚や言語の発想方法を見つけていったと思います。

これには幾つかの側面があります。一つは、この森永エンゼル財団のダンテフォーラムの大きなテーマでございますが、ダンテが『神曲』を書きました。一四世紀のダンテの『神曲』は、先ほどの今道先生のお話にありましたとおり、イタリア語で書かれました。正確にはトスカーナ方言で書かれました。それまで必ずしもダンテ以前に同じような試みをした人がいなかったわけではありませんけれども、韻文で、詩で、しかも自ら現代的な感覚を言葉に投影しながら、自分の国の言葉、普通の人々が日常的に使っている言葉を洗練しながら、トスカーナ方言で『神曲』を書きました。これは現在でもイタリア語の歴史にとって大きな記念碑と言わなければなりません。

ダンテは、『神曲』を書いた後に、既に以前から構想を持っていたようですけれども、『俗語論』という論文を書きます。最終的には完結しませんでしたけれども、この『俗語論』という論文は、字のとおりであります。この場合の「俗語」というのは、俗っぽい言葉という意味ではありません。そうではなくて、それまでいわば雅びの言葉として、あるいは知的世界の言葉として使われてきたラテン語ではなくて、ラテン語から様々な形で崩れていって、やがては人々の日常的な言葉になった言語、ダンテの場合はイタリア語であります。イタリア語、フランス語、ドイツ語、その他、つまり通常の人々が世俗的に使っている言葉について考えてみよう、ダンテはそのように考え、自分の言葉、つまりイタリア語のトスカーナ方言で『神曲』を書いたダンテが、「俗語」について、その意味とか、それがどのような表現力を持てるかということについて考えてみました。

大変皮肉なことに、この「俗語」を論じた論文は俗語では書かれませんでした。なぜか、どうしてなのかという感じがしますが、ラテン語で書きました。なぜラテン語で書いたかといえば、書きやすかったということはもちろんあるでしょうが、実はこの『俗語論』は、基本的にはイタリア語論であります。イタリア語について論じた論文であり、ダンテによれば、恐らく当時の人々の常識によれば、イタリア語にはあらまし一四個の方言がある。これを一六とか一八と言うことはもちろん可能ですが、当時の人々が使っていた分類法に従えば一四の方言がある。トスカーナ方言というのはその一つにすぎません。『神曲』を書くのに使われたトスカーナ方言はその一つで、残る一三の方言があり、例えばヴェネツィア方言とか、ボローニャ方言とか、ナポリ方言とか、こういうことになります。それぞれが語彙の形、ボキャブラリーの形、表現方法といいますか、レトリックといいますか、それについても少しずつ違い、あるいは発音方法、音韻方法も少しずつ違って、結果としてイタリアには当時一四の方言があったということになり、ダンテはその一つひとつについて、何々方言は非常に力強いが少し荒っぽいとか、いろいろに彼なりの方法でそれぞれの方言の特徴を記述いたしました。

フィレンツェに生まれ、トスカーナ方言で『神曲』を書いたダンテではありましたけれども、彼の好みからいうと、言葉として、方言として一応の洗練を受けており、しかもできれば全イタリア人が共通に使うことも考えながら、どれがいいかと選んでみると、ボローニャ方言が一番いいかなというぐらいの結論でもあります。ボローニャはフィレンツェよりも少し北側にありますロンバルディア平原の街でありますが、ボローニャ方言が一番いいかなというぐらいの結論であります。もちろん言うまでもなく、それぞれの方言はそれぞれの地方の文化に即していると考える。ラテン語で書いたのは、そのように、それぞれの言葉を言うならば等位置に置きながら、その中でもって選びとってみようと考えたのでありました。

さて、このようにしてイタリア方言がともかくもそれぞれの地方ごとに出来上がって確立していった。それはほぼダンテの時代からルネサンスの時代にかけての二〇〇年ほどの間のことでありました。

これはダンテの印刷された刊行物を見ますと、一五世紀の末、ヴェネツィアのアルドゥス・マヌティウスという印刷人が印刷したものでありまして、恐らく最も美しい印刷物だと今でも言われておりますけれども、地獄篇（インフェルノ）の一番最初の部分でございますので、今道先生がよく朗誦される部分であります。

3　ラテン語表現のルネサンス

同じように、ルネサンスの時代に母語としてのイタリア語をそれぞれの方法で洗練しようという人々がいたと同時に、それに並行して、ラテン語そのものについても、その当時使われていたラテン語について、もう少しこれを見直そうではないかという機運が起こってきます。つまり、それまで、あるいはその当時使われていたラテン語は、決して過去の千何百年前にローマ帝国のローマ市民たちが使っていたラテン語と同じではない。このことを当時の人々は気づき始めました。ラテン語、ラテン語と私たちは申しますが、千何百年にわたって同じラテン語が使われていたわけではありません。ローマ帝国時代に極めて高度に発達し、人々がみんなで使ったという意味での発達と、ラテン語の表現力、詩や散文といったものの表現力全体が洗練されていった結果としてのあの時代のラテン語と、ダンテ時代のラテン語は同じではありませんでした。

例えばポッジョ・ブラッチョリーニというイタリア・ルネサンス時代の人文学者は、その当時伝達されていたラテン語のテキスト以外に、もっと本物のローマ時代のラテン語があったはずだと言い、ローマ時代の写本をあちこちで探し求めました。本人があちこちで見つけ、その結果として、当時、人々が普通にラテン語と言っていたものとは違う、はるかに言語表現が豊かで、しかも香り高い言語があったのだということを現物でもって、現にあった写本でもって指し示そうと考えました。

実は私は中世史家ですが、中世史家として中世のテキストを読んでおりますと、私たちは普通、最初に習ったローマ時代のラテン語と大変違うということに気がつきます。もちろん一〇〇〇年も同じ言葉を使えるわけではありませんから、当然表現方法も違っており、こう申しては何だけれども、表現は平明、平らかになったけれども、その分だけ貧しくなったと言っても差し支えありません。多分、ポッジョ・ブラッチョリーニをはじめとした人文学者たちは、古代のテキストを読み始めてみると、中世以来続いてきた今のラテン語はいかにも表現力に乏しい、もう一度ラテン語の本来の姿を取り戻そうではないかと考えた。

キケロの『弁論家』もしくは『雄弁について』という論文がありますけれども、これは写本としては受け継がれておりましたから、ヨーロッパ人が知らなかったわけではありませんが、いま一度、このキケロの時代のこのラテン語を受け入れて、それに習おうではないかという機運が高まり、このキケロの『雄弁について』のテキストは一四六五年にイタリアで刊行された最初の印刷物です。活版印刷はグーテンベルクが一四五〇年ごろに『聖書』を印刷するところから始まりましたが、イタリアには一五年ほどたって伝達され、最初に刷られたのは実は聖書ではなくて、何とキケロの『弁論家』、『雄弁について』でありました。当時の人々にとっては、まず何よりもキケロをはじめとする古典の時代の適切な、高雅な、優雅なラテン語を復活、取り戻そうではないかという強い機運を共有していたことになります。

4　フィレンツェ、ヴェネツィアを拠点にギリシア古典研究

さて、そのラテン語を新しく発見しようという動きと並行して、ギリシア語との出会いが始まりました。もちろんギリシア語は、先ほどの今道先生のお話にもありましたとおり、一二世紀のルネサンスの時代に学者たちの間で読み始めましたけれども、またしばらくして忘れられ、結果として、長い間ギリシア語の本文はギリシア語ではほとんど読めなかったという時代が続きます。ところが、一四世紀の末から一五世紀にかけて、まずは、クリュソロラスというギリシア人がイタリアにやってきて、イタリア人たちにギリシア語を教え始めました。このギリシア語は、当時のギリシア語ではなくて、アリストテレスとかプラトンといった古典時代のギリシア語のテキストを読む勉強をさせました。

マヌエル・クリュソロラスという人物は、コンスタンティノープル、現在のイスタンブールからイタリアにやってまいりまして、イタリアの人文学を志す人々にギリシア語を教え始めます。一種のブームが起きました。とりわけフィレンツェとヴェネツィアでもって、ギリシア語学習のブームが起きました。

レオナルド・ブルーニというフィレンツェの書記官長である政治家は、同時に、マヌエル・クリュソロラスからギリシア語を教わり、自分でもギリシア語文献をラテン語に翻訳する仕事に取りかかりました。

続いて、ベッサリオンというコンスタンティノープルからやってきたギリシア人も、同じくフィレンツェで、やがてはヴェネツィアで古典ギリシア語の教育を始め、そこに集った人々は、今までほとんどすべてラテン語への翻訳で読んできたギリシア語テキストを改めて原文で読むことができるようになっていきます。実はプラトンもアリストテレスも、ほとんどすべての文献は、すべてのヨーロッパ人はラテン語で読んでいたのですが、本来はもちろんギリシア語で書かれておりました。翻訳ですから、もちろん誤訳もありました。疑問の翻訳もありました。でも、テキストです。本来の言葉、原文で読むのが本来の姿というのは当然の理屈でありまして、こうして古典ギリシア語という、今まで存在は知っていたけれども、ほとんどの人々が読めなかったテキストを読むことになった。

マルシリオ・フィチーノというフィレンツェの哲学者は、古代の哲学のテキスト、まずはプラトン、続いてプロティノスといった古代のギリシア語テキストをラテン語に翻訳しました。これがラテン語だというところがまたミソですけれども、母語であるトスカーナ方言ではなくてラテン語です。しかも、当時普通に使われていた中世ラテン語よりは、むしろ古典的な形をとったラテン語で翻訳しようと努力いたしました。

アリストテレスの『動物学』の刊本は、ヨーロッパで最も早くギリシア語の活字でもって印刷された書物の一つですが、イタリアでは、先ほどのキケロに続いて、このようにギリシア語の活字が開発され、もともとのギリシア語のテキストで印刷されるようになっていきます。

5 ヘブライ語の『旧約聖書』ギリシア語の『新約聖書』

さて、母語であるイタリア語、古典ラテン語、古典ギリシア語、四つ目はヘブライ語であります。言うまでもなくヘブライ語は『旧約聖書』を書くために使われていた言葉であり、今、私たちはヘブライ語と呼んでおりますが、当時は必ずしもそのように呼ばれなかったにせよ、ユダヤ人たちが共通に使っていたテキストでもありました。ユダヤ人の世界にも日常的な言葉、つまり俗語と『旧約聖書』と普通呼んでいる教典のヘブライ語とでは少し差があったようですが、専らイタリアの人々は、このヘブライ語を、古典テキスト、とりわけ『旧約聖書』を書いたヘブライ語で学び始めます。

『旧約聖書』、『モーゼ五書』と言われるものの冒頭部分をみますと、ヘブライ語であります。このヘブライ語の活字もイタリアで開発されました。ソンチーノという名前で呼ばれているユダヤ人だと思われますけれども、この人物がイタリアでヘブライ語の活字を開発し、イタリアで初めて『旧約聖書』を活版印刷で印刷いたしました。もちろんヘブライ語をこのように印刷することができるためには、ヘブライ語の文法や、場合によってはヘブライ語でもって物を書くことも含めた本格的なヘブライ語の勉強が必要であります。ユダヤ人たちだけではなく、ピコ・デラ・ミランドラをはじめとした人文学者たちがこぞって、このようなヘブライ語学習に精出しました。なかなか難しく、途中で挫折した人もたくさんいるようで、そういう話を聞くと安心しますよね。

結果として、古典である『旧約聖書』を、もともとのヘブライ語と、『旧約聖書』が書かれた時代に同じパレスチナで使われて、ヘブライ語とほぼ同じ形を持つアラム語、それからギリシア語とラテン語、四つの言葉で対訳の形をつくろうという人々があらわれました。恐らく最初にヴェネツィアで企画され、最終的に本格的に出来上がったのはスペインのアルカラという街のアルカラ大学でありましたけれども、普通、コンプルテンセ版と呼ばれております。できたのはスペインですが、いずれにせよルネサンス人の人文主義者たちが考えたやり方でありました。ギリシア語とラテン語、ラテン語は古くから使われてきたヴルガータ訳です。本来の『新約聖書』はギリシア語で書かれましたし、また『旧約聖書』のギリシア語訳も既に二世紀に「七十人訳」として翻訳されておりましたので、その本文にもともとのヘブライ語を当てはめ、ヘブライ語と共通の関係を持つアラム語も当てて、この四つを並べることでもって、相互に言葉と言葉の間の関係を考えようではないかという、今考えましても気の遠くなるような作業をいたしました。

さて、このように少なくとも当時の人々にとっては新しい現象であったもの、つまりイタリア語のいろいろな母語、方言としての母語が、それぞれ地方ごとに違うけれども、確立されたという一つの側面と、ラテン語も、当時中学校に相当する学校や大学で普通に使われていたラテン語ではないもともとのローマ時代の古典ラテン語と古典時代に使われていた古典的なギリシア語、聖書の時代に既に使われており、聖書を書き記したヘブライ語、それぞれ四つの言葉が、それぞれ関心は違うにしても、それぞれの人々にとって重要な関心事になっていきます。多くの人々にとっては母語だけでいいかもしれないが、ちょっと物事を考えてみよう、古代の復活ということを考えてみようということになると、言うまでもなくこのような四つの言葉をそれぞれに勉強し、それぞれの関係も含めて改めて言語というものを考えてみようではないかという大きな機運が沸き起こりました。

6　さらなる言語間交流の促進――スペイン語、ドイツ語、アラビア語

実はこのように人文学者が学問を積むために必要とした方言も含めた四つの言語だけではありませんでした。イタリアにとっては、現在のイタリアを考えてみますと、実はフランス語も、スペイン語も、ドイツ語も、アラビア語も、それぞれ地方ごとに事情はみな違いますけれども、イタリアの半島とその周辺で話されていた言葉ばかりでありります。みんながフランス語を話したわけではないが、イタリアの北の方では、フランス語を話す人々がやってまいりましたし、イタリア人がそちらへ行ったこともあるだろう。南イタリア、ナポリから南では、その当時から

スペインの支配領でありましたので、スペイン語は公式にあちこちで使われておりましたし、またローマでもかなりスペイン語が通用していたと言われています。我が国でも、現在、韓国語、中国語があちこちで使われているのと同じように、ローマをはじめとするイタリアではスペイン語が使われていたのでありましょう。北イタリアにはドイツ語圏が今でもあります。スペイン語やフランス語やイタリア語とは起源・系統が違いますけれども、ともかく使われておりましたし、まして当時のイタリアにとっては外国であったアラビア語を使う人々ですら、既にヴェネツィアや南イタリアには早くから住まっておりました。ルネサンスの時代には、アラビアの世界、イスラム世界からやってきた商人や、時には通訳たちが、イタリア各地でアラビア語を介して人々の意思交換を行っておりました。私たちはルネサンスと言い、そのルネサンスの時代には文字どおり古代の復活が起こったという話をしますが、その古代の復活が本当に起こったとすれば、それを仲立ち、媒介する最も大きな力は、言語、言葉の力によっていただろう。お互いに違う言葉でコミュニケートし、できれば三つも四つも五つも言葉を理解してみよう。そうすることでお互いに十分な意思疎通ができるだけではなくて、自分の言葉とは違うものを勉強することによって、かえって自分の言葉の意味合い、特徴、事によっては短所を理解することになったと思います。確かにルネサンスという時代はこれまで余り議論されてこなかったように思えるけれども、このようにイタリアにとっては多数の外国語、あるいはイタリアにとっての多数の方言、こうしたものがお互いに接触し合いながら、そのことでイタリアの人々の言葉についての感覚が研ぎ澄まされていった、そういう時代であったに相違ないと思います。

7　日本の諸言語教育政策の課題

言葉は、私が申し上げるまでもありませんが、文字どおり、単に人と人との間の意思疎通の単純で機械的な手段であるだけではありません。私たちは言語を通して物事を考え、また人々との間で言語を通して議論します。そうすることで、人々は、言語を通して共有する文化というものがある。あるいは事によれば、その文化とほかの言語を媒介した文化との間の関係がある。その関係は、まずは言語から接近することができるし、認識することができるはずだ、こういうふうに私たちは言語を受け取ってきたと思います。私たちはついうっかり、言葉は単なる手段だ、お互いに分かり合えばいいんだ、だからなるべく言葉は短くしてしまおうということになりがちであります。もちろんコミュニケーションのための手段ではあるけれども、同時に、言語・言葉は、自分たちの世界観とか、人生観とか、人々とお互いに物事を分かり合うための手段として、はるかに広く、言うならば社会文化的なアイデンティティを保証するよりどころであります。このことはルネサンス時代に限りません。今の私たちも同じです。「諸言語の饗宴」と仮に呼びましたけれども、そのように様々な言語が乱れ飛びながら、その中で自らの言語、母語をつくり上げると同時に、その母語を通してほかの言葉との間の関係を打ち立て、そうすることで新しい社会文化的なアイデンティティを獲得していく、そういうプロセスが多分ルネサンス時代に急速に表に見え始めたのだと思っています。

最初に申し上げましたとおり、今、私たちは長い間日本人として経験しなかったような新しい言語状況の中に生きています。ルネサンスだけがもちろん参照の対象ではありませんけれども、その中から私たちの現在の日本語のあり方、今後の日本語のあり方を考えるための様々なヒントが生まれてくるのではないかとかねてから考えてまいりました。

とりあえずそこまで申し上げます。ご清聴ありがとうございました。（拍手）

〈講演３〉　ルネサンス美術の伝統と革新

田中英道

１　日本のポストモダン世代への警鐘

きょう発表する三人とも、みな六五歳以上の老境の方々で、元気のいい若い研究者が出てくることを期待した方もいるかもしれません。ルネサンス研究を若い研究者、歴史家から最新の研究を聞いてみたいとお思いになる方もいるかと思います。

この「ダンテフォーラム」は松田先生が主宰なさっているのですけれども、発表者は老人となっているのはそれなりの意味があります。つまり今の学問の状況がそういう傾向にあるのです。それはどういうことかといいますと、私は「芸術からみたルネサンス」という題を与えられましたが、芸術とは何かということです。それの判断が基礎となって語ることになるわけです。芸術とは芸術の価値、美術の価値、文学の価値というものを基本にして、それらの対象について語ります。皆さんが恐らくフィレンツェに行かれて優れた作品を前にして、ああ、これはすばらしい、これはすごい、これに感銘を受けたという感動をお持ちになります。また、それを持たないと折角フィレンツェまで来た甲斐がないということになる。やはりそういう感受性が基礎にあるわけです。ですから皆さんはそれを求めてフィレンツェに行く、あるいはローマに、パリのルーヴル美術館に行くわけです。むろん奈良にも、京都にも行くということはそういう感動を求めていくわけです。感動というものがなければ、行かないだろうと思います。そこに行ってみようとか、そこの前に立ってみようという気持ちを起こさせることが、やはり芸術の価値が感じられるからなのです。作品を見るのに写真で見ればいいじゃないか、テレビ、ビデオで見ればいいじゃないかとは考えない。

実を言うと、その生の作品を見るということの価値観が、今の若い学者にだんだんなくなっているのです。これは大きな問題です。

現代はポストモダン、多文化主義の時代といわれます。その状況とは何か。ポストモダンというのは、モダンの後というのではないんです。これはどういうことかというと、価値とか、これまでの我々が持っていたいろいろな考え方を全部捨てよう、価値観というものを忘れて、研究しようではないか、そういう態度による学問が始まっているのです。これはアドルノとかデリダ、フーコーなど、いろいろな論客が戦後出てきたのですが、彼らは基本的にそれ以前の学問を批判する、それを否定する、解体する、そういうことをやってきたわけです。その解体の理論というものが、「批判理論」とか「デコンストラクション」などといわれているものです。ところが、今はそれを真に受けた学生たち、真に受けた若いインテリたちが、これからポストモダンや多文化主義で行こう、といいはじめた。それはいろいろな人文学の分野で顕著に出ています。過去の高い文化が一つの「オーソリティー」つまり「権威」となって、批判する対象となる。すでにかつての価値観は壊された、価値などというのはないのではないかと言いはじめたのです。ですから、今の人たちは現代ばかりを問題にするわけです。きょうお話ししようとしている、古い時代、近代以前のものを無視するという状況になっています。しかしそういう「批判理論」とは一体何なのかということを、逆にわれわれが批判する。その誤りを指摘する必要があるのです。若い学者たちは新しさに飛びつきますから、当然それに同調するわけです。しかし、その理論の行方は見えています。基本的に、そういう理論はマルクス主義の変種でもあるわけです。とにかく批判していこう、過去を否定していこう、そして先ほど

「中世」を暗黒時代と言っていましたけれども、過去を遅れた時代と言おう。つまり近代が一番進んでいる。未来に一番いいものが来るんじゃないか、つまり若者が担う文化が一番いいはずなんだというような文化観が出るわけです。ですから過去の芸術の価値観を否定しようとするわけです。

しかし、こういう学問の仕方というのはある種のイデオロギーに過ぎず、虚構的なものであるわけで、私たちにはその嘘が見えているわけです。それはフィレンツェに、ローマに、ルーブル美術館に行けばわかるからです。こういう考え方が今いろいろなところに出てくるので、恐らく松田先生は、そういう人たちがもっと教養を持って――すばらしいものはすばらしいと言うことができなくなっている若い学者よりも、やはり我々のような年をとったものの教養をもったものを選ばれたのでしょう。我々の時代は東大にも教養学部があったし、各地に教養部というのがあって、とにかくそういうものを、理解して、その上で専門をやろうという体制があったわけです。ところが、今は教養を教える場所が消えているわけです。私が今勤めている大学は国際教養大学と称するわけですが、そういう名前だけあっても、教養とは何かを忘れている。皆さん、恐らくここに来てくださっている方々は、団塊の世代や、老人になった世代というか、教養というものを求めている方々が、ここで何かを得ていこうという期待がおありになるに違いない。

実を言うと、老人世代というものは、ただ死を待つ世代であるというようなことは近代の概念です。近代や現代の概念、あるいはアメリカニズムと言ってもいいでしょう。ルネサンス時代と言われる時代は――「ルネサンス」という言葉は、先ほどお二人の先生方が言っているように、アラビア文化とか、モンゴルとか、東洋の文化が入っているという説があります。私は『光は東方より』という本で書いています。が、そこでは、アラビア文化、東洋文化というのは非常に大事で、ギリシア、ローマに戻るよりも、当時のイスラム文化を通じて、ギリシア、ローマを学んだ形跡があるのです。つまりギリシア、ローマよりもイスラム文化を経由した「古代」だったのです。

2　異文化交流による創造的想像

イスラム文化とは何か。私はレオナルド・ダ・ヴィンチを専門にしていますけれども、去年、レオナルドの母親がアラビア人であったという説が出てきたんです。これは、デッサンにレオナルドの指紋が残っているのを検査したというのです。デッサンというのは手書きですから、指紋が残るのです。その指紋をよく分析したら、大体アラビア人の持っている型である。完全ではないけれども、六〇％ぐらいはどうもアラビア人の血が入っているという分析が出たというのです。

当時の時代状況を見ていると、一五世紀中ごろ、彼が生まれたのは一四五二年ですけれども、アラビア人がイタリア人と通商するために入ってきている。つまりイスラム文化が入っているのです。これは事実で、一五世紀のマサッチオからベルニーニ、ラファエロまで、絵の中の着物の衿などにアラビア文字模様が書かれている部分があるのです。これは聖母子に多い。聖母子の衣服の縁取りにアラビア文字風の模様が出てくる。私はそれを論文に発表して、イタリア人学者につきつけたのですけれども、イタリア人は見て見ぬふりをしているわけです。結局、今もイスラムとの戦いがありますから、そういうことを余り言うとイスラム文化の宣伝になってしまう。私の研究でもそういうところがあったわけですけれども、レオナルドのお母さんがアラビア人であったということは別におかしくないし、場合によってはイタリアにかなり出稼ぎというか、先ほど移民という話がありましたけれども、そういうことがあっておかしくないのです。ヴェネツィアとジェノアなどいろいろな交易があったことは、ヴェネツィア派のカルパッチョがアラビア人の女を数多く描いていますし、ヴェネツィアがイスラムとの接触によって商業的にも非常に栄えたことは明らかです。先ほどの今道先生のお話のトレド、それからシチリア島も、アラビア人が多かったわけです。イスラム人文化が入り、そこからイタリア文化が影響を受けないはずはないのです。

その意味でも、レオナルドのお母さんはアラビア人であったとするのは象徴的です。父の方はフィレンツェの公証人で、ヴィンチ村でレオナルドが生まれたら、その女性を捨ててしまうのです。後にほかの女性と結婚するわけですが、そのアラビア人の前妻がカテリーナと言って、後になって一四九二年ミラノにあらわれます。そしてすぐ亡くなったらしく彼女を埋葬するという記録が出てきます。そうなると、レオナルドの描くいろいろな絵画模様が、アラビア的であるということが自然に理解される。ご存じのような、レオナルドの植物模様がよく出てきます。サラ・デラ・アッセというミラノのスフォルツァ城の一室の壁や天井模様では、一面に樹木を描き込んでいるわけです。それは実に東洋的な部屋なのです。イスラムでは、人間像は偶像崇拝禁止ですが、植物模様だけは描く。アラビア的だということがわかるし、なぜ彼が鏡文字を書いたかということも類推できる。あれは左利きだから書いたといわれますが、図を見ると、アラビア文字というのもやはり右から左に書きます。それでアラビア人だということを示したかったのかもしれません。いずれにしても、こういう事実が出てきたことも非常に面白い。

最近、一月に、決定的に『モナ・リザ』はジョコンダであるという資料が出てきたと新聞に報道されましたけれども、皆さん、この報道にごまかされないようにしてほしいと思います。実を言うと、一〇年前ぐらいの論文に――サライという弟子が一五二四年に暗殺された。彼はレオナルドに愛された少年です。レオナルドは、ご存じのようにホモセクシュアルですから、少年を二人ずっと生涯連れているのです。それがレオナルドの最後を看取るのですが、死後、サライはミラノに帰って四年後に殺される。そのときに財産を分けようというので遺産目録が書かれているのですが、そのときにジョコンダというのが出てくる。その絵がジョコンダなのです。このジョコンダが、今皆さんがご存じのルーヴル美術館の『モナ・リザ』かというとそうではない。つまりミラノにあるわけですし、価格は一〇〇スクーディで、フランソワ一世、つまりフランス国王が買い取った値段は四〇〇〇スクーディで四〇分の一です。ですから、これは明らかに今のルーヴルの『モナ・リザ』を買い取ったことになる。『ジョコンダ』は、サライの作なのです。一五〇三年にレオナルドのところで『ジョコンダ』を見たというのが今度の資料ですけれども、それはサライが描いていた『ジョコンダ』ということになります。

当時から、『モナ・リザ』はフィレンツェの貴婦人像だと言われていたんですが、実を言うと、レオナルドの六〇〇〇葉、場合によっては一万葉のいろいろな手記やデザインが描かれていますが、その中にモナ・リザのことは一切出てこないのです。彼の書いた手紙の中にも一切ない。ですからレオナルドだけ調べていくと、モナ・リザという言葉、ジョコンダという言葉はどこにも存在しない。存在するのはイザベラ・デステとか、チェチリア・ガッレラーニとか、ジネヴラ・デ・ヴェンチです。

ところが、なぜ「モナ・リザ」ということになったかというと、これも私の本に何度も書いているんですけれども、一五五〇年、死後三〇年たった後、ヴァザーリという一度も『モナ・リザ』を見たことのない人が書いた言葉を固定化してしまって、フィレンツェの市民の奥さんであるということで、「すばらしい、ルーヴルの至宝」となったわけです。私はそれを批判しているわけです。レオナルドがイザベラ・デステという人を描いたということははっきりしているわけで、これはマントヴァに寄って、手紙でも何度も描くということを約束しているし、デッサンもルーヴル美術館に保存されています。この女性の美しさ、その人格の高さがあの『モナ・リザ』にはよく描かれている。貴族的な騎士道愛に基づいて描かれたと考えられます。こんなに美しい、世界で一番すばらしい肖像はありません。つまりイザベラ・デステのような教養と気位がないと描かれえないはずです。つまり貴婦人であり、遠くから愛するという騎士道的愛による女性の理想像として描かれたはずです。ダンテがベアトリーチェを遠くから愛し、ペトラルカがラウラをひそかに愛する。このラウラもベアトリーチェも、近くでつきあったこともないある種の遠い人です。付きあっている現実の人ではないというか、それがある意味で騎士道愛なんです。遠くの女性を愛することによって燃え上がる愛の形です。それが本当の男性の女性愛というものだという考え方があったわけです。ですから、『モナ・リザ』というのは、やはり貴族のイザベラ・デステというレオナルドが決してつき合うことができない理想の女性を描いたことで、あの肖像画がすばらしい理由と考えられます。

一方、フィレンツェの貴婦人とはいえラファエロが描く「フィレンツェの商人の娘」というのは、少しも上品な感じがしません。尊敬というものを感じさせないのです。そういう意味で、『モナ・リザ』とはイザベラ・デステでなければならないということを今度の『モナ・リザは、なぜ微笑むのか』という本でまた展開しました。御関心のある方はこの本を読んでいただきたいと思います。

3 世界遺産、文化遺産の修復技術交流による革新

美術史家として、私はフィレンツェという都市とのつき合いが非常に長くなりました。私は一九六五年にフランスに留学したときに、早速この都市を訪れ、一九六六年にフィレンツェに洪水があった後、フィレンツェに旅行し、そこで惨状を見てきました。これは大変だ、修復というのは本当に、大事だということを理解したのです。先ほども熊倉次郎さんが製作した映画にありましたけれども、あれによってイタリアの修復技術というのは急激に伸びるんです。それ以後、私はヴァティカンのシスティーナ礼拝堂の調査を行いましたが、あの礼拝堂が十数年にわたって修復されるプロセスも見てきました。ミケランジェロのフレスコ画をいかに修復するかをよく観察しましたが、

B五六という液を使って、非常に丹念に付着物を拭きとる作業に私はつきあってきました。その技術は日本の汚れた仏像にも通用できるのではないかと思います。こういう修復技術交流を促進したらよいと思うのです。

先ほどの映画にもありましたけれども、文化というものが絶えず修復することによって活性化していく、そういう修復の思想と革新ですね。つまり歴史の中で、ただ残っているものが世界遺産、文化遺産であるとお思いになるかもしれませんが、絶えず修復していかなくてはならないものなのです。

ご存じのように、法隆寺の金堂の壁画が焼けてしまったという、ああいう恥かしいことを日本はやっているわけです。高松塚古墳が全部消えてしまうとか、かびが生えてしまったとか、日本ではおかしなことを平気でやっているんです。あれは本当に政府の修復というものに対する軽視があると思います。つまりこれからの過去の文化というのは、修復することによって祖先たちが創造してきた文化を守ると同時に、それを新たに活性化する。つまり傑作というのは、新たにそれを修復した中で、その時代というものを復元させる。時代というものをもう一度我々の眼の中に復元させることが必要なのです。ですから修復というのは非常に大事なことです。これを軽視することは過去の文化を軽視することです。皆さんは芸術創造というのは現代の画家たちだけがやっているとお思いになるかもしれませんが、古い文化を保存し、革新し、そして新しい解釈を与えていくことも大切なのです。

イタリアにおいて、ルネサンスの時代やバロックの時代、そして一八世紀まで、すばらしい画家が出ていますが、近代・現代のイタリア美術は未来派が注目されるぐらいです。それも過去のイタリアの絵画と比べると、はるかに比重が低いのです。つまり創造というのはいつの時代でも同じようになされるわけではない。その裏付けになる思想、社会的な時代的条件というものがあって、芸術にやはりその時代の優れた知識人が取り組む。だからこそ平和な時代でなくてはいけない。平和と同時に、それにふさわしい時代であるということが文化創造の時代なのです。

そのような時代にふさわしいというのがルネサンスとかバロックの時代であったのです。イタリアは、その時代の創造物を保存することによって、観光客を引きつけ、観光で潤うことにもなる。何も新しいものを現在つくって、引きつける必要もない。日本は経済、経済で文化を疎かにしてきた。イタリアとか、フランスとか、スペインは、観光で収入をあげていますが、それは文化遺産を保全し、それを直伝して観光産業を起こしているのです。世界遺産で食べている、といっていいかもしれない。それは我々から見ると、ギリシアやイタリアは大金持ちの放蕩息子みたいな国に思えるかもしれませんが、それでも世界遺産、文化遺産の強みで国は維持されているのです。

4　芸術産業都市フィレンツェの経営理念と方法

「近現代」という時代は、戦争のための軍事産業の拡大によってそれが支えられてきた面が強いのです。軍拡をやれば、つまり戦争の技術を高めれば、それだけ国家の威信が高まると考え、その技術を発展させることを国がおおいに誇るわけです。その一部を一般的な産業に技術に適用することで産業経済が発展されてきた。そういう産業のみがまるで国のステイタスのように錯覚を与えてきたかに見えます。工業の技術革新があたかも近代・現代の進歩であるというようなある種の誤りを多くの人々に植えつけてしまったのです。文化というのは、大量製品のコンビニに売っているようなものではないのです。やはり手作りで、一つひとつ作っている創造の喜びの中にある。現在の中国のような安い労働力で大量生産をして経済繁栄のみが、あたかも国の力のごとく言っているのは残念です。現代の中国の文化は何か、などとは考えない。そういう物質的な時代になってしまったのです。しかしあらゆる芸術文化はあらたな思想と共に手作りで行うことが本当はいいわけです。それこそが現代の人間の文化となるはずです。

まさにルネサンスもバロックもそういう手作りの文化であると考えることが大事なことです。その個性に接するということが観光となるわけです。映像だけ見ていては理解できない。イタリアという国は一五～一六世紀の文化遺産で生きていると言ってもいいのですが、それは遅れている国というべきではない。それを保全・革新して生きていることは各国の模範ともなっています。人類にとってこの過去の文化の尊重も彼らのすぐれた選択だと思うのです。日本もまたそれができる文化遺産の国でもありますが、それを忘れている。

フィレンツェについては幾らでも語れますが、最後にこれをお話ししたいと思います。フィレンツェに長くいて、西洋美術を研究していると必ず逢着するのは宗教の問題です。今道先生はカトリックでおありですが、「神」の問題を深く理解されているわけで、つまり西洋文化の核心の一つはそれです。皆さんがただ観光に行って「ああ、すばらしかった」と見てくると同時に、宗教の問題をお考えになると思います。なぜキリスト教がこのような豊かな文化を生み出したのか。そう思われるでしょう。

私がイタリアで出会った日本学の泰斗であられるフォスコ・マライニー先生と、フィレンツェのミケランジェロの丘の近くにある邸宅の書斎でお話をしたことがあります。もう御高齢でしたが大変雄弁な方でした。そこで先生が何をおっしゃったかというと、日本の歴史的芸術、文化に出会って大変ショックであったと言われたのです。日本というものが、私に別の文明があることを目覚めさせたのだと言うのです。日本というのはすばらしい国だ。つまりヨーロッパ的な、キリスト教的な、ギリシア的な考え方でない国で、これほど人々が道徳を備えすばらしい文明を持っている国はない、と。そういう日本に衝撃を受けたんだということをおっしゃるわけです。私自身も、それを聞いて、自分がキリスト教徒にならず、日本人のままでいいのだということを改めて再確認しました。今は日本の芸術や文化を研究していますが、日本の神道なり神仏融合なり、日本人の考え方、日本人の道徳観などを含めて、西洋人に衝撃を与えるほどすごいものだということも学んだのですが、これについてはまた別の話になるので、ここで終わりにします。（拍手）

〈討論〉永遠の芸術都市フィレンツェ

今道友信／樺山紘一／田中英道／司会　松田義幸

1　マス・レジャー時代の到来に備えて

松田　松田と申します。今日の日本のマンモス大学で、このぐらいの大教室で授業を始めますと、半分はスマートフォン、携帯電話を使っていて話を聞いておりません。そして時間が終わるころになると、半分ぐらい学生がいなくなっているんです。ところが今日は、年配の方が多いということが救いなのかもしれませんけれども、熱心に聞いていただいて大変ありがたく思っております。

二一世紀を迎えて、早くも八年を迎えるわけですけれども、私個人が二一世紀に入って「そうだ」と目を覚ましたメッセージがあります。それはハーバード大学名誉教授のガルブレイス先生の「日本の再設計」に対する提言です。日本のグランドデザインをどういうふうに考えたらいいかという提案であります。一言で言うと、世界の中で日本が一番可能性がある、どの国もまだ気づいていない、私は気づいている、ということを暗に言っています。二一世紀は経済の尺度で人間社会を考える時代ではない。人間がいかに幸せに生きるか、まさに「生命・自由・幸福の追求」の基本的人権を日本であれば達成できるから、それをぜひ達成してほしいという提言です。

私たちの人生八〇年は、約七〇万時間になります。一年間一八〇〇時間働いて、四〇年間お勤めしますと約七万時間です。つまり七〇万時間のうちの七万時間の生涯労働時間に短縮されてきているのです。かわって生涯自由時間が約二一から二五万時間に増えております。この自由時間をいかに生きるか、これが西洋ルネサンスがモデルにした古代ギリシア人の大きな課題でもあった。中でもアテネの人たちの課題であった。自由時間をいかに生きるか、そのことをスコレーという言葉を使ったんです。今の言葉で言うスクールの語源になっています。「我々はレジャーを求めて働く」と言って、スコレーという言葉、スクールのもとの言葉を使っています。そしてスコレーのないことをアスコリアと言ってビズィ、ビジネス、オキペーションの意味に使っています。ところが、長いこと、「私たちは働くために生きる」ということで人間社会を構造化してきました。そのために、自由時間を充実して生きる、つまり「よりよく生きるために働く」という、「よりよく」というところにまだ気づかずにいるわけです。ガルブレイス先生は、そこがポイントだ、日本ならばできると考えてくれたのです。芸術とか、文学とか、スポーツとか、人間の楽しみ価値追求の人間社会モデルを日本が世界に示してほしいという提案だったんです。

今道先生とご一緒に読売新聞の渡邉恒雄代表を訪ねて、中央公論新社に世界の名著の復刻を出してほしいと頼みました。そして、中央公論クラシックスという新書タイプの本を出してもらったんです。今道先生が教養教育の大切さを説かれておられるんですけれども、残念ながら教養教育のテキストの古典が日本では売れないんです。そこで最初に、樺山先生と田中先生に、お二人にとって哲学というのは一体何であったのか。多分、会場の多くの皆さんは、一ページ読み終わる前に眠くなってしまうのが哲学の本だと思われていると思うんです。教養の話をお二人の先生がされたので、先生方にとって哲学とは何であったのか。まずお伺いしたいと思います。

2　教養としての哲学「魂の世話」

松田　松田君の司会は野放図だからダメだ、私がやりましょうとあるときに今道先生から注意されたんです。ですから、きょうは五分を限度にして、三分ぐらいで言っていただければありがたいんです。ともかくお願いします。樺山先生は、哲学というのは大切なんだよということを皆さんに話されるときに、どんな説明をされますか。

樺山 困っちゃったな。事前にそう言ってくれれば少し考えておいたんですが、このダンテ・フォーラムの辛いところはどんな球が飛んでくるか分からないことでして、随分長いつき合いですが、いまだに球の出どころが分からない。哲学とは何かと言われて、両手を挙げて降参ですが、あえて言うと、あしたは別の答え方をするかもしれないんですが、きょう「哲学とは」と聞かれたら、今道先生のことだという感じがしています。昨日は別の先生と言ったかもしれないんですけれども。

今道先生とも実は非常に長いおつき合いなのですが、今道先生を大変尊敬しています。その尊敬は、このお年でもと申し上げたら失礼かな、先生は実はきょう午前中も講義しておいでになりました。午後も、ここで先ほどお話をされています。これだけエネルギッシュに物を論じておいでになるということももちろんありますが、それだけではなくて、先ほど田中さんもお話になったけれども、今道先生は物事を考えるときに、とことん根源に立ち返って論じようではないかと語っておられます。現象はいろいろたくさんあります。いろいろなものが相次いで変わって見えるけれども、それをとことん詰めて、詰めて、一番最初の根源に戻って考えようではないかということです。それを例えば価値という名前で呼んだり、世界観という名前で呼んだり、人によっていろいろ呼び方は違いますけれども、物事を根本、オリジンのところ、根源のところまで突き詰めて考えて、逆に、それをもとにして具体的なことを説明しようではないかという。私は歴史家なものですから、現象を現象として説明したい。なるべく上手に整合的にうまくやったら、うまくいった、うまくいったと思うんですが、よく考えてみると、それを考えて説明しようと思っていた私が、なぜそれを説明しなければいけないかとか、対象がどんなところから始まっているのかという根源まで議論しないと、自分はうまくいったかもしれないけれども、人には説得力がないだろう、あるいは全く違った説明との間で、いや、私の方がより説得的だということを論じるためには、どこまで根源に立ち入って議論することができるか、そこがカギだという感じがいつもしております。

今道先生のお話は、このフォーラムで幾度も伺ってまいりましたし、哲学者としてのお話を幾つも伺いましたけれども、常に物事の根源がどこかにあるはずだという。恐らく今道先生も実はつかまっていないんだとおっしゃるかもしれないのですが、つかまったか、つかまらないかではなくて、あくまでそこを追い求めていこうという努力というか、知的な人間的な努力というところに実は哲学というものがあるなという感じがしております。きょうは今道先生に関連して申し上げました。あしたは松田さんと言おうかなという気がしておりますが、具体的な物事を通してしか考えられない歴史家として、そんなふうにお答えしておきます。

松田 田中先生はいかがでしょう。

田中 哲学というのは西洋で生まれた論理学です。ですから、日本人に哲学者がいない、思想家がいないということを明治の中江兆民が言っておりました。ところが先ほどイタリアの日本学のフォスコ・マライニー先生について話しましたけれども、その西洋人が日本にショックであったと言っています。彼は、日本に哲学者がいないにもかかわらずショックであったということなのです。大体「哲学」という言葉は近代の言葉であって、「フィロソフィア」という言葉は「知を愛する」ということです。現代の大学ができて、哲学科というのができたから、その名前を我々がいっているだけであって、本来「考える」ということですね。考えるということは日本人でもやってきたわけです。ただ、中江兆民が言うように、思想家がいないというのは一体何なのかということをちょっと考えてみたんです。日本人にはなぜ大思想家がいないのか。中国人にはいるわけです。孔子とか老子とか。もちろんインドにはお釈迦様がいる。彼自身書いたわけではないですが、その弟子たちが、その語ったこと行なったことを書き取った。その書いたものを経典としたわけです。哲学ではプラトンやアリストテレスの書物がある。

彼らが存在したのに、日本ではそれほどの人がいない。日本には、聖徳太子、空海とかがいるけれども、聖徳太子も『三経義疏』という注釈書を書き、十七条憲法が太子の作といわれる。しかし、実践的な思想家といえるでしょうが果して哲学者といえるかというと疑問です。つまり持っているアイデアは大きいけれども、哲学者という言葉でいえるわけではない。

それでは日本人はだめかというと、そうと思う必要はないのです。つまり文字の理屈は必要としないのです。考えてみれば分かるように、西洋の人々は移動民族です。ということは土地の神を忘れているのです。ユダヤ民族ばかりでなくゲルマン民族も大移動している。そうした結果、もともと住んでいた土地の神を忘れ、結局土地に結びついた考え方をとらず、体で感じるより、言葉そのものを頭で信じるようになる。日本が世界でユニークなのは、日本という島国で人々は一度も大移動していない。侵略されてどこかに追い払われたとか、そういうことがないのです。ご存じのように、白村江も朝鮮での戦争ですし、元寇も北九州でくい止めた。今度の大東亜戦争も日本で本土決戦はしていないんです。

哲学は文字言語の思想です。それを書いたものを大事にする。哲学という言葉を使った思想自身を大事にする。そういう一つの観念化した神や思想はそうした移動の民にしか生まれない。そういう神や思想を必要としなかった日本人の考え方。つまり神道の在り方が、やはり哲学というものを必要としなかったということだと思われます。

3 ミネルヴァの梟が夕闇に飛翔しない日本

松田 今道先生の研究所に伺って、今回のフォーラムのテーマを「混迷の時代の叡智」にいたしましょうというふうに話し合いましたときに、「ミネルヴァの梟は夕闇に飛翔する」、社会が混沌としているときは叡智力というものが非常に強くなるのだと言われました。哲学の力といってもいいと思います。現代の日本は、そういう意味ではますます暗闇の中に入っていって、どうなるか分からないといった不安を皆さんもお持ちだと思います。夕闇どころではなくて、もう通り過ぎて、お月様も出ていない。これは現代日本のどこかに問題があるとすれば、哲学教育に問題があるんじゃないかというふうにも思うんですが、そういう混迷の時代にいろいろな哲学者が出るわけです。文学者も芸術家も出るわけです。つまり文学とか芸術とか哲学、文化芸術の価値が、経済の力とか、軍事の力とか、そういう世俗の力を超えた力を持って救ってくれたわけですけれども、現在の日本の大学の哲学の置かれている状況、さらに哲学教育の置かれている状況に対して、「ルネサンスから学ぶ」ということで、きょうは先生から中世に遡ってお話をいただいたわけですけれども、日本はなぜこんなに哲学と哲学教育が衰えたのか、この辺のところも含めて今道先生にお願いします。

今道 日本は哲学を必要としないというふうに田中先生はおっしゃいましたし、樺山先生は、それでも何か根源について考えるようなことが哲学ではないかとおっしゃいました。どちらもそれぞれ根拠をお持ちの発言ですから、それにどうということはないんですけれども、私は「哲学とは何か」というときに、私自身の言葉で言いたいこともありますが、「哲学」という言葉はもともとなかったんです。「フィロソフィア」という言葉はなかったのですが、ソクラテスが、混迷の時期に知恵を愛するという意味で「フィロソフィア」という言葉をつくり出したのでございます。その言葉をつくり出したソクラテスが「哲学」についていろいろと定義をしておりますが、一番分かりやすい定義としてソクラテスが私どもに教えたのは「魂の世話」です。「魂の世話」という言葉が分かりにくければ、「精神の世話」でもよろしいですし、「心の世話」でもよろしい。これは「肉体の世話」と対比して考えると分かりやすいということでございます。

私どもはみな「肉体の世話」を無意識にしているんです。とにかく三度三度の食事は大体摂りますし、ちょっとぐあいが悪いと熱があるかもしれないと思って計ってみて、三七度ぐらいなら無理もできますけれども、三八度もあれば、これは少し薬を飲まなければだめだろうとか、お医者様のところへ行かなければいけないだろうとか、いろいろ考えますし、私が見るとお若い方ばかりですけれども、お若い方の中でもある程度の年になりますと、血圧計をこっそりお買いになっている方が多いんじゃないかと思うんです。こうやって正常値が出るまで計るんです。狸の踊りのような、こんなことをやって、足を動かしたりする。でも、それはみんな平熱を知っているし、正常値も知っているからです。ご飯のときに、どんなにスパゲティが好きでもスパゲティだけというわけにはいかなくて、野菜を召し上がったりするでしょう。そういうふうにして「体の世話」はしている。しかし「魂の世話」をしたことがあるかと聞かれて、「している」という方は、大抵自己反省しているから、していると言うんですけれども、自己反省の大部分は自分のしたことについての反省です。自動車をぶつけてしまったけれども、もうちょっと上手に運転しないと買い立ての車がめちゃくちゃになるなとか、人に乱暴なことを言ったけれども、あれはちょっとかわいそうだったから、もう少し優しくしようとか、そういうことですから、肉体がしたことの反省ではなくて、肉体の世話をするのと同じように、肉体を大事にするように、ご自分の魂を大事にする、これは考えてみなければならない。

「魂の世話」ということならば、田中先生から後で叱られそうな気もするんですけれども、日本人でもしなければならないことではないかと思いますし、きょうはこう言ったけれども、あしたはと樺山先生がおっしゃいましたけれども、そうじゃなくて、「魂の世話」ということではずっと続いてよろしいんじゃないかと思います。それは私がお教えするのではなくて、私はソクラテスという偉い人が言ったことをお伝えするのですから、皆さんもそこのところはそういうふうにお考えになって下さい。自分は本当に「魂の世話」をしているのか、するとすればどうすればいいのか、ということじゃないかと思います。そして多分、哲学者が書いた書物というのは、「魂の世話」のためには参考になることがいっぱいあるのではないかと思います。哲学は、そういう意味では西洋だけのものという面もありますけれども、孔子などは立派な哲学者で、例えば孔子は「里仁為美」と言っています。仁に住み着いていれば美を為す。仁に住み着いていると美しい行為とか美しいものをつくることができる。そういうような言葉は大哲学者の言葉といってよろしいでしょう。それから、きょうお話し申しましたペトラルカの、山に登ってたまには行き詰まって閉塞された状態から自己開放して、神がつくった自然をもう一度見直そうというようなことも、みんな立派な言葉で、私どもの「魂の世話」に役立つのではないかと存じます。

日本に哲学をする人が少ないとか、哲学を尊重する人が少ないとすれば、「魂の世話」が大事と思って、一人ひとりが「魂の世話」をする。「体の世話」に必要なのは医学の常識ですが、「魂の世話」のためには、哲学者たちが書いて残した書物を余り頭からお嫌いにならないで、たまには読んでみる。岩波書店の岩波文庫とか中央公論新社の中公クラシックスとかいうのは、みんなぜいたくなコーヒー店でコーヒー一杯飲むぐらいの値段で買えるんです。その小さな本の中に大哲学者の真理が結晶されている。そう思うと、読んでみてもいいということになるんじゃないか。多分、きょうお集まりくださった方はそういうことに対してまじめな方だと思いますが、田中先生や樺山先生のお話があるから、ついでに私の話も聞いてくださったのだと思って感謝しております。私は「魂の世話」としての哲学ということは、どこの国の人にもいつの人にも必要なのではないかと思っております。

4 異文化相互理解のための言語教育

松田 ありがとうございました。日本の「魂の世話」をする教育が、学校教育も地域教育も家庭教育も含めて、戦前に比べてあまりにも劣っているというふうに皆さんも言われるので、どうすればそれがルネサンスできるか、そういうことを最後に今道先生からお伺いできたかと思います。

きょう二つ目のテーマは、樺山先生の方から「多言語の時代」——日本社会論をとらえるときに、今までは一民族一言語というふうに多くの方が述べていたわけですけれども、もうそういう時代ではないということをルネサンスに学ぶべきだと言われました。そういう視点で見ると、現代日本の言語教育は全然なっていない。皆さんもそう思われると思うし、携帯電話の時代が来てから、信号（シグナル）的コミュニケーションに偏り、象徴（シンボル）的コミュニケーション能力が間違いなく落ちてきているのではないか。そういうことで、一体これからの時代、日本の言語教育はどうあったらいいかということを、それぞれの専門の領域にも結びつけながらお伺いしたいんです。田中先生が先ほど言われた芸術系の大学では、形と色を扱うとか、物にあらわすのが芸術で、意味をあらわすところがすっ飛んでしまっていますが、あるときに音楽の三善晃先生にお伺いする勉強会があって、三善先生は、それぞれ専門の技術を教えることは大切だけれども、教養教育に力を入れていないと、そのアーティストは長続きしないと言われていました。日本の芸術教育をこれから充実するには教養教育にうんと力を入れなければいけない。その場合もやはり言語が関わってきますね。今道先生は、世界はギリシア語、ラテン語、ドイツ語、フランス語、英語だけではない、うちの田舎の庄内弁と土佐の言葉、方言についても、つまり言葉についてはみな天才だと私がお世話になっている渡部昇一先生が言っておられます。精神の習慣をつくる上で、やはり言葉の教育というのは物すごく大切だと皆さんも実感されていると思いますので、今道先生からもそういう発言もぜひお願いしたい。

最初は樺山先生に、日本は一体どうすればいいか、樺山私案をお願いします。

樺山　きょうはルネサンス時代が諸言語の饗宴であるというお話をいたしました。私としても、これはまだ十分自信を持って言えないところがあって、いろいろ勉強したいと思っております。これまでのルネサンス研究で言語を鍛え上げていく時代だったという物の考え方が余りなかったということがとても残念なのです。なぜかそうだったのですが、今、この時代、日本の言語状況というものが危機的な段階にある。それは言葉を忘れてしまったとか、そういう話ではなくて、言語でお互いに自分の思想を語るとか、相互に共有できる世界をつくろうとか、そういうことについての技術力とか、そもそもそれについてのモチベーションといったものが不足してしまって、お互いに言葉は使っているけれども、実は携帯電話の言葉みたいに中身を持たない言葉にますますなっていく。他方で、ますます国際化しますから、英語をはじめとしてアジア近隣諸国の言葉も入ってきて、果してこの状況の中で二〇〇〇年以上にわたって使ってきた日本語が本来の姿を保ち得て、より大きな表現力を持つことができるかどうかについては、大変心配だと思っています。

きょうお話し申し上げたのはそういう問題意識に基づいて、できればルネサンスを考えながら、ここから脱出する方向が見えないだろうかということを申し上げたというふうにご理解いただければと思っています。

さて、処方箋と言って、それこそ「魂の世話」ではありませんが、魂の世話をする方法があるかないか、そう簡単ではありません。基本的には、月並みなようですけれども、本を読むことだと思っています。もちろん人に読んでもらってもいいんですけれども、いずれにしても書物という一定の形をとっていて、それが言語で書かれていて、その言語はいろいろな形があるけれども、一定の論理を持っている。これは韻文のように論理には見えないところもあるかもしれないけれども、一つの構成原則を持っている、まとまったメッセージである本を読むことを通して、それを書いた人間との間の対話を成り立たせる。場合によっては、そのことについて自分で何か言いたくなる、表現したくなるかもしれないし、あるいは人と議論したくなるかもしれないし、だれもいなくても自分の中で幾度もそれを反芻するという対話が可能ですし、やはり本を読むことを通して、つまり文字として書かれたもの、言語として書かれたものを通して自分の思考を試すとか、他人とコミュニケートするとかいった事柄に、とりわけ言語教育という点から見ますと、基本的に返らざるを得ないだろうと思います。

中公クラシックスはなかなか売れないようです。私もあれをお世話したので、残念ですけれども、少なくともあれを買ってくださった方々やこれを編集した方々の熱意はかなり高いものがありました。幾度も幾度も同じことを繰り返しながら、本を読むことを通して言語が持っている意味合いを、若いときから、子供のときから、そのトレーニングを築き上げていくことだというふうに考えざるを得ないだろうと思うんです。

こういう場所ですから申し上げるんですけれども、実は私は文京区に住んでおりまして、仕事も文京区ですが、文京区の教育委員長を承っています。主に小中学校、初等・中等教育のあり方に大変苦労しておりますが、そういうところでPTAの方々や先生方とお話をしますと、いろいろなことをやれやれと言われる。このごろはいじめが大変だ、不登校が大変だ、それだけではなくてモンスター・ペアレンツがたくさんいる、いろいろなことが大変で、それぞれ対応策が必要だけれども、もとに戻って、子供たちに何を話し、子供たちが何を獲得してくれたらいいかという話をするときに、最終的に言葉だとおっしゃる。言葉を正確に使うということだけではなくて、言葉で自分を表現したり、表現された言葉を自分で理解したり、そのことを通して人と人とのコミュニケーションを高めていくという、これしかない。学校では言葉なんか要らないという人もいます。お互いに触れ合えばいいとか、音楽があればいいとか、絵を描けばいいとか。もちろんそれが無用だとはいわないんですけれども、最終的に、教室で生徒と先生が共通のものを持つためには言葉を適切に使うこと、豊かに使うことのトレーニングを学校で積み上げていくことが大事だということをはっきりおっしゃる先生が時々おいでになるのはよく分かります。これは初等・中等教育だけではなくて、事によると松田先生もそうお考えだろうけれども、高等教育・大学でも言語教育は欠けていますね。何か思いがあればいいといって、上手に表現できない。僕もそうですけれども。子供のころにいわれたんですが、言葉が足りないとすぐ手が出るというんです。手も必要だけれども、言葉で表現できるようなトレーニングを、大学でも、場合によっては職場でも、同じことを突き詰めて続けていくしかないというのが私の考えです。

松田　田中先生はミケランジェロの研究で何冊もの本も論文も書かれているわけですが、ミケランジェロが詩人で芸術家だったということは余りご存じない方があるかもしれません。芸術家にとっても、言語でとらえた精神の習慣の力というのはいかに大切かということを田中先生にある勉強会で教わったことがあるんですけれども、そんなことも踏まえながら、現代の日本の芸術教育に教養教育が欠如しているのではないかというふうに考えています。その辺を含めてお願いいたします。

田中　基本的に、ミケランジェロを見ていると、彼が詩人であることを知らない人が多いということでも明らかなように、つまりあれだけすごい彫刻家であり、画家であるにもかかわらず、詩はあの時代においてはかなり傑出していますけれども、詩の歴史の中では、ダンテやペトラルカに劣るといっていいでしょう。もう「詩」の時代ではなかったということです。絵画もマニエリズムの時代になっていて、美術と比べると詩人としてはちょっと物足りないという印象は仕方がないんです。そういう言葉の自律的な表現史というものがあるんですね。

私は別に日本に哲学者がいないから哲学は必要ないと言っているのではなくて、日本人は思考力もあるし、感受性も強いわけですが、必ずしも言語ですべてを語る必要がない環境があるわけです。これが哲学者がいないということにも繋がるんですけれども、決して思考力がないわけではない。より豊かな感受性を持っていることは、『万葉集』でも『源氏物語』でも読めば分かるし、優れた美術家には北斎も運慶もいるし、奈良時代から国中連公麻呂（くになかのきみまろ）も将軍万福（しょうぐんまんぷく）など、すばらしい表現力を持っている彫刻家がいる。言葉で表現することにかけても、中国人や西洋人にも劣っていない。しかし言語思想では負けているのです。負けているというのは、さっき述べたように言語では言い尽せない。言っても仕方がないと思っているところがある。必ずしも言葉というもので現実を表現できないのだということを日本人はよく知っているのです。人生の万般のことを言葉では表現できないということを経験的に知っているということは、例えば日本人がなぜ漢語、つまり中国の文字言語を知っているのに、長い間取り入れなかったのかということでも分かるのです。七〜八世紀に日本は初めて漢字を取り入れています。しかし、それを音読みと訓読みにして、訓読みの方を大事にしているわけです。その後、仮名文字もでき、和歌を中心にすぐれた文学作品が書かれました。明治以降、西洋の横文字を縦文字にするため、大学制度をつくり翻訳を一生懸命やり始めたわけです。それで言葉によっていろいろなことが表現できるようになりましたが、借り物のところもあって本格的な思想家は出していません。翻訳語みたいな文学が沢山書かれましたが、それでも日本人の独自性は明治以前にあるといってよいでしょう。ただ、日本的な宗教観は一貫しています。皆さんは神道というと、ほかの宗教のような教典もない、教祖もいない、だから神道は宗教ではない、という方もいるわけですが、神道というものが日本に根づいているということは皆さんも御存知だと思います。この理由は一体何なのかという問題があるわけです。

先ほど美術教育という話題で、言葉による知識、つまり教養をもっていないというお話があったのですが、例えば棟方志功の作品を見ていると、そういう意味での教養はない人でしょうが、彼はおばあさんから聞いた仏教の言葉を信じているわけです。そういうことが彼の表現の核になっている。そういう神仏習合の何かという問題は、解明されないままに放置されているのですが、言葉になることだけが哲学ではなくて、血の中にあるDNAか、そういう感性が日本の哲学であり思想なのです。この認識は重要なことで、それをより涵養することも大事なのです。

現代の日本の詩人を見ていると、自然描写が少なくなっているということをよく言われます。若い人たちに自然描写がなくなっている。これは明らかに人工社会化、日本ではそれが西洋化、アメリカ化、あるいはグローバリゼーション、つまり物質文明化というものを如実に反映しているようです。しかしふと周囲を見ると、どこにも自然というのは残っているし、温暖化といっても、スモッグ化しているわけではない。このことを言葉だけで議論されてしまうと、かえって本当の認識ができなくなってしまうのです。日本人は、言葉を事（こと）の葉っぱとして、言葉の表現に重要性を感じないのです。事（こと）は言葉では分からないという考え方をもっている。それが日本人の非論理性の原因であるような気がするんです。また、それを大事にするのも重要なカギだと思います。

5　生きる教養としての芸術教育

松田　日本には不立文字と言って、禅の世界では、文字、言語で伝授していくということではない文化が日本文化の特色だということも確かにいわれているわけです。私のこの質問は小・中・高・大学を含めて言語教育が充実していないのではなかろうかという問題提起だったのですが、日本の言語教育をいかにしたらいいか、この問題について今道先生にお伺いします。

今道　私も言語教育は本当に大事だと思います。そして本当のことは言語に尽くせないというのは神秘主義者たちがみんな言っていることで、特に日本に限らないと思います。一方、日本の言語化のすばらしさは和歌に出ていると思います。例えば次のような和歌がございます。仏様の前で蠟燭を立ててお祈りをしているという情景を考えてください。仏様、仏像の前に蠟燭が立っていて、こちらで祈っている。そのことを「ともし火に我も向かはず燈（ともしび）もわれに向かはずおのがまにまに」。これは祈りに集中している人の静かな状況を三十一文字で見事にあらわしている。そして真ん中に立っている蠟燭は炎を揺るがせながらあるんですが、仏様に私は向かっているんだし、仏様は私の祈りを聞こうとしているという状況でしょう。だれもともし火を見ているわけではない。そういう歌は覚えやすいです。短い歌ですから。そういう傑作を覚えることが大事なのではないかと思います。

イタリア・ルネサンスを興した基の一人は、何と言ってもダンテだと思います。ダンテは、自分を導くためにラテン語のローマの大詩人ウェルギリウスを物語の中に呼んできて、ウェルギリウスに従っていく。ですから、その歌もウェルギリウスのような同じ調子でいきながら、ある言葉に優しさ、ある言葉に恐ろしさ、ある言葉に強さがある。地獄の門のところで、「PER ME SI VA NELLĂ CITTA DOLENTE, PER ME SI VA NELL'ETTERNO DOLORE, PER ME SI VA TRA LA PERDUTA GENTE.」。それは、悩みの街にこの門を通ったら行くんだ。この門を通っていったら、結局、永久の悩みに陥る。この門を通っていったら、結局滅びの民のところに行くのだ。そして最後に、同じ調子ですが、すごく強い言葉を使い、「LASCIATE OGNI SPERANZA, VOI CH'ENTRATE.」。これは、この門に入る者はここに一切の望みを捨てよ。それは強い言葉です。だから地獄というのは本当に絶望の府だということを、ああいうきれいな言葉で強く人間に刻み込む。

同じように、これは和泉式部の歌ですが、人に捨てられて寂しいときに、貴船の川のそばを行きます。蛍がいっぱい飛んでいる。蛍が飛んでいるのを見て、何か自分の魂がさまよい出ていくように、「もの思へば沢の蛍もわが身よりあくがれいづるたまかとぞ見る」。「たま」というのは「魂」です。だから「もの思へば」――恋心にいっぱいになって歩いている。沢の蛍が飛び出てくる。「わが身よりあくがれいづるたまかとぞ見る」。こういう歌をずっと読んでいますと、覚えてしまいます。ちょうどダンテがウェルギリウスの詩を覚えていたように。そしてダンテの後のイタリア人がダンテの詩を覚えている。日本のそういう歌を少しでも覚えていますと、日本語の美しさというものが自分の口から出る。自分がつくった歌ではないけれども。そのうちに自分もそのように言葉にあらわしてみようかと思うこともあるかと思うんです。

恐ろしいことは、やはり『万葉集』（巻十一、二五五二）の歌の中の「思ふにし餘りにしかば術をなみ出でてぞ行きしその門を見に」。「思ふにし餘りにしかば」というのは、恋慕って思って、その思いが募り過ぎて、「術をなみ」――何をしていいか分からない。だから、ただ家を出ていった、その人の住んでいる門を見に。「思ふにし餘りにしかば術をなみ出でてぞ行きしその門を見に」などは、自分が中学生のときにそれを読んで、私のことを歌われているようで真っ赤になったことがありました。私の中学生のころは教育が厳しくて「男女七歳にして席を同じうせず」。私には仲のよかった妹がいたんですけれども、妹の女学校の運動会に中学生は見に行くこともできないんです。ただ、学校のお祭りのときだけ、兄弟がいるなら行ってもいいという、それぐらいです。あるときに歩いていたら、きれいなお嬢さんがいて、きれいな方だ、どこに住んでいらっしゃるだろうと思って、電柱の陰に隠れて、その人がもう少し行ったら次の電柱の陰に隠れて、ようやくその家を確かめて、それからというものは自転車を乗り回して、ちょっと散歩に行ってくるとかまじめな顔をしていうものですから、だれも怪しみません。自転車に乗って門だけ見て、二階に電灯がついていると、ああ、あすこにいるのかなと思ってただ帰ってくるんです。「こんにちは」などと言って入っていくような勇気は出ませんから。そんな昔の歌でも、昭和の中学生に訴える。

今の日本人にそういうのはないかというと、野球の歌がある。三振、ストライクアウトというのはご存じでしょう。それも空振りするならまだいいんですけれども、見逃し三振というのは恥なんです。野球の大好きな人の歌に、「ためらひて過ぎさらしめしものの陰とよめきのうちに吸はれてゆきぬ」があります。これはちょっと高いかな、打てば打てるかもしれないけれども、ためらって見逃した球が、「とよめきのうちに吸はれてゆきぬ」。四番バッターが見逃したらストライクアウトですから、敵方は歓声をあげるし、味方は「ああ、あいつは」と言って、ミットの中に吸われていった。その「吸はれてゆきぬ」というのは、だれかの唇に吸われていったということにもなりますね。それは平成か昭和の歌です。

そういうふうな言葉の美しい伝統がありますから、そんなのは学校で教えて覚えさせればいいことではないかと思います。日本の古典に対する純粋な愛とか尊敬も失ってしまうと、言語教育はだめになります。日本の詩がそんなにきれいなら、アメリカにもあるだろうか。アメリカにもきれいな詩はたくさんある。フランスにもある。だから英語を教育するなら、英語の詩も少し覚えさせるようにしていくと、言葉に対する愛も出てくるのではないかと思います。そして「この詩について、君、何を感じたか言いたまえ」などというと、本当に感じたことは恥ずかしくて言えない。言う必要はない。そんなことでダイアローグができたとか、できないとかいうのではなくて、沈黙の中に味わうような教育でもいいですから、言葉の美しさ、美しい言葉ほど心に残るのだ、というようなことを体験させることが一つの教育の具体的な方法ではないかと私は思っております。

松田　哲学者の青年期の思い出というのは教養に満ち満ちています。皆さん、じっくりと聞き入られたようですけれども、新聞記者さんたちも、このくらい教養を持ってくれるといいですよね。

この近くにある樺山先生の関わられた印刷博物館へ行かれると、人間の文化の歴史が書物とどう関わってきたかということを、非常に分かりやすく楽しむことができます。ぜひ訪ねていってみてください。それから、中公クラシックスの勉強会は今道先生が毎月やっておられて、世界の哲学を今道先生から直々に勉強できる機会であるんですけれども、どうも中央公論のＰＲの仕方が下手で、お客さんの数が少ない。中央公論にぜひアクセスして下さい。今道先生のこれだけユーモアのあふれる哲学者のお話というのはめったに聞くことはできないわけですから、ぜひおいでいただきたいと思います。

大きな議題がもう二つあるんですが、その前に、先ほどからの絡みもあるんですが、現代日本の芸術教育が置かれている状況はこれでいいのか。先ほどきょうのイタリア文化会館の展覧会をご覧になった印象を話されていたけれども、日本だけではなくて、世界全体の芸術教育が貧困ではなかろうか、そういう問題について今道先生が美学の視点で私たちに説いてくださっています。この問題について、それぞれお三方から伺いたい。

日本の芸術教育、つまり魂の世話をするとか、言葉を豊かにして精神性を高めるとか、美的価値を楽しむとか、これがガルブレイスの言っているレジャーの楽しみ方の一番の核になるところではないかと思います。皆さんがきょう無理をしてつくってくれた自由時間かもしれませんけれども、こういうお話にこれだけ聞き入って下さるというのが本当のレジャーの過ごし方で、今、日本のレジャー産業の規模が八〇兆円で、そのうち三〇兆円がパチンコで、一〇兆円がギャンブルです。「混迷の時代の叡智」となっているんですけれども、混迷の時代から、ミケランジェロとか、ダ・ヴィンチとか、ダンテとか、トマス・アクィナスとか、いろいろな方々が出てきた。ところが、この日本のこの混迷の時代に何にも出てこなかったというと恥ずかしいので、この辺の芸術教育についても一言ずつお話を伺いたい。

田中　今、一方で観光の時代になっており、二一世紀は交通機関の発達でまさにそういう時代にふさわしい。つまり二〇世紀は革命とか、構造改革とか、何かしらイデオロギーにとらわれた改革の時代となってしまって、騒がしい時代でもあったわけです。たしかにいろいろな技術的進歩がありました。しかし二一世紀は、精神的なものの復活と文化観光の時代になるだろうと思われます。世界遺産とか文化遺産ということが重要視されて、各地がそれを中心に動くようになり、各地がさらに立候補して活気づくだろう。日本人も、また世界の人々もそれらを見る目を養う時代になるだろう。そうした観察眼が重要になってくるでしょう。各地で見ること、聞くこと、音楽もそうですけれども、見て考える、聞いて感動する、そういうことの体験が大事になってくる。素人の段階ではあきたらなくなってくるのです。先ほど松田先生が美術教育を述べられたわけですが、やはり見る、聞く、感じるということの豊かさを求めるためには、その背景の歴史を知らなくてはならないし、西洋とは何か、日本とは何かということの考察もしなくてはならなくなる。宗教とか、いろいろと教養を得ること、レジャーを楽しむ学問が必要となってくる。それが松田先生のいわれるレジャー学だと思います。見ることの感受性というのは、単なる感覚的なものだけではなくて、そういう基礎的勉強が重要なわけです。これまでのようにガイドブックを見て、あれこれ見たと確認するだけではなくて、なぜそれを見る価値があるのか、感動させるのか、その前にたたずむときの感受性教育ですね、それをどういうふうに養うかということです。その習慣をつくることによって、より観光が豊かになっていく。レジャーが単なるレジャーではなくなっていくのです。

若いときの勉強はある種の思考を持つことによって物を見る目を養うという、そういう問題は教育にも必要になってくるでしょう。今までの教育では、子供は自由で、そのままでいいんだといわれてきた。しかしやはり教育しなければならないのです。知識をつけ、思考力を与えることが必要です。目を訓練させる。よく言うんですけれども、パドヴァ市では第一人者として迎えられている彫刻家のドナテッロが、市民から第一人者としてずっと滞在してくれというのを、なぜ断ったかというと、フィレンツェには沢山の批判の目がある。いいものをいいといってくれる沢山の人たちがいる。そういうことがやはりフィレンツェの魅力なのだということで彼はフィレンツェに帰る。フィレンツェでは彼は必ずしも第一人者ではないんですけれども、彼は自分をみがくために帰らざるを得ない。そこで自分の本当の姿を見てくれるんだということで帰るのです。この逸話は、見る教育を受けた市民が沢山いたことを示している。そういう眼を皆さんも養うと、現代のつまらぬアートやらを批判できるのです。そういうガイドから自立した見方をこれから教育としてやる方向で、ぜひ我々も努力してみたいと思います。

樺山　田中さんと同じことを言うことになると思いますが、戦後日本における初等・中等教育を含めた芸術教育で、音楽と美術の両方を含めてですが、大変すばらしく発展したのは実技教育だと言われています。昔は、音楽というのはみんな同じ歌を歌えばよかったし、図画あるいは美術は一年に幾つか作品をつくればそれでよかった。でも、戦後になって、例えば楽器を演奏するとか、その他いろいろな実技教育をしました。美術教育もそうです。だから普通のお子さんでも、今はなかなかシャレた造形なんかします。でも、決定的に欠けたところがあると私は思っています。固い言葉で言うと鑑賞教育です。絵をどうやって見るか、音楽をどうやって聴くか、それが自分にとってなぜすばらしいのか、なぜこの絵は自分は気に入らないのか、鑑賞の仕方についての教育をほとんど全く無視してしまったんです。絵は虚心坦懐に見ればいい、音楽も静かにじっと聴いていればおのずから分かる、そういう側面ももちろんあるけれども、見方、聴き方というのは教育の課題です。先生が子供たちと一緒に美術館に行って絵を見て、この絵はどこを見たらいいのか、人によると、これはいいと言うかもしれないし、これは嫌だと言うかもしれないが、なぜそうなのかということを鑑賞しながら考えていく、という教育が日本では決定的に後れてしまった。これは取り返しがつかないかもしれないけれども、まだまだできます。

美術館、あるいは音楽ホールなど、大変数も多くなってまいりましたし、とりわけ大人の方々は美術館あるいはコンサートホールにたくさんおいでになるから、それをモデルにしながらお子さんたちに音楽や美術を鑑賞する仕方、見方、聴き方の手ほどきをする。手ほどきするというと、事柄が押しつけに見えるかもしれませんが、教育にはそういう側面ももちろんあります。直接行って現物を見ながら、あるいは最悪の場合でも画集を見たりビデオを見たりしながら、物事、芸術を鑑賞する教育をもっとやっていく必要があるし、これは現在の時間数の中でできます。ちょっとした工夫と、ちょっと無駄な部分を省けば十分にできます。こういうときになると大体一時間増やしてくれとか、これをやるとほかも一時間増えることになったりして荷重な負担になりますが、現在の時間の中で十分できると思います。そういう意味での鑑賞教育がこれからのカギではないかというふうに思います。

今道 田中先生は、ドナテッロがなぜフィレンツェに帰りたがったかというときに、ドナテッロの答えは、フィレンツェに行けば本当にいいものをいいと言ってくれる人がいるということを言われました。樺山先生は、音楽や絵画の教育は本当に進んだけれども、ちょっと見方とか聴き方が足りないと言われたのは、やはり作品のよさを発見するということ、つまり本当のクリティークの精神ですね。日本では批評と訳して、古い言葉を当てたんですけれども、クリティークというのはよいものを発見するというギリシア語の意味から来ていますので、本当にいいものを見つけようということです。

私、時々、日本の教育は志がない教育になっていると思うんですが、志を守るための厳しさというのが教育には必要で、殴ってはいけませんけれども、ほっぺたを引っぱたかれたぐらいで暴力教師だといわれる国は日本だけではないかと思います。頭をぶん殴ったりするのは行き過ぎですけれども、ほっぺたを引っぱたくぐらいで、そんな厳しさに耐えられない教育というのは、間違っているような気がします。「志」という言葉をもう一度教育の世界の中に復活させたいような気がするんです。教育には「高い志を持つ」という一種の厳粛なところが必要だと思います。

樺山先生がおっしゃったように、日本の教育で本当に成功したのは合唱団だと僕は思います。これは世界的なレベルに行っていると思うんですけれども、そのためにはかなり厳しい訓練をしているんです。算数でも国語でも、やっぱりそれぐらいの厳しさでやっていかないとだめなんです。そのときに、余り引っぱたいたらいけないんですが、気迫のある先生というのはどうしてもそこをもう少しと思うところがありますから、変なＰＴＡはぶん殴ってやってもいいぐらいにして、そういう先生を援護するような、いい先生を弁護するような社会の覚悟も必要なのではないかと思います。暴力教師のようで申し訳ございませんが。

松田　これまで日本の言葉と世界に通用する言葉、また多言語の時代という話がありましたけれども、美術でも音楽でも世界のいいものに触れる。いい書物に触れる。それがとても大切なわけです。ですから、一九六六年のフィレンツェにアルノ川の氾濫があったときに、そういうふうに育った人たちの行動を見ていただきたい。イギリスは、グランドツアーと言って中等教育の仕上げに古代ローマ、古代ギリシアを現地で学ぶ旅をするんです。旅が学習のゆとり教育の総集編です。日本人は、これほどまでに海外に旅をする時代を迎えて、日本が世界遺産になるだけではなくて、世界遺産に対する配慮も心配りもしなければいけない時代を迎えていると思います。世界遺産が氾濫で泥だらけになった時に日本からも駆けつけていく、向こうからも駆けつけてきてもらう、そういうもっと深いところでの文化、芸術交流の時代ということで、一九六六年のアルノ川の氾濫の事例を見ていただきたいです。

きょうは長時間をかけても先送りのテーマがいっぱい出てきまして、これは次回に回すといたしまして、何よりも皆様にきょうのフォーラムを、長時間熱心に聞いていただいて、心から感謝申し上げます。それから、今道先生は哲学の危機を本当に意識されて、午前中は朝日新聞で哲学がこれから大切だというお話をされてきて、午後にまた「混迷の時代の叡智」で心の世話をする大切さをお話しいただいたわけですけれども、先生方にも、毎回喜んで出ていただきまして感謝申し上げます。

長時間、どうもありがとうございました。(拍手)

本章は、二〇〇八年三月一五日のダンテ・フォーラム『混迷の時代の叡智――フィレンツェ・ルネサンスに学ぶ』の内容を編集整理したものです。(主催・森永エンゼル財団、イタリア文化会館、日本経済新聞社/会場・イタリア文化会館)

第四章　フィレンツェの芸術資本投資の理念と実際

――美術修復の学際研究と先端技術の開発・蓄積――

〈講演１〉イタリア・ルネサンスの都市経営史

樺山紘一

１　イタリア・ルネサンスの都市経営の課題

ご紹介いただきました樺山でございます。毎年、ちょうど一一月のこの季節に「ダンテフォーラム」を催して何年目になるでしょう。この季節になりますと、ダンテだなと毎年いつも思い浮かべます。一年中、ダンテを考えているわけではないのですが、今になってみると、改めて今年のダンテはどんな主題だったかなというふうに思い起こさせてくれます。経営という視点からということで、私もこの問題をどう考えたらいいかなということで随分と悩みました。松田先生から「都市の経営」という視点から考えてみてはどうだろうかというお話でして、よくわかったような、わからないようなというのが本当のところですが、かねてから私もルネサンスを単に一個人や文化の一側面だけではなくて、いますこし長い視点から、あるいは広い視点から考えることができるのではないかと思っておりましたから、ルネサンスにおける都市の経営という観点から考えてみようと志したつもりでございます。まだうまく煮え切っておりませんので、後ほどディスカッションがございますので、そこでさらに追い詰めてみたいと考えておりますので、よろしくお願い申し上げます。

経営、マネジメントという角度からルネサンス都市を考えてみようではないか、いろいろな考え方、いろいろな視点があり得ると思うのですが、こんなふうに考える必要があるだろうということをまずは申し上げてみます。

経営、マネジメント、あるいはマネージという英語はいろいろな意味で使われますが、よく使われる言葉に、ある事柄を何とかやってみるという意味合いがあります。十分に見通しはつかないが、ある角度から、別の角度から、さらにはもう少しほかの角度からやってみる。そういう意味合いの言葉、そういう意味合いの動詞として使われるなということに気がつきました。このことは簡単に言えば、ある事柄を事前に計画して、計画的に企画してやっていくのではなくて、とにかくある事柄について様々な角度から、様々な方法でもって考えてみて、言うならばやりくりをしながら、長い時間をかけながら、多くの労力を使って結論を出していくという、そういう作業のことをマネジメントと言うらしい。これは英語だけの表現ではありますけれども、事によると、ある事業、ある試みをやっていくためには、ある角度から、別な角度から、時間をかけて、事によると、もう一遍初めからやり直しをしながら、苦労しながら結論を出していく作業のことを経営というふうに呼ぶことができるかもしれません。ある事柄が予定どおり出来上がって、それを目論見どおり維持していくことよりは、むしろある方法、あるいは結論に向かって様々な角度から取り組んでいくことが経営だということができるかもしれません。

実はこのことを考えましたのは、いつも不満に思っていることがありました。それはイタリア・ルネサンスという時代、今から五〇〇年も前の時代のことを考えるためには、単にその時代に起こった事柄ではなくて、極端に言えば現在に至るまでイタリア・ルネサンスがどのように受け継がれてきたのか、あるいは受け継がれてこなかったのかということも含めて、長い歴史の中でつくり上げられてきた事業を全体として視野におさめる必要がある。だからイタリア・ルネサンスの経営というのは、単にある時代、極めて栄えた時代の事柄を語るだけではなくて、同時に、ときには人々が苦労しながら、苦心しながら、何とかかんとか物事をやってきた。時には大成功をおさめることもあったし、時にはみじめな失敗に終わることもあった。でも、そういうふうにしながら、次々といろいろな方法を考えながらやってくるのが経営だなという気がするのです。

今、ご承知のとおり、経済的な不況の中で何とかかんとかやっていける企業も、残念ながら苦痛のうちに没落してしまう企業もあるけれども、なくなってしまったのは別にして、その過程を経ながら何百年にわたって成果を残してくる企業がある。それこそがマネジメント、経営だというふうに考えたいと思うんです。だから、いいときもある、悪いときもあるのは当然のことです。でも、悪いときには腐心しながら、またいいときには何とかしてそれをさらなる高みに向けながら長い時間にわたって実現していく、表現していく、こんな仕事、こんな作業を経営と考えようではないかと私は考えました。どうでしょう。事によると、経営というのはそういう意味じゃないよと言われるかもしれませんけれども、これらについては三人が話をいたしました後に総合討論がありますので、そこで皆さんのご意見を伺いたいと思います。

2　一五・一六世紀のイタリア都市の構造転換

さて、そのように考えますと、イタリア・ルネサンス、とりわけ都市の経営というのは、確かにピークであった一五世紀から一六世紀の間にも様々な問題がありました。その様々に起こった問題を少し考えながら、そこで試みられた様々な手だてが、その後、どのようにして受け継がれたか、あるいは受け継がれなかったかということも含めて、その長い歴史的スパンの中で考えてみる、こういうふうな試みを私たちに強いるのではないかと思います。

そういうわけで、これからお話し申し上げますのは、ルネサンスの時代におけるイタリア都市の経営がどのようにして現在まで受け継がれたかということを語りたいのですが、時間の制約もありますので、まずは一五世紀、一六世紀といった時代に、イタリア都市の経営がどのような形をとるようになったか、どのような転変、変化の中に置かれることになったのかということを考えることにいたしたいと思います。

一五世紀、イタリア都市でありますが、もちろん大変数多くの都市がありました。一つひとつ語っていたのではキリがありません。これからお話し申し上げたいのは、イタリア都市、イタリア・ルネサンス都市が大きな構造変換、転換を見せるようになった時期、つまり一四五〇年ごろから約一世紀の間に何が新しく起こってきたのかということを考えてみることにいたしましょう。

3 オスマン帝国の覇権と主要五都市の軍事同盟による対応

一五世紀のイタリアでありますが、代表的な都市が幾つもありました。この時代に大きな意味を持った都市は少なくとも五つありました。それは必ずしもその町が大きいからとか、その町が支配している領域が広いからといった事柄だけではありませんが、一五世紀イタリアの政治をリードするような町を五つ挙げてみましょう。

一番北側から、ミラノ公国というミラノがあります。町は川の端にあります。その周辺には、当然のことながら数多くの都市がありました。ノヴァラとか、パヴィアとか、ベルガモとか、現在でも栄えている町が幾つもありますけれども、これの中心となるミラノという都市がありました。二つ目は、東へ参りましてヴェネツィア。この町は、言うまでもなく非常に古い町ではありますけれども、ほかの町に比べれば、つまりローマ時代から引き継がれた都市に比べれば比較的新しい都市と言っていいかもしれない。でも、既にその時点で七〇〇年から八〇〇年の履歴を持っておりました。もう少し南に参りましてフィレンツェ。先ほどから話題になっておりますフィレンツェ。一五世紀当時はまだイタリアを支配するだけの力を持っていないにせよ、日が昇るような勢いのフィレンツェ。それから南へ参りましてローマ。ローマ教皇領の首府でありますローマ。この町も、ローマそれ自体だけではなく、ちょうど帯状にイタリア半島を北に向けて大きな支配領域を持っています。そして最後の五つ目がナポリ。さて、この五つが一五世紀の間に大きな力を持つようになっていった。それはなぜだろうか、あるいはどういうプロセスを経てのことだろうか。それを簡単にお話しすることにいたしましょう。

時は一五世紀の半ばでありました。既にその数十年前からイタリアにとっては大きな事態がまき起こっておりました。このイタリア半島にとっては東側の辺境に当たるべき土地でありますが、そこには新たに大きな勢力が成長してまいりました。古い歴史をもつ東ローマ帝国に対して圧力をかけようとする勢力であり、イスラム教を奉じ、その力がヨーロッパにとって大きな脅威になっていく国でありましたオスマン帝国です。オスマントルコと言われておりますけれども、オスマン帝国は、その前の一四世紀に急速に力をつけて、東地中海に大きな存在となり、そして世紀が変わって一五世紀には、ついに東ローマ帝国の首府であるコンスタンチノープルの周辺にまで押し寄せてまいります。コンスタンチノープルは大変長い時間にわたってこれに抵抗し続けますけれども、最終的には一四五三年に陥落いたしまして、古来、紀元四〜五世紀以来、そこに帝国を持っておりました東ローマ帝国をついに崩壊させました。そのオスマン帝国が、単にコンスタンチノープル、つまり後のイスタンブールだけではなくて、さらに西へ向かって勢力を伸ばし、ダルマチアをはじめとするアドリア海沿いの都市を含めて東ローマにかつて所属していた地域に対して圧力をかけ始めました。コンスタンチノープル、つまり一〇〇〇年にわたって存在してきた都市が陥落したということは、西ヨーロッパ世界にとって極めて大きな衝撃であり、また脅威でもあったのであり

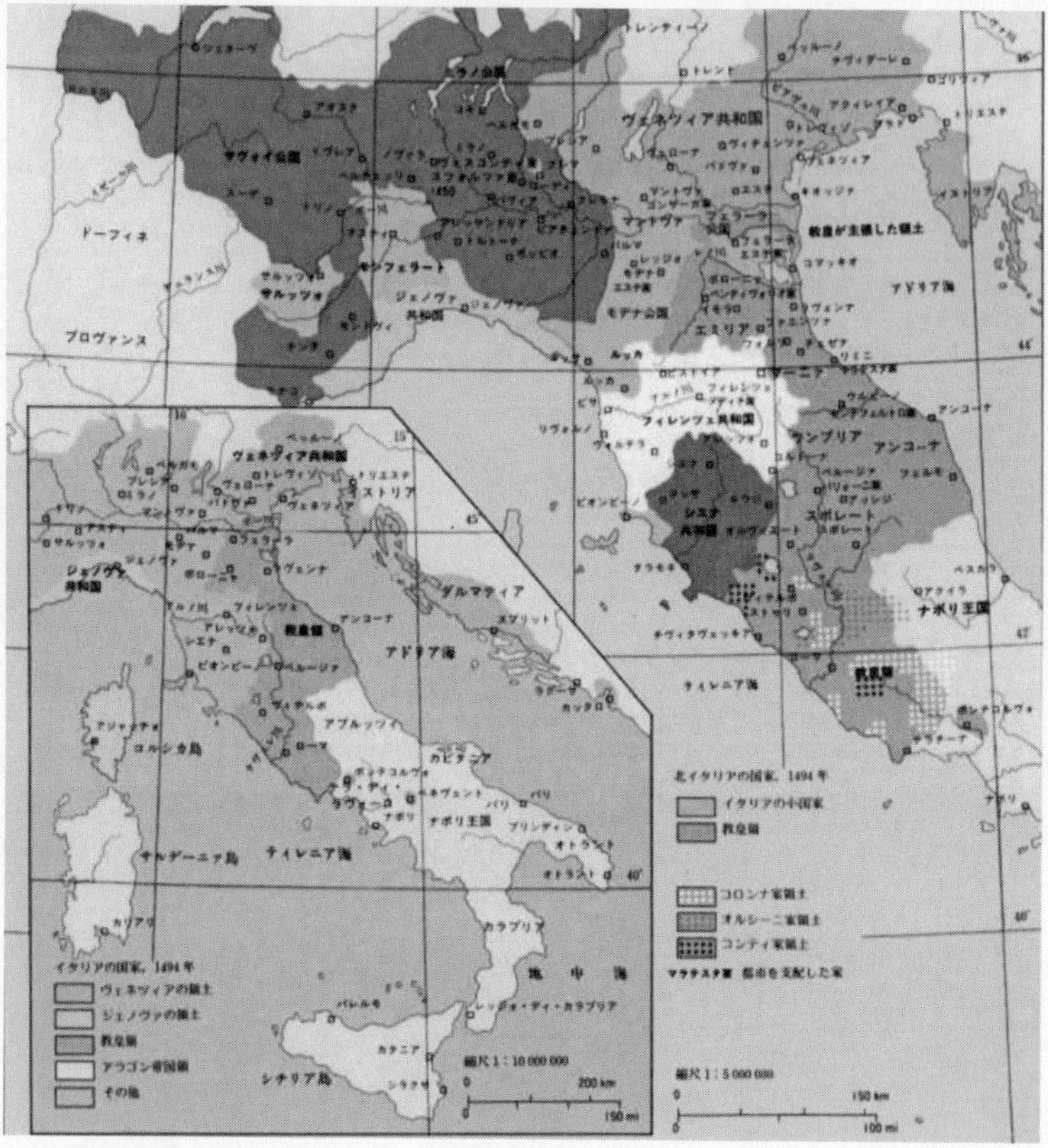
ヴェネツィア共和国
サヴォイ公国
ドーフィネ
プロヴァンス
モンフェラート
ジェノヴァ共和国
モデナ公国
エミリア
フィレンツェ共和国
ウンブリア
アンコーナ
シエナ共和国
スポレート
ナポリ王国
教皇が主張した領土
アドリア海
ティレニア海
北イタリアの国家, 1494 年
イタリアの小国家
教皇領
コロンナ家領土
オルシーニ家領土
コンティ家領土
マラテスタ家 都市を支配した家
縮尺 1：5 000 000
0
150 km
100 mi
イストリア
ダルマティア
コルシカ島
サルデーニャ島
アブルッツィ
カラブリア
地中海
シチリア島
イタリアの国家, 1494 年
ヴェネツィアの領土
ジェノヴァの領土
教皇領
アラゴン帝国領
その他
縮尺 1：10 000 000
200 km
150 mi

15世紀のイタリア

ます。

さて、そのオスマン帝国が、イタリアにとっては彼方から、つまり東側に登場し、これが軍事的にも政治的にも経済的にも極めて大きな勢力であるということをイタリア人たちは直感せざるを得なくなります。その結果、どういうことが起こったかというと、イタリアの諸国は何らかの形で連合しながら、オスマン帝国と戦わざるを得ないという事態がやってまいりました。一四五〇年代、コンスタンチノープルがついに陥落してしまうという時代になって、イタリアは文字どおり切迫した危機、すぐにやってくるんじゃないかという危機に脅かされることになりました。正確には一四五四年のことでありますが、イタリアの各都市はこの東方からやってくる大きな軍事的な脅威に備えるために何らかの方法を講じなければならないと考えた。その背景として、ローマにありましたローマ教皇庁の勢力を中心としながら、またほかの幾つかの国々をも巻き込みながら、対オスマン帝国防衛同盟を結ばざるを得ない。その会議が一四五四年に、ロンバルディアのちいさな町ローディというところで行われました。全員が同時に結集したわけではないにしても、ローディの会議が実現します。オスマン帝国が持っている勢力、あるいは軍事力の解説、分析が必要であるということになります。

そこに集まったのは、今申し上げたミラノ、ヴェネツィア、フィレンツェ、ローマ教皇庁ローマ、そしてナポリの五つを中心として、ほかにも幾つかの都市国家の立場も考慮されたようであり、文字どおりイタリアには初めてこのような複数の国々の連合体が生まれようとしておりました。実はそれまでイタリアにはこのような形、全イタリアにおよぶこのような意味での攻防連合、軍事連盟というものは一度も誕生したことがありません。イタリアはこのような都市国家が幾つも誕生していたにもかかわらず、常にお互いの間には対抗関係があり、それどころではなく、それぞれの都市の中にも対抗関係がありました。一体幾つの対抗関係があるのかと言えば、何十の、あるいは何百の関係があったと言っても過言ではありません。時にはロンバルディアの都市が短期的な問題に備えるために幾つか連合したことがなくはありませんが、この一五世紀に至るまで、全イタリアの幾つもの都市が共同の利益を持って、共同の利益を守るためにこのような連合体をつくることは一度もなかったのです。少なくとも二つの別々の対抗する連合というものはなくはなかった。一番典型的なのは、ローマ教皇を支持するか、北方にありますドイツの帝国・皇帝を支持するかという二つの対抗関係で出来上がった連合・連盟があったことはありますけれども、それもいつも同じような形で連続していたわけではないのです。つまりイタリアには、数え方にもよりますが、少なくとも三〇から四〇の別々の勢力があって、それぞれが連合していたということになります。

ところが、オスマン帝国が東方から勢力を伸ばしてきたことを背景として、イタリアに今挙げました数十、一番少なく考えてもこの五つを中心とした勢力によって代表されるような連合関係が生まれてまいりました。これは、この連盟会議が行われた土地、ローディの名前をとりましてローディ体制と言っております。このローディの和約もしくは盟約は、文字どおり目前に差し迫ったオスマン帝国の勢力に対抗するためでありましたから、軍事同盟でありました。でも、もともと幾つもの国々は初めから仲がよかったわけではないし、むしろ軍事的には常にお互いに対抗関係にあったわけです。しかしながら、すでに東ローマ帝国が滅びてしまった翌年からのことでありましたから、事態は切迫していました。結果として、これがモタモタしている間にコンスタンチノープルは陥落し、イタリアの軍事同盟を視野におさめながら、オスマン帝国は西方へ、つまりローマへ向けて軍事的な進出を企てておりました。そのもとで成立したわけですから、当然、今までのいろいろな対抗関係を差し当たりは中断し、ともかくもイタリア都市の共通利益を守ろうではないかと考えた。

実際には、軍事同盟と言っても共同の軍隊があるわけではないし、それぞれ違った国々が違った方向を向いておりますので、これが有効に機能するかどうかということは、当事者も極めて不安であったと思います。けれども結果として、この軍事同盟はしばらくの間は強い団結を保ち、相手方が多少の緩みを見せると、こちらも緩みを見せるという関係でもって、ほぼ六〇～七〇年にわたって、名前と仕組は少しずつ変わりますけれども、同じような形で受け継がれたのであります。

このようにローディ同盟によって結ばれた国々は、これまではかつて共同の利益、あるいは共同の危険があったわけではないので、緩やかな結びつきでありましたけれども、このような事態になってみると、それぞれの国々は皆自分たちの持っている力をどうやって同盟に預けるか、そのことをめぐっていろいろないきさつがあったと思います。実際に先ほど挙げました五つの代表的な国々だけではなくて、それぞれが皆自分たちの国の政策、自分たちの国の外交方針をこの中で実現しようとする、大変難しい関係になった。実はイタリアにとってこのローディ同盟は、複数の国々が同じ方向に向けて、同じ利益を持って結成された最初の同盟だったということができます。そうすることによって、これに参加した主要な国五つとそれ以外の国々も含めて、この連合関係の中で自分たちがどう考えたらいいか、どう行動したらいいかということを選び取らざるを得ないという新しい事態を迎えたのでありました。

イタリアにはそれまでも幾つものこのような同盟関係があったと申し上げましたけれども、特に代表的な事例は、ある国がローマ教皇側につくか、あるいはローマ皇帝側につくかという二つのうちのどちらを取るか。しかも取った上で、どのようにして皇帝の陣営や教皇の陣営の中で自分たちの地位を向上させるかということに大変大きな関心があった。今度の事態はそれとは全く違った事態であって、それぞれの国々は、外交的な配慮や、その中でほかの国々と対抗しながら一緒にやっていくという新しい難しい問題に移っていったことになります。このローディ同盟は、今私が強調してきた以上に、イタリアの歴史にとって大きな意味合いがあったのだと思います。

さて、それではローディ同盟をリードしていた五つの国々を一つずつ簡単に見てみることにいたしましょう。順不同ですが、お話をしやすいようにローマからまいりましょう。

4 カトリック教皇庁の本拠都市・ローマ

ローマは、古来、非常に早くからキリスト教世界のリーダーであって、そこにはローマ教皇がおり、ほかの国々も何はともあれローマに対しては一定の尊敬、一定の配慮をせざるを得ない。これは言うまでもありません。通常考えられているように、ローマにはローマ教皇庁があり、ほかの国々は常にローマ教皇庁に対しては深い尊敬と配慮をしなければならないはずです。であるにもかかわらず、実際に中世全体を通してローマ教皇がすべてにわたって権威を表明することができたのかというと、そうではありませんでした。もちろん時によって大きい小さいはありましたけれども、ローマ教皇庁とその周辺の地域はローマ教皇の権力の基礎でありました。ローマ教皇庁は、言うまでもなくキリスト教世界のリーダーではあるが、同時に教皇領という領域・領土を持っていて、そこからの上がり、そこからの自前の経済的収入で勢力を保っていたわけで、ヨーロッパのすべての教会がローマ教皇庁・ローマ教皇を支えていたわけではない。これがイタリアの、あるいはローマの力を考えるための大事なポイントであります。つまりローマ教皇庁は自分の力で教皇庁としての権威を保たなければならないということになります。ほかの国々にもたくさんローマ教皇庁を支持するところがありますし、そもそも全キリスト教会は皆、教会の中の役職としてローマ教皇に従っているはずなのですが、にもかかわらずローマ教皇庁を一定の評価、一定の尊敬のもとに置きながら、実際にはそれと違った道を歩く国々、教会は幾つもありました。その辺がローマ教皇庁の力を考えるための難しい問題ですが、いずれにいたしましても、ローマ教皇庁はローマという町を中心としながら、帯状の地域をもととして自分たちの力で支配しておりました。

かつて中世の間、長らく教皇は、文字どおり全キリスト教会を名目上は支配・統括していることになっていたのですが、実際に自分たちが持っていた力は、ローマ教皇庁領という領土に由来していました。そこからの上がりによって教皇庁は自分たちの政策を推し進めておりました。ローマ教皇庁はキリスト教のすべての政治を支配していたかに見えて、少なくとも建前上はそうであったにもかかわらず、実際にはなかなかそのとおりはいっていなかった。だからローディの和約のもとで、自分たちが果たすべき役割を自覚した結果、ローマ教皇庁は、教皇としての力を自分たちの教皇領の中で準備し、活動していかなければならないということを、考えてみれば当然ではあるけれども、このときに強く印象づけられたと思われます。こうしてローマ教皇庁は五つもあるイタリアの勢力の一つ、ワン・オブ・ゼムであるということは、それだけ大きいとも言えるし、それだけ小さいとも言えます。この大きいとも言えるし、小さいとも言えるような一コマとしてローマ教皇庁があるということは、ローディの和約のときに初めて多くの人々にはっきりと印象づけたことになります。つまりイタリア全体の大きな勢力の中で、たった一つにすぎない、いや、一つでも大きい、その勢力としてローマ教皇庁は改めてイタリア政治の中に役割を与えられることになりました。

5　商業の政治共同体都市・ヴェネツィア

次にまいりましょう。ヴェネツィアは、ご承知のとおり、紀元一〇世紀までにはイタリアを代表する勢力の一つとなっておりましたけれども、ローマ教皇庁とは全く違って、商人たちが運営する政治的な共同体でありました。

とりわけ一一世紀の末から一二世紀にかけて、ヴェネツィアは地中海でもとりわけ東方の地中海において勢力を伸ばし、その当時はまだ繁栄していたコンスタンチノープルやその周辺にありました東ローマ帝国内の幾つもの港、さらには、しばらく前から東地中海に登場してまいりましたごく初期のイスラム勢力、こうした勢力を相手として商人の勢力として登場してまいりました。一三世紀の初め、ヴェネツィアは、その後の展開の中で重要な意味を持つのですが、なんとコンスタンチノープルを一時制覇しまして、五十数年にわたって実質的なリーダーともなっていました。

ヴェネツィアはこのような商業国家として登場してまいりましたから、初めは、自分たちの力をもって全ヨーロッパを支配するとか、自分たちの力でヨーロッパの政治的な体制を援護するとか、こういうことは考えていなかったかもしれません。しかしこの一三世紀の初めに新たなコンスタンティノープル情勢のもとで、単に商業政策だけではなくて政治的にも重要な位置を持つことができるという確信を持ったと思います。このようにして、一四世紀もしくは一五世紀になってみると、ヴェネツィアは確実にイタリアの政治における重要な位置を獲得することになっていきます。商人の国であっても、もちろん商人は政治と無関係ではありません。この時代になって、ヴェネツィアは自分たちの政治的な役割を達成しない限り、商業勢力を結集して、この地中海に大きな力を持つことはできないんだということを感知いたします。そのようなことで、一五世紀になって、ヴェネツィアは、イタリア政治、もう少し広く言えば地中海政治全体の中で自分たちが果たすべき役割を自覚することになったと思われます。

最終的には、一四五〇年代にローディ体制に直接参画することになり、それまであえて言えば政治となるべく距離を置いて、自分たちの個別の利益だけにかかわっていたヴェネツィアも、ついにイタリア政治の中で大きな役割を果たさざるを得ないという時代を迎えたのでありました。それがヴェネツィアであります。

6　北イタリアのリーダー都市・ミラノ

三つ目はミラノです。ミラノは北方のロンバルディア平原の中にありまして、いろいろな国に囲まれており、大きくなったり、小さくなったり、非常に難しい位置にあったと言えます。ただ、ミラノは、遡れば紀元前からイタリアにおいて大きな役割を果しておりましたので、多くの人々が一目置いていたことは間違いありません。とりわけミラノは、ミラノ公領ですけれども、ミラノ公というリーダーは常に北イタリアにおける中心的な役割を果していました。そのときによっていろいろですけれども、ドイツにいる皇帝にも、ローマにいる教皇にも、両方に対して影響力を果たすという大変大きな役割、地位を持っていた国であります。そのミラノが、これまでの政策とは変わって、はっきりと全イタリアの国々と交渉を行う中心だということを自覚し始めました。それはいわばオスマン帝国がイタリアにかかわってきた、イタリアに勢力を養い始めたことに対応する行動であったと思われます。もちろんミラノは、特にローマ教皇に対抗するドイツ皇帝の力に大きく依存するところがありましたので、常にドイツの皇帝に目配せしながらと言ったらいいでしょうか、はるか向こうにいるドイツの皇帝との間で協調しながら、つねにイタリア政治の中心の役割として登場してまいりました。

ついでながら、ドイツはもちろんドイツです。はるか北にありまして、アルプスの向こう側を勢力の中心としていたけれども、同時に、ドイツ皇帝は広い意味でのイタリアという地方全体を名目上支配している。少なくとも名前だけはローマ教皇と対抗しながら、イタリアでの勢力を持っているという自負もありましたし、また建前もありましたので、イタリア政治においてドイツとミラノは常に大きな役割を果たし続けていたのです。

7　中部イタリアの新「経済・芸術」都市・フィレンツェ

次に、フィレンツェです。フィレンツェは早くとれば一一世紀、一二世紀から、トスカーナを中心とする中部イタリアに勢力を持っておりました。ただし、言うまでもなくミラノやローマと比べますと新進勢力ではあります。ほかの場で詳しく説明されますので、ここは省略しましょう。ともあれフィレンツェが持っている経済力、文化的な力を含めた強い影響力が期待されたところもあり、とりわけ一四世紀から一五世紀にかけて、つまりルネサンスの時代になると、フィレンツェは単に自分の力が大きいということだけではなくて、お隣にありますピサやシエナやその他幾つかの国々を併合しながら、急激に中部イタリアの大きな勢力に成長してまいりました。そしてローディの和約が結ばれました一五世紀の半ばには、イタリアで最も強い大きな軍事力を持つ国のひとつに成長してまいりました。それがフィレンツェでした。

8　スペインの植民都市・ナポリ

最後に、ナポリは、この時代にはイタリアの政治の枠内に入っていなかった、イタリアの政治の真ん中にはいなかったと考えられがちでありますけれども、それは違います。どことなくイタリアの政治から外して考えがちなのは、ナポリという国が、実質的にはスペインの支配下にあったからです。支配下にあったというよりは、むしろスペインそのものに近かった。ナポリは長靴のイタリア半島の一番南にありますけれども、一三世紀の末は、まだスペインという統一の国がなく、アラゴンやカスティリヤという国に分かれておりましたけれども、スペインのアラゴン王国がここに勢力を築いて以来、その勢力は一三世紀から一五世紀へと比較的安定して続けられておりました。あえて言えば、ナポリはスペインだったのです。今考えますと大変異様な感じがしますけれども、ナポリは、はるか後、一九世紀になって本格的にイタリアに取り戻されるまではスペインの一環でありました。スペインそのものではないというのは、確かにスペイン本国、イベリア半島の国とナポリとでは随分と歴史的環境や自然も違います。だからスペインとしては、あえて言えば、ナポリは植民地として統治しておりました。これは語弊があるかもしれませんけれども、確かにスペインはスペイン本国の制度とナポリの制度とは区別をつけておりまして、意識としてはスペインの王国はナポリを自分たちの植民地として経営していたということが一番正確かもしれません。

このように五つの勢力がお互いに相手の政策を読みながら、少しずつ共同の政策を実現していくことになったのです。そのときに、この五つの国々はそれぞれどのような仕組み、どのような形でこれに参加したのかということが問題になります。初めにもどりましょう。

9 主要五都市の直面していた経営課題

まず、ローマは、ローマ教皇庁があるところでありますけれども、中世の長い間、自分たちは教権、つまりローマ教皇としてキリスト教の支配権を持っているということを念頭に置きながら、現実的には自分たちの勢力が全ヨーロッパに及ぶとは考えていなかった。少なくとも全ヨーロッパを代表しながら、自分たちが積極的に行動できるとは考えていなかったでありましょう。つまり名目的には全キリスト教の代表、カトリック世界の代表ではあるけれども、ローマ教皇庁はローマ市の首長です。ローマは自分たちの領地であるローマ教皇領という世俗国家のリーダーである。しかし、それを支えているのはカトリックという宗教ですから、とてもややこしい。そのうえで普通の世俗国家ではないけれども、ともかくローマは自分たちが世俗上の権力をも持ってイタリア政治に参画しているんだということをはっきりさせました。それは中世におけるローマ教皇権とはかなり異なった理解のもとにありました。

ちょうどローディの和約とその後の歴史が転換する中で、キリスト教世界には変動の兆しが生まれました。宗教改革は、その真っただ中で起こりました。ローマ教皇としては、もちろん名目上は自分たちは宗教上の最高の権威であると言ったけれども、実質的にはそれだけではなくて、イタリアにおいて勢力を持って、その教権をもとにして自分たちの世俗上の政治を行うという、ある部分的な、極めて強い根拠を持った権力であるというふうに主張したでありましょう。あえて言うと、教皇は一定の世俗権力・領土をもつという事態へと動いていったのであります。そのことはプロテスタントが生まれたり、ほかの国々がローマ教皇権の対抗勢力として登場したり、いろいろに起こってきた事柄の結果でありました。

二つ目のヴェネツィアは、それまでは単に自分たちは経済的な権力、経済的な力として、イタリアもしくはヨーロッパに対して発言力を増してきたけれども、ルネサンス期になって、自分たちは商人、商業的な力をもって、世界の構造――イタリア政治における構造という意味ですが――を支配していくんだという強い自覚を持ち始めたと思います。そうすることによって初めてイタリアにおけるヴェネツィアの発言力が強まると考えたからにほかならないと思います。商人の政治というものを文字どおり代表しておりました。

三つ目、ミラノは、それ自体は単に北イタリアにある都市国家の一つにすぎなかったけれども、考えてみると、中世から長い間、常にイタリアにおけるドイツ皇帝の権力の代理人でもあった。皇帝の権力そのものは、もともとは北方ドイツにありましたので、アルプスの向こうです。でも、それは名目にすぎず、実際には南にありますイタリアの広大な地域においては、神聖ローマ皇帝と後に言われる遠方の君主のもとにありましたから、だれかがそれを代理しなければならず、その代理を行うのは中世にあっては、しばしばミラノでありました。ミラノは、もちろん皇帝ではない。皇帝ははるか北方のドイツにあるけれども、イタリアにおける帝国の権力は、ミラノだけではないが、少なくともミラノを中心として動いているということを歴史的な現実としてよく理解していたと思います。代理人とは言わないけれども、イタリアにおける皇帝の権力はミラノ抜きには考えることができない。そういう意味で、ミラノはイタリアにおけるいわば世俗権力、帝権の行方を左右する大きな力となっておりました。

実際には、北イタリアには、ジェノヴァとか、マントヴァとか、その他幾つかの小さい国々があって、決してミラノがすべてにわたってリーダーシップを持っていたわけではないけれども、ミラノは、個別の都市としての力の大きさ、そこに蓄えられました軍事力や経済力などの角度から考えますと、北イタリアにおける盟主でありました。そもそもローディという町は、ミラノに近くその影響下にありました。そのことはローディの和約が締結され、その後、これが運営される間にますます明らかになっていきます。

四つ目はフィレンツェ。先ほど申しましたとおり、フィレンツェは、トスカナという地域を背景とした影響力で成長してまいりました。しかし、ミラノやローマに比べますと、この都市は自力で成長し、イタリアでの発言権を増していったということになります。したがって、あえて言えば新参者でありましたけれども、その新参者が次々と勢力を広げることによって、初めはフィレンツェという単一の共和国でありましたけれども、後にはシエナを併合し、さらにはピサやルッカという国々にまでその勢力を伸ばしていって、ヴェネツィアとの間で勢力争いをするというような形で成長してまいりました。フィレンツェは、それまでは単に自分たちの都市をどうやって成長させるかということに腐心してきましたけれども、このローディの和約が成立するとともに、彼らはイタリアにおける都市の勢力の代表者としてここに参加することになります。フィレンツェは自ら都市の政治の拡大した連合勢力を体現した、いわば都市の代表としての地位を極めて顕著にしていったということになります。

最後に、ナポリです。先ほどお話し申し上げたとおり、初めはアラゴン王国、そして統合された後はスペイン王国の新しい植民地でした。そのスペイン王国は極めて強力であり、しかもローディの和約が現実になっていけばいくほど大航海時代をリードして、この国はラテンアメリカ、南アメリカ大陸を自分たちの植民地にするような極めて強力な帝国になっていきます。スペインは、そういうわけで世俗国家として代表的な権力ではあるけれども、ほかに幾つもあった当時のヨーロッパの国々の中で最も代表的な国家に成長してまいりました。それは勢力が大きい、面積が大きいということだけではありません。全スペインの統合とともに、さらには数多くの植民地を持つ間に、いわば近代的な意味での国家に成長してまいりました。イタリアやドイツとは違って、スペインは、国家の中枢部分の力強さ、民族としての自意識、覚悟といったようなことから見て、あえて言えば国民国家として成長してまいりました。ドイツやイタリア、もちろんヴェネツィアとかフィレンツェという小さな国々とは違って、この国は文字どおり国民国家になった。後にヨーロッパ全体を区分するような、数多くの国民国家が生まれますけれども、その最初の形が、実はスペインやフランス、あるいはイギリスといったところで生まれたのでありました。だから国の構造、仕組みが違います。言語は一つ。国はその単一の言語によって支配されるということ、あるいはそれを支えるための治安組織（警察）、そういった様々な点から見て、ヨーロッパで最初の国民国家でありました。ナポリはそのスペイン本国とは少し差があるけれども、国民国家の一員として、国家の政治をその中で行うような主体の一部になっていった。逆説に聞こえるかもしれませんが、イタリアの中でナポリこそは最初の近代国民国家の一部となりました。その仕組みから見て、明らかにほかのイタリア諸邦とは違う国民国家として成長してきました。

10　個性豊かな都市経営の「理念と制度」の革新

全部つづめてまいりますと、確かにこの五つは都市国家としてのあり方が皆違う。それまで、中世と言われる時代の間、もちろん国々によって少しずつ事情は違うけれども、どれも文字どおり中世国家であった。それは小さい国家が幾つも幾つもあったという意味でありますが、ローディの和約やその後の経過を見てみると、これをきっかけとしてイタリアの政治に新しい時代が来たのです。少なくともこの五つはそれぞれ違った基盤のもとで、新しい時代に対応しようといたしました。それまでどの国々も、少しずつ違いはあったとしても、中世国家でありました。封建的な領主がいたり、それを支えるキリスト教の個別の権力があったり、それを支える様々な職業体があったり、ギルドがあったり、いわば中世国家としては比較的お互いによく似た政体であったのに、このローディの和約とその後の経過の中で、それぞれの国々は異なった性格、異なった本質を持つようになっていったと思います。それはもちろん時間をかけてのことでありますから、ある日突然こうなったわけではありませんので、誤解のないように申し上げておきますけれども、ローディの和約からほぼ一〇〇年弱、一五三〇年ごろまでの間に、確かにこれらの国々はそれぞれ自分の国の成り立ち、いわば経営の方針を変えたのだと思います。そうすることで、それぞれの国々は単に自分たちが持っている歴史が違うだけではなくて、国の仕組みが違う、あえて言えば国の経営の形が違う。その経営の違いがここではっきりあらわれました。ローディの和約は実質的には軍事同盟として余り役に立たなかったのですが、その参加国はそれを機会として、自分たちの国の経営形態を変えていきました。本論のはじめに定義した「経営」ということばを採用することにしましょう。

これを経営形態と呼ぶことは、もちろん国としての軍事的なやり方、あるいは経済的な、特に財政的なやり方、いろいろなやり方が少しずつ違うということを意味します。同時に、文化とか、芸術とか、様々な分野で、この経営形態によってそれぞれはっきり自分たちのものを確立する、少なくとも探し求めることになったと思います。その結論が出るには一〇〇年も二〇〇年もかかるんですけれども、これは確実に転換点となりました。あらためてこの五つの国々、つまり、教権の政治を実現したローマ、商人の政治を実現したヴェネツィア、俗権の政治を実現したミラノ、都市の政治を実現したフィレンツェ、そして国家の政治というものを実現したナポリ、それぞれがお互いの間にはっきりとした差異をつけるようになった。お互いに、自分たちは違うんだと、政治も、経済も、あるいは文化も、あらゆるところで違うんだということをはっきり自覚するようになったと思います。

誤解のないように言っておきますけれども、もちろんイタリアには国が五つあっただけではありません。ほかにも小さい国々がありました。特に現在から見ると、小さいけれども、じつに成熟した格好よいところがたくさんありました。小さい国ぐにの話はきょうはいたしませんけれども、少なくとも代表する五つが違ったスタイルの国になって、違った国家的な経営形態をとることになった。そうすることで、もちろん文化のあり方も決定的に違ってきます。文化をつくり出すのは国や政府ではありませんけれども、つくられた文化をどう維持し、運営し、人々にそれを伝えていくかという方針において、五つの国々は違った方向を向き始めたということになります。その違いは、その後、一六世紀にも一七世紀にもそれぞれの形で受け継がれ、一八世紀、つまりイタリアの近世が終わる時代、ナポレオンの時代までその方向はほとんど変化がありませんでした。ローマもヴェネツィアもミラノもフィレンツェもナポリも、この間にそれぞれのやり方で自分たちの文化の経営方針、経営形態をつくり出していったと思います。

その後の長い経緯についてはゆっくりお話をする暇がありませんので、後にできれば討論のところでお話し申し上げたいと思います。

11 近代政治学の祖・マキァヴェリ

最後になりますが、そうした時代に、実はマキァヴェリという政治家がおりました。このことに触れておきましょう。

マキァヴェリは、それぞれの国の経営形態に対して、どのような見方を示したのかという面白い問題が残っています。マキァヴェリは、五つの違った性格を持った国ぐにの転換点で物事を考えた幸運な、あるいは挑戦的な人物でありました。

マキァヴェリは、『君主論』や『リヴィウス論』の中で、こんなふうに物事を考えました。これからの政治のあり方は、それまで中世にあって引き継がれたものとは決定的に異ならなければならない。それは今の私たちの言葉で言えば、政治についての近代的な見方と言うべきでしょうが、当時「近代的」という言葉はなかったわけですから、あえて当時の言い方に従えば、政治はこれまで政治にかかわってきたいろいろな要素、例えば宗教とか、その土地のあり方とか、そこにいる人間の数とか、リーダーシップを持っている人間の資質とか、いろいろな違いがあるにもかかわらず、政治は基本的には政治の中で考えなければいけない。それも今考えれば当たり前のことで、政治を考えるのに、経済とか、文化とか、いろいろなことの文脈で考えるのは邪道だということになる。政治を考えるには政治で考えなければいけない。政治の中で合理的に理解しなければならないと考えた。そうなりますと、どの国でも、つまり教皇庁だろうが、フィレンツェだろうが、ヴェネツィアだろうが、基本的には同じ発想のもとで考えざるを得ない。それはいわば政治の支配のもとになっている権力をもとにして、権力のあり方から考えざるを得ない。ほかのことを考えてはだめだ。そうすることによって、すべての国家が皆同じ形をとるとは言わないが、皆同じ原理に従って権力を維持するような装置、例えば軍隊とか官僚制とか言われるものをはっきりと同じ形にし、そうすることで国家と国家の関係も合理的に理解できるはずだ。それは今から見れば文字通り政治を合理的に考えようとするスタンスであって、政治の中に、宗教の問題とか、文化の問題とか、そんな数多くの複雑な関係を持ち込まずに、政治はあくまでも権力の構成の問題だと考えようと言ったのであります。そうだとすれば、今考えたような、幾つもの国々の違った構成原理ではなく、イタリアの中に単一の政治の原則原理を打ち立てることによって、分裂したイタリアの数多くの国々を統合できるはずだと考えた。結局、それは当時の人々に説得力を持ち得なかったかもしれないけれども、一つの合理的な方向性だったと思います。

彼はフィレンツェの人ですが、フィレンツェには、これまでフィレンツェを考えるために幾つもの複雑な背景や経緯があったけれども、それとは別に、マキァヴェリは政治権力の構造として考え、フィレンツェの軍隊とフィレンツェの政治制度、財政制度といったものを整備することによって、フィレンツェが抱えているいろいろな問題を解決できるはずだと言った。一人ひとりの指導者がどんな性格を持っているかにかかわらず、政治として、政治の中で考えれば、問題はもっと単純な分かりやすい構造を持っているはずだと考えた。これは国家の経営という意味、あるいは政治的な経営という意味で、一体どれだけ有効性を持っていただろうか、難しい問題です。政治的な経営と考えることによって確かに物事を単純に理解することはできるけれども、そのような単純さはいまだに完全には成立していません。いまだにイタリアには数多くの政治的な単位があり、それぞれ別々の発想から政治を運用していて、イタリアにはその意味では政治的な混乱が残っているということもできます。そんなところで果してマキァヴェリのその主張がどれだけ有効性を持っていたかということも含めて、これから考えていかなければならない問題が数多くあると思っております。

仕組みだけお話し申し上げましたので、この後、討論の時間にこれがどのような意味合いを持っているかということを申し上げることにいたしまして、とりあえずは初めの発言として以上を申し上げておくことにいたします。

ご清聴ありがとうございました。（拍手）

〈講演2〉　芸術産業都市のモデル「フィレンツェ」

田中英道

1　個性豊かな世界遺産都市「イタリア」

樺山さんから、広範囲にわたって、ルネサンスという時代の各都市の役割や、マキァヴェリにまで触れられました。それが歴史的観点から見られたので、私は、芸術都市という観点から話をしようと思います。

都市が五つ挙げられたわけですけれども、皆さんも恐らくイタリアに行った方は、一つひとつの都市がみんな違う印象をもたれるでしょう。樺山さんが言ったように、政治的な意味合いも違うし、景観も違う。世界文化遺産の数でも、世界でイタリアは一番数が多い。また、それだけバラエティもあるわけで、それぞれの都市・空間が類型化していると世界遺産になりませんから、世界遺産が多いというのは、それぞれやはり独特なものであるということです。どこへ行っても違う雰囲気がある。さっき挙げられた五つの都市も、私は全部異なった意味で芸術都市と言えると思うのです。

マキァヴェリはフィレンツェ「ルネサンス」時代の真っただ中にいまして、レオナルド・ダ・ヴィンチ、ミケランジェロ、ラファエロ、ボッティチェリという人たちと同時代者です。ところが、マキァヴェリは芸術については全然触れていないのです。それはなぜかというと、おそらく出会ってはいますが、政治と関係していないからそれについて触れない。政治というところだけに焦点を当てて、マキァヴェリズムといわれる考え方を述べていく。政治史だけを考えるという態度は、ある意味で近代的だといってもいいことで、「近代」政治学のある種の祖になっているといってもよいのです。芸術の分野は別の視野が必要で、それが見えないというより、見えているけれども、それを言わない。そういう態度があったということです。マキァヴェリは、レオナルド・ダ・ヴィンチに『アンギアーリの戦い』を描くことを示唆した一人だと思います。ですから芸術を知らないというのではなくて、芸術を非常によく知っているけれども、自分の考えではそれを述べない。そうした態度が近代の専門家、専門的な社会学、政治学、あるいは人文学に影響を与えているということにもなるわけです。

ふつう文化というもの、あるいは芸術というものに対して、感動はしてもそれを言葉で語ることを余りしようとしないのはなぜかというと、音楽もそうですし、美術もそうですけれども、視覚的なもの、あるいは聴覚的なものは言葉の思想ではないからです。そういうことを直接文字にする、論理で語るということはできないという感覚が人間にはあるわけです。文化というものはそれ自身の表現である。つまり視覚的に表現すれば、視覚的な表現として完結するし、音楽は特にそうで、音楽を文字で語れと言ったら、全く語れないのです。それは感性が感受するものであるし、文字表記を拒絶しているということにもなるわけです。音楽評論がつまらないのはそのせいだということにもなるわけです。そのことでいえば第七の芸術といわれるのは食べ物です。食べ物を言葉で表現したら、おいしいとか、うまいまずいと言うだけで、いろんなバラエティが決して文字では語れないわけです。テレビで料理番組が多いのですが、映像以上のことは何もいっていないのです。

今、樺山さんが芸術について全然語らなかったのも、芸術というのは、芸術として別の言語がある、別の表現をもってしなければならないところにあるからでしょう。近代の学問が全部それを専門化してしまって、皆さんがこうやって生きていることは、実を言うと感覚、見る、聞く、食べるという総合であることが言語で表記できない。考えるだけではない、あるいは文字で思想するだけではない感性は一緒にできないわけです。それを書くということになってしまうと、あるいは大学で教えるというようなことになると、専門しか教えないものですから、中途半端な偏頗な学者ばかりが出てくるわけです。近代の学問が専門化することによって総合化する人間がいなくなっている。殊にここ二〇～三〇年は「反権威主義」思想が学会ではひろまり、そうした思想を権威とみて、否定するようになった。総合的知識人というか、全体を見る人がだれもいなくなったのです。あるいは文化を語り、芸術を知りながら、同時に政治を語る人がいなくなってしまった。皆さんもご存じのように、政治家は全然文化を語らない、芸術を語らない。そういう知識が全くない政治家がたくさん出てきているのです。チャーチルは絵を描いていたし、ドゴールは文化的教養があった。本当にここ三〇年、四〇年は小粒になってしまった。それは残念なことであって、そういうことを今我々は変えなくてはいけないだろうと思います。皆さんの方がはるかにそういうことを認識されていると思います。政治家とか、学者とか、みんな中途半端な偏頗な人間ばかり出てきて、専門は知っているでしょうけれども、文化を包摂しようとしない、政治は経済しか向いていないようなことが起るわけである。

まあそれはともかくとして今言われたイタリアの五つの都市も全部異なった性格をもっています。

ミラノに行くと、ゴシックのすばらしい大聖堂。ヴェネツィアに行くと、ビザンチン様式のサンマルコ教会堂。あるいはアラブ風の街並、サン・サルーテ教会堂はバロックの教会堂ですが、ゴンドラも独得です。フィレンツェは、きょうは特にジョットについてお話しするわけですが、もちろんサンタ・マリア・デル・フィオーレ教会堂と洗礼堂、シニョーリア広場と市庁舎またアルノ川の上のヴェッキオ橋の景観を含めて全体の空間が芸術性を帯びている。もちろんローマはサン・ピエトロ大聖堂を中心として、カステロ・サンタンジェロなど、さまざまなローマの遺跡があります。ナポリは、先ほどスペインの影響が強いと言われましたけれども、バロック的な建築が多い。それぞれが、政治的には五つの分け方とは異なるけれども、同時にすべてが芸術都市としてもそれぞれ表現されているのです。どの都市をとっても優れた画家がいる、あるいは優れた芸術家がいるということです。

もっと面白いは、イタリアの五大都市には現代建築が見えないということです。ローマに行ってサン・ピエトロ大聖堂以上の高い建物が見えないということです。つまり東京のように現代建築がない。新宿に非常に高いビルがずっと並んでいる光景が、ニューヨークのようにＮＨＫのニュースの背景に出てきますが、そうした光景を最も軽蔑しているのがイタリア人だと言ってもいいですね。あんな画一的な、ガラス張りの倉庫みたいなものばかりが並んでいる現代都市を嫌悪しているといってもよいでしょう。伝統的なものがやはり美しいんだという確信を持っているわけです。ですからローマ人たちは郊外にしか現代建築を建てさせないわけです。もちろん現代建築を否定しているわけではないけれども、そういうものも、ニューヨークの真似はしていません。現代は経済性、合理性だけで醜いんだという感覚を持っていることが、戦後の日本を考える上でも非常に重要な示唆をしていると私は思います。

しかし、その五つの中でも一番芸術都市と言えるのはフィレンツェだろうと思います。ほかの都市はさまざまな美が混在しています。統一性にやや欠ける点があります。先ほど経営ということを述べられましたけれども、松田先生の意図の「経営」ということがいかに大事かということをフィレンツェから学ぶことができるでしょう。私がいつも考えているのは、こういうイタリアのやり方と全く違うことを日本は戦後やってきたということに対する強い反省です。京都にあんな醜い京都タワーを建ててしまい倉庫のようなビルも多い。つまり逆に過去を否定することをやってきた京都、あるいは奈良の醜さというのがあるのです。日本の伝統建築を建てることに対する嫌悪感を戦後持っていたことがわかります。実を言うと、我々は戦後、そのような観念にとらわれてしまった。アメリカ的なもの近代的なものがいいと思わされたのです。それは我々の大きな欠陥であったというふうに今思い始めている。

そういう日本に対する一つのアンチテーゼがイタリアであるということが言えると思います。

しかし、本来日本人の美意識というものは決してイタリアに負けていない、西洋に負けていないということも私は確信しているわけで、未だ残る京都や奈良の建築、そして仏像などにずっと続いていく美意識が残されている。日本人の美しさに対する深い愛着が感じられるのです。そのことが、私にはイタリアへの共感になっていると思われます。イタリアというのは、結局一三世紀から一八世紀までの五世紀前ですから、ちょうど鎌倉から江戸時代にあたります。その時代の建築を日本でもっと残していたら日本もイタリア並みに観光客が来たでしょう。日本の建築では法隆寺が七世紀からですから一三〇〇年たっているわけです。京都東寺など一二〇〇年以上たっています。それらを少しでも保存してきたわけです。焼失したり、破壊されても常に復元していく。その美的価値を認識していくことが、イタリア以上にあったのだと思います。一週間ぐらい前にも奈良に行ってきたんですけれども、そういう感想を強く持ちました。

フィレンツェという都市が芸術都市として優れているのは、やはり都市を保存し、観光を中心に経営されてきたことだと思います。ここは一三、四世紀から織物工業を基本産業としていました。一二世紀ごろから織物工業がさかんになり東方から絹織物を取り入れて毛織物に発展していったのです。絹織物は東洋から移入されました。モンゴルの西洋進出の時代です。すでに中国、日本、そしてビザンチンなんかも絹織物をつくっていたわけですが、シルクロードを通じてイタリアは東洋から取り入れたのです。絹というと中国だと思う方も多いです。実を言うと、日本も同様に絹は古いんです。古いと同時に質も高いのです。皆さんはシルクロードというと中国止まりだと思っているかもしれません。大体そういうふうに教えられてます。

実を言うと、中国人のある学者は、絹は奈良時代から日本の方が優れていると言っています。遣唐使の時代でも、実は日本から輸出しているんです。日本から行った絹の方が上だという中国の認識もあるからでしょう。中国人のある教授がそう言っています。だから量的には四対一ぐらいで日本のものが多く輸出されているんです。渤海にも輸出され、新羅からも買われました。日本の絹がすぐれていたからです。

日本の文化は中国文化よりも低いとか、朝鮮文化から来たというようなことを日本人学者が言うものですから、中国や朝鮮の学者も、そうだ、そうだということになるわけです。もっと客観的に見た方がいい。客観的に見ると日本の文化の独自性が見えてくる。日本だけ見ていると、何でも外から来たという印象を受ける。しかし事実はそうでないのです。

フィレンツェは、最初は絹を東洋から輸入することによって織物工業を開発しそして独自性をもって発展していったのです。絹は昔から東洋のものですから、ヴェネツィアも同様です。船はどこから来るかというと、地中海の奥の黒海の方からです。つまりアジアからなのです。イタリアの繁栄は、東洋との貿易で栄えたといってもいい。イスラム、ビザンチン、そしてモンゴルとの通商からです。モンゴルというのは、ご存じのように一二世紀ごろから勃興してくるわけで、東西貿易にとってもモンゴルの役割というのは非常に大きかったわけです。世界史というものを西洋的な視点で見るだけでなく、アジアの視点から見ることも必要になるわけです。一二〜一三世紀ころ、モンゴルというのは、レグニツァの戦いでポーランドまで侵入していますし、ハンガリー、もちろんトルコまで占領している。モンゴルとの争いだけでなく、モンゴルがシルクロードを安定させたこと（Pax Mongolica）の時代があったことを忘れてはなりません。この絹貿易が西洋のルネサンスをつくり出したということが言えるぐらいです。それは何かというと、マルコ・ポーロを皆さんは思い起して頂ければ、彼らが例外的存在ではなくて、そうした商人たちが沢山いたのです。マルコ・ポーロが言うことは誇張でなく、多くのイタリアの商人が中国で取引をしていました。フィレンツェのバルディ家のペゴロッティという商人が『商業指南』を書いて、モンゴル・中国との絹貿易のことを書いているのでわかります。中国、あるいは東方に対する一つの大きな憧れもあったのです。さらに日本のことも黄金の国だということによって、コロンブスでさえもアメリカ発見の一つの大きな糸口になったことは皆さんもご存じと思います。

ですから、一三～一四世紀のイタリアは東洋の影響を抜きにして考えられないわけです。

2 ジョットによる芸術都市フィレンツェの経営戦略

それではスライドで説明していきましょう。

イタリアの歴史家たちは、ローマ時代からの歴史と伝統を強調し、東洋は無関係だと考えているし、東洋の歴史家もそういうふうに思っている人々が多いのですが、そうでないことを我々は主張しうる根拠を多くもっています。

①（以下○囲み数字は本稿末の写真番号）アッシジの大聖堂の壁画「フランチェスコ伝」の作者ジョットは一二六七年頃に生まれました。そのころがちょうどモンゴルはフビライ・カーンの統治期でした。モンゴルというと、日本人にとっては文永の役、弘安の役などあって敵として見られていますが、彼らは一方で交易の役割を果たしていたのです。日本も攻めるし、ヨーロッパも攻めるというモンゴルの軍事力は、一方では世界をつなげる役割をもったことにもなるわけです。つまり東西を結びつけたのです。日本の存在を世界に繰り入れたといってもよいのです。モンゴルを基点として、中国、日本、そして西洋というものが結ばれたということになります。西洋、東洋が大きな世界史の中に組み込まれ、つながりが出来たわけです。そういう意味ではモンゴルの役割は非常に大きかったのです。

この写真はフィレンツェのサンタ・ローチェ聖堂のバルディ家礼拝堂壁画です。ジョットの聖フランチェスコ伝が描かれています。中央にスルタンが描かれ、一方に逃げていくのがイスラムの僧侶です。この壁画ができたのが大体一二九〇年ぐらいで、ジョットの初期の絵です。キリスト教徒である聖フランチェスコが、「火の試し」と言って、スルタンがフランチェスコとイスラムの僧侶二人を呼んで、もしお前に奇跡を起こす力があるなら、この火の上を歩いてみろと言ったところ、イスラム教徒の僧侶はこそこそ逃げ、聖フランチェスコは堂々と火の上を火傷をせずに歩いたというエピソードを描いています。ここにあるのは東方布教の姿です。中央に堂々としたスルタンが描かれ、僧侶達は逃げていくのを見ているのですが、東方への布教の成功を表現しているわけです。彼らが布教をやっていたことを宣伝しているのです。当時のイスラム教徒たちとの接触がいかに関心をもたれたかがわかります。また、それだけでなく東方との交流でフィレンツェの経済を支えたことが示されているのです。もちろん絹織物だけではなく磁器や紙まで来ていたとされています。フィレンツェはそうしたものを加工することによって産業をつくり出していったのです。

② これはアンドレア・ダ・フィレンツェという画家のサンタ・マリア・ノヴェッラ聖堂のスペイン礼拝堂の絵の一部です。ここに面白いことにマルコ・ポーロが描かれているのです。ジョットも描かれる。ボッカチオもいます。この後ろに古いサンタ・マリア・デル・フィオーレ大聖堂が描かれています。ブルネレスキの今見る教会堂の前にあった教会堂といわれています。そして犬が数多く描かれているのはドミニカ派の教会だから。ドミニカーネのカーネが犬だから教派のシンボルとして描かれているのです。

③ 東方の存在、東方との交易は、この時代、決してフィレンツェだけではない。これはシエナのアンドレア・ロレンツェッティの絵の一部ですが、明らかに東洋人と思われる三角帽子をかぶっている人がいるのです。これは

日本にもやってくるモンゴル人です。弘安の役の『蒙古襲来絵詞』なんかにも似ている人たちが、描かれているわけです。

元寇の役によって世界と結びついているということは、我々日本の歴史家の間では余りよく理解されていませんが、これは二国だけの問題ではない。幸いヨーロッパの方も、モンゴルによって征服されなかったけれども、跡目争いで戻っていなければ侵入されていた可能性があったわけです。しかし、日本はそれに対して抵抗して、幸い勝ちました。このことはヨーロッパでできなかったことを日本が行なったことを意味します。幸い島国であったために唯一モンゴルを破ったのが日本人であったのです。モンゴル軍はほとんど連戦連勝でした。モンゴル人の組織力、残虐性はすさまじいものでした。ところが同時に彼らは交易をするのに役立ったということを決して無視してはなりません。単なるタルタル、野蛮人ではなかったのです。モンゴルによって統治される時代は、シルクロードが組織されていたわけです。シルクロードが一番整備された時代だったのです。モンゴルの平安（Pax Mongolica）と呼ばれています。駅伝制ができて夜も昼もいつでも旅行できたといいます。道を守っていたのがモンゴル兵であったわけです。その意味でも、モンゴルの存在は大きかった。こうした絵画からもこの時代の歴史を我々はもう一度見直さなくてはならないと思います。

④　これはフィレンツェのサンタ・クローチェのバルディ礼拝堂の壁画です。このバルディ家というのが東方貿易を推進していた商家です。先程も触れましたがペゴロッティという人が『商業指南』という本を書いていました。私も一部訳しましたけれども、最初に取り上げているのが中国貿易、絹貿易です。いかに絹の取引でフィレンツェがもうけたかという話が出てくるわけです。このこともフィレンツェという都市が決して東方と無関係ではないことを示しています。マルコ・ポーロも日本の黄金のことを言っていますけれども、やはり日本の絹のことも、ペゴ

ロッティは知っていた可能性があります。この辺も日本人の歴史家はそれを無視しています。むろん中国と通じて、元という国が日本まで攻めていったことを知っていたのかもしれません。チンギスカンが義経だったという話は近代につくられたフィクションですが、とにかくモンゴルと日本はある種のつながりがあったといえるでしょう。日本は世界の中の存在だったことをつかんでいかないと、マルコ・ポーロの記述が孤立してしまいます。すでに日本が注目されていたということを我々はもっと考えていかなくてはいけないわけです。

このバルディ家の礼拝堂の壁画の中で、スルタンが出てくるわけで、さっきと同じ主題がまた繰り返されているわけです。聖フランチェスコが描かれ、こそこそと逃げていくイスラムの僧侶たちも描かれる。同時に、モンゴル帽子みたいな帽子をかぶっている者もいる。こちらはターバンをつけているし、黒人も出てくる。イタリア自体が、東洋あるいは世界と交渉があるということをジョットは描いているわけです。ジョットはバルディ家をパトロンとしてこのフレスコ画を描いているのです。都市フィレンツェ経済と芸術が結びついた一つの証拠となるものです。芸術をつくらせるこういうパトロンがいることによって文化は推進されるわけです。

⑤　ジョットの傑作は、ご存じのように、パドヴァのスクロヴェーニ礼拝堂の壁画です。これはエンリコ・スクロヴェーニというパトロンが、金の貸し借りをしてもうけていたために評判が悪い。それを何とか挽回するために街に礼拝堂を寄付したという曰く因縁の絵だという人がいます。パドヴァのスクロヴェーニ礼拝堂はこうして有名なわけです。その一部ですけれども、ジョットの名画はまさにこの悪徳のパトロンによって実現したということになります。芸術と経済、あるいは政治というものが常に結びついているわけです。

日本は戦後、経済だけに集中してしまったため、経済人が芸術のパトロンとなることは稀になりましたが、歴史的にはいつも結びついていたのです。二一世紀という時代は、九・一一テロに始まって宗教上の闘いが注目されてきました。宗教が非常に重要になってきています。二〇世紀はイデオロギーの時代で社会主義に影響されてしまいました。文化は否定的に見られました。今はそういう時代は過ぎ去りもう一度宗教や文化、芸術の重要性が再認識される時代になったといえるでしょう。

このスクロヴェーニという商家がこのように礼拝堂を建てることによって、今、イタリアは観光客を呼んでいるわけです。イタリアという国は毎年五〇〇〇万の観光客が来るといわれますが、日本はやっと一三〇〇万位になりました。それでも五分の一くらいです。日本は恐ろしく貧困な観光事業収入しかないことになります。ギリシアとかイタリアは観光収入が一〇%も入るという具体的な数字があるわけです。観光客が国の財政にお金をもたらしているわけです。日本はGNPに占める観光収入の割合がたった〇・三%ぐらいしかないのと大きな違いです。

日本にはお寺は八万もあるんです。そしてお寺には必ず仏像があります。それは京都・奈良だけではありません。日本中に優れた仏像文化があるわけで、それを見ることによってその価値がわかってくるのです。そういうことを京都や奈良の一部しかやっていない。例えば岩手県に『成島毘沙門天』像というすごい傑作があるんです。ところが、それを郷土の人、岩手県の人でさえも知らない人が多い。一度も見たことがないという人が多いのです。皆さんも恐らくほとんど見たことがないでしょう。あれは四メートルもあって、九世紀頃のすばらしい雄渾な姿を示しています。価値のある仏像が日本中に見出されるのです。この前、ボローニャ大学の先生にお見せしたら、こんな傑作がこんな田舎にあるんだと言って感心しておられました。出羽三山にも一緒に登りましたけれどもとても感動しておられました。そういう日本の文化そのものを日本人がよく認識していない。戦後、外国にばかりに文化があると思い込んでしまったのです。それを変えていくことが日本の観光にも必要なことです。イタリアというところは、そういう反省を我々に促してくれるのです。

スクロヴェーニ礼拝堂は傑作で、これも観光客をたくさん呼んでいます。沢山来すぎるので、今は二〇人ずつしか入れないようにしている。人数を限定しているのですけれども、私の研究していた頃時間も全く自由でゆっくり研究ができました。私の研究は、登場人物がアジア人の顔をしているということとか、人物の服の縁取りに、奇妙な文字模様がなぜあるかということでした。それをゆっくり双眼鏡で見ることもできたし、足場に上ることもできました。

⑥ まずこの図は「キリストの復活」の場面ですがローマ兵士の顔は黄色人種のような顔をしている。あるいはモンゴル人みたいな顔をしているのです。そして服装の模様は明らかに東洋的な植物模様です。もちろんキリスト復活の図ですから、これはローマ兵士なわけですが、こうした異国人の顔を描いている面白さがある。そしてその縁取りに東洋風の文字模様がある。

⑦ これもそうです。次は「キリスト磔刑」の図です。スクロヴェーニ礼拝堂の中にはキリスト伝、マリア伝、ヨアキム伝が描かれますけれども、キリスト伝の中の人物の服装の縁取りにもアルファベットではない文字模様が描き込まれています。我々は、細部を見ることが一つの研究になるわけで、キリストが持っていた衣にも又、奇妙な文字模様がある。キリストから兵士がはぎ取る場面ですが、そして天使たちが空で「神よ、神よ、我を見捨てたまうのか」と、キリストの磔刑の悲劇を嘆いています。

⑧ これだけ見ると、どこの文字かよくわからないんですが、私は東北大学にいた時に東洋学の先生にこの文字模様が何に近いかと聞いたのです。するとこれはアラビア文字ではない。これはパスパ文字ではないかと。

⑨ パスパ文字とは何かというと、当時、モンゴルが公用文字として使った文字です。モンゴルには文字がなかったので、ウィグル文字なんかを真似してパスパというチベット出身の僧侶が文字を考案したというのです。パス

パ文字はすぐに使われなくなってしまうのですが、パイザといわれる通行証などにこのパスパ文字が公用語として使われていたのです。たしかにパスパ文字自身と対応させてみると、似ているものが多い。パスパ文字は縦文字ですけれども、これを横文字にすると、どうやらジョットの文字模様と似てくるわけです。ジョットは文字模様を見て縁取りに描く意味は何かといえば、それがアルファベットの絵文字ではなく、不可思議な文字模様であることに鍵がある。つまり文字信仰ということです。不思議な東方文字を書くことによって、神秘的な文化に裏づけられたキリスト教として描き入れる。

一五世紀になると、アラビア文字模様が、マサッチオとかラファエロにまで出てくる。これも私の発見の一つですが、「ルネッサンス」初期の画家がイスラム文化というものを宗教的にも尊敬をしていたという意外なことが絵の中から出てきたのです。顔が何となくアジア人ぽく平たくなるというそうした関連で推測できます。東洋に対する尊敬というものが画家たちにもあるのです。この見解も西洋人たちは受け入れたくない方も多いと思いますが、事実だから仕方がないことです。決してキリスト教とイスラム教は対立してなんかいなかったのです。東洋から西洋へという文明の転換分岐点が大体一六世紀です。日本にポルトガルやスペインがやってくる、布教のころからヨーロッパの優越が始まるのは次の世紀です。

ジョットの塔――彼は画家の仕事だけでなく建築の仕事にもたずさわりました。これはミケランジェロもレオナルドもそうですが、すぐれた画家は最後に建築という仕事も委ねられるのです。フィレンツェ市も、ジョットにこの鐘楼の建築監督の役割を与えました。ミケランジェロの方はサン・ピエトロの建築監督になるわけですが、優れた美的センス、優れた芸術的な才能を持っている人は、最後は必ず公職に就いて、建築も委任されるというのが一つの栄誉の道なのです。レオナルド・ダ・ヴィンチも、晩年になると絵を描かなくなりましたが、フランスのフランソワ一世からロモランタン宮の建築を委されています。それが後にシャンボール城に反映されているわけです。この研究論文も発表致しました。

⑩　この図はフィレンツェの当時の景観ですが、これを見ると、大聖堂があって、横にジョットの鐘楼も見える。同時に、市内のいろいろなところに塔が林立しております。サン・ジミニャーノ市に行きますと今でも塔が林立していますが、フィレンツェでは今はこういうのはほとんどなくなって、ジョットの塔とパラッツォ・ヴェッキオの塔が残っているにすぎないことがわかります。これをよく見ると、本当に塔を人々が好んでいたことがわかる。現在世界各都市で高い塔のようなビルを建設しているのに似ています。高いものへの信仰といってもいいでしょう。高い塔をつくるある種の信仰があるわけです。日本は地震国ですから、本来低いビルしかできなかったわけですが、今やどんどん高いものを建てる、それも同じ信仰でしょう。世界中で高さの競争をしているわけです。ちょっとでも高いと世界一だと思うのは、古い時代からあったのです。この時代も富裕の家族が塔をどんどん高くして競争していたのです。このジョットの塔は公共の塔ですが、やはりそのひとつであったのです。それがある意味でフィレンツェの芸術都市としての基点にもなっている。もちろんさらに堂々としたサンタ・マリア・デル・フィオーレという大聖堂は、ブルネレスキがつくる一五世紀を待たなくてはなりません。その前はレパラートと言って、決して大きいものではなかった。今ご覧になっているブルネレスキの大聖堂の出現は、あの時代の世界一の建築と思われていました。その後、ローマのサン・ピエトロ大聖堂がミケランジェロによって建てられて世界一となりました。ロンドンのセントポール大聖堂は、三番目になります。一五世紀ではこのサンタ・マリア・デル・フィオーレ（花の大聖堂）は先駆的な建築だったのです。

⑪　ジョットは一三三七年に亡くなりますが、彼の残したデッサンではゴシック風に尖っているのです。現在の

ように四角になっているわけではないのです。もっと流線型であったのですね。ですから高さに憧れるという気持をより強めていたといってもいい。いずれにしても、塔、高いものに憧れるということは、美の一つの原点でもあることがわかります。日本でも寺院には五重の塔を建てる。九重の塔まで造られたのです。日本中の国分寺に七重の塔が建てられました。一〇〇メートル近い塔もあったといわれます。神聖な山というものを身近につくるという意味合いもあったのでしょう。

⑫　塔の下部にアンドレア・ピサーノが彫ったレリーフ、浮き彫りがあり、ジョット自身も二、三、参加したのではないかと言われています。アンドレア・ピサーノがジョットの影響を受けて、こうした六角形の浮き彫りを完成していたわけです。これらの図像については説明を要するわけですが、旧約の創世記の場面からつくられ、キリスト教の労働観によると、本来は労働は罪の象徴として考えられるわけですが、ここでは違います。労働は人間の務めであり、人間の誠実な仕事であるということが、これらの浮き彫りからわかるのです。原罪の証しであったものが義務に変わっている。そうした新しい観念がなければここに人間のいろいろな仕事、労働の図が造られなかったでしょう。

⑬　この浮き彫りの中には、画家が絵を描いている浮き彫りもあります。絵画も仕事の一つなのです。絵画とか音楽とか彫刻というものは、近代では芸術家の仕事のように思われていますが、職人の仕事の一つであったのです。それ自体が生活の中で生まれたのです。市民の日常生活のひとつとして表現されたのです。日本でいえば職人尽しの絵であるわけです。これはアペレスの姿だと言われていますが、聖画を描いているのです。しかし今日のように芸術家だなどといっていばった態度ではない。謙虚に制作している姿として描かれているのです。

⑭　建築も、決して今日のように建築家の特別な仕事としてではなく、他の仕事と同様に表現されています。都

市の仕事はみなそれぞれが協力してつくり上げる共同体の仕事なのだということが表現されているのです。

⑮　機織りも人々のための世界中の生業ですが、フィレンツェでは、同時に美をつくり出していく仕事として考えられている。近代は芸術は特別なものと考えられがちですが、この時代はそうではなかった。アート（アルテ）というのは単なる技術という意味もあるし、それによってつくられる一つの組合としてアルテもある。昔のアルテというのはもっと広い意味合いを持っていたことがわかります。その辺も我々はもっと考え直さなくてはいけないでしょう。最初に言いましたように、現在は専門化し過ぎて美的な仕事を特殊化しています。それでも、今日の芸術よりはるかに質の高い芸術作品が生れていたのです。実をいうと今外から見える浮き彫りはコピーでドゥオーモ美術館の中にオリジナルがあります。正確なコピーを表に出しオリジナルの貴重なものは美術館におくという保存の仕方は重要で、日本の仏像もそうした方がいいと思います。これから日本の仏閣なんかも、寺に置くものは正確なコピーでそれをお坊さんに魂を入れてもらえばいいのです。今も多くのお寺が、収蔵館なり美術館をつくっていますが、細かく見ることができるのです。それが同時に宗教心を呼び起すことになるし、芸術として感動することもできる。そういう見方をイタリアから学ぶ必要があるだろうと思います。それがこれからの保存の一つの原則になるだろうと期待しています。

⑯　これはお医者さんの像です。いろいろな生業がすべて表現されているわけで、メディチ家というのは、メディコからですから医者の意味です。そこから出てきて商家になったわけです。一五世紀のフィレンツェは、この薬屋出身のメディチ家がつくったと言ってもいいわけです。

⑰　最後に、ジョットの鐘楼は、ジョットが計画したというところにフィレンツェの大きな特色がある。つまり芸術都市であるということを宣言しているわけです。皆さんは、国会議事堂はだれがつくったかわからない、知ら

されていない。そういうことでは駄目なんです。だから建築がニュートラルになって人間性を失う。建築というものはだれがつくったかを知って、初めてその個性的な形の美しさというものを実感することができる。私は、奈良の美術作品を見るたびに、だれがつくったかを問題にすべきだと言っています。大仏は国中連公麻呂（くになかのむらじきみまろ）だということを言っているのも、それが重要だからです。日本もヨーロッパも同じように、個人こそが共同体のために貢献している。公共のものも人間がつくった、それを計画した人がおり、それが美しいものなのだとわかれば親しみも湧いてくる。人がつくった作品をもつことを我々は認識して、文化を考えるべきだろうと思うんです。

どうもありがとうございました。（拍手）

① 聖フランチェスコ伝

② アンドレア・ダ・フィレンツェ

③　アンドレア・ロレンツェッティ

④　バルディ礼拝堂壁画

⑤ スクロヴェーニ礼拝堂

⑥ キリストの復活 眠る兵士

⑦　キリスト磔刑

⑧　服装の縁取り

⑨ パスパ文字との比較

⑩ 鎖の地図

⑪　ジョットの鐘楼（全体と部分）

⑫ 祖先の労働

⑬ 画 家

⑭ 建 築 家

⑮ 機 織 り

⑯ 医　　者

⑰ ジョット像

〈講演3〉 芸術都市フィレンツェの経営政策

松田義幸

1 ユネスコ世界遺産は「心の中に築く平和の砦」

私は、長いこと日本の余暇政策とかレジャー政策の仕事に携わってまいりました。そういう視点から、きょうこのテーマでお話をしたいと思います。ポイントは二つです。一つ目は「ユネスコ世界遺産政策」です。二つ目は「世界遺産フィレンツェにみる芸術都市の経営」です。

まず最初に、「日本人の世界遺産イメージ」についてお話いたします。一九七二年に私が余暇開発センターにかかわっているときからそうだったのですが、日本人の生活意識は物の豊かさから心の豊かさ重視・追求へ変化していたのです。そして生活の中で一番大切なのは、これからはレジャー、余暇生活であるということだったのです。それで私たちもマス・レジャー時代の到来の準備に協力してまいりました。それは今なお続いております。一九七〇年代の中頃から毎年『レジャー白書』を出しております。今、余暇開発センターは解散したのですが、白書は今なお経済産業省の援助のもとで続いています。「日本人のレジャー生活の現状と課題」の白書が四〇年以上続いていることになります。

その中で、日本人は、一〇代、二〇代、三〇代、四〇代と年代が進んでいきますと、いろんなレジャー活動が一〇%ずつ下がっていきます。そして六〇代、七〇代になると、ほとんど何もしないお年寄りが増えるんですけれども、その中で年々増えてくるレジャー活動があります。それが神社・仏閣めぐり、名所旧跡めぐりです。これは年代が進むごとに活動の比率が高くなっています。そういう視点で今日お集りの皆様から見ても、日本人の世界遺産イメージは、京都の神社・仏閣であったり、奈良であったり、名所旧跡というイメージが強いと思います。そこで学生たちに原爆ドームを見せますと、学生たちは非常に違和感を覚えます。なぜこれが入るのか、名所旧跡だけでいいじゃないかと思うようです。これはユネスコの精神に基づいて世界遺産に選んだものだと説明してもなかなか学生たちは納得しません。

京都の文化財は、一九九四年に世界遺産登録されております。原爆ドームは一九九六年に世界遺産登録です。日本人にとって、原爆ドームは世界遺産イメージが出来上がってから登録されているわけですから、これをなかなか認めようとしない癖がついております。

広島、長崎で毎年八月に平和を祈願する世界的な催し物が行われているわけですけれども、さらに博物館の方に足を運ぶというのは、きつくて、辛くて、学生たちはそれを直視したがらない現実がございます。

そこで私は世界遺産の芸術都市フィレンツェの創造の授業で、ロベルト・ベニーニの『LIFE IS BEAUTIFUL』の映画を学生たちに見てもらいました。この問題は前に勤めていた実践女子大学の学生たちには非常に丁寧に扱いました。ハリウッドで大きな賞を取った作品です。ロベルト・ベニーニが監督・主役で行ったわけですけれども、一般的にロベルト・ベニーニは喜劇役者、コメディアンとして受け取られております。しかし、この前半は幸せなユダヤ人家庭を表現していますが、後半は強制収容所に連れていかれる全く希望のない地獄を描いてます。そして、その地獄から息子ジョズエと妻ドーラを救出するために自分の命を引き換えにする。ロベルト・ベニーニの演じる夫が、自分の命を引き換えに息子と妻を救い出すという映画です。この背景にダンテの『神曲』が置かれているということに学生たちが気づくと、本当に驚いて、なぜそういうことが起きたのかということで、歴史を学んでこなかった学生でも、それから強制収容所の背景についてグループで勉強し、討論し、あっという間に第二次大戦の歴史の背景について学んでくれます。ですから、何も高校で学んでいないからというのではなくて、いつからでも学ばせることは可能だという本当にいい経験を、私はいたしました。

そして、そのロベルト・ベニーニがフィレンツェでダンテの『神曲』の朗誦の会をやったときに、何日にもわたって広場が満席になって、詩の朗読に市民が感じ入ったことを映像を見せて学生たちに追体験させたのです。この映像をイタリアでテレビ放送したときには、非常に多くの人が『紅白歌合戦』よりもはるかに高い比率で視聴したと報告されています。

この映画の強制収容所で、みんな『アンネの日記』を想い起しながら、大変な戦争の時代を通り過ぎてきたんだということに思いを寄せさせることができたのです。

アウシュヴィッツの強制収容所は、世界遺産に六つの条件があるんですけれども、その六番目の「顕著で普遍的な意義を有する出来事」の基準に従って、一九七九年に世界遺産登録されたのです。

ユネスコは、そもそも一九四六年にもう二度と戦争は起こさないようにということで、教育を通じて平和を希求する心・意識を持たせようと、国際連合の一機関としてつくられたわけです。

ユネスコの憲章の中で、「戦争は人の心の中で生まれるものであるから、人の心の中に平和の砦を築かなければならない」と謳っています。ユネスコは、もう二度と戦争を起こさない、平和な地球市民・地球社会をいかにつくるか、その教育機関として設立されたわけです。ですから、まず何を置いても、アウシュヴィッツの強制収容所を世界遺産登録する。それを忘れてはならない。これをまず想い起こす。私の研究分野に関連づけると、アリストテレスのレジャー観にしたがって、「平和の時代に、私たちは芸術・学術を学ぶことを価値観、ライフスタイルの中心に据えることだ」と教えてきました。この教育の伝統はずっとヨーロッパ社会に息づいております。

まず、アウシュヴィッツが一九七九年に世界遺産に登録されて、フィレンツェは一九八二年です。ヴェネツィアは一九八七年、京都は一九九四年、原爆ドームは一九九六年です。ですから日本人の世界遺産イメージというのは、最近、民間テレビ放送でもNHKでも本当によく放送してくれているんですけれども、有形の世界遺産は、文化遺産と自然遺産と複合遺産なわけですが、本当に悲惨な方の世界遺産はなかなか日本では放送されないでいるのが現実です。例えばTBSがソニーをスポンサーにして『世界遺産スペシャル』という放送をし、これがTBSのオープン・コース・ウェア・アーカイブに載っております。これにずっとアクセスしていって、アウシュヴィッツが出てくるのはずっと後です。それから、広島のドームが出てくるのもずっと後です。日本では、世界遺産というのは最初から観光産業政策の一環として行われているために、ユネスコのねらいの、平和を希求する地球市民・地球社会の生涯学習教材としての位置づけが根づいていないんです。世界遺産に登録すると三割は観光客が増加する。そこだけに焦点が当てられて、今なお文科省の方のユネスコではなくて、国交省の観光庁のリードで、観光産業政策の一環として世界遺産が扱われている。ここに非常に大きな問題があるのではないかと思います。確かに名所旧跡の文化遺産、複合遺産は大切ですし、「人類の価値の重要な交流を示すもの」、「人類の歴史上重要な時代を例証するもの」、これはこれで本当に大切だと思います。しかし、原爆ドームの方は、先ほど申しましたように、アウシュヴィッツの強制収容所と同じように、二度と原爆を使ってはいけません、使わないようにしようというメッセージで、地球市民・地球社会の精神でみんなに学んでもらおうという世界遺産なわけです。したがって、観光産業政策として世界遺産を考えるのは、それはそれで大切なことですけれども、地球市民・地球社会として平和を希求する生涯学習教材、ここへ第一の世界遺産学習の目標を置かないと、本当に日本人というのは——村上龍さんが言っているように、今の子供たちには何でもある。すべてである。しかし、ないものが一つある。希望がない。希望がないというのは、ダンテの『神曲』で、ウェルギリウスと一緒に森に入って地獄へ下りていくときに、門に書いてあった「希望を捨てよ」ということですから、絶望しているのです。今の子供たちは何で生きているか、全く動機づけられないで生きている。これは非常に大きな問題だと教育者の立場では思っております。ですから、世界遺産というときに、そういう異文化・異文明の相互理解を通じて、戦争ではなくて平和を希求するというマインドを育成する教材としてとらえていく必要があるのだと強く思っております。したがって、ユネスコの世界遺産政策というのは、「世界遺産は心の中に築く平和の砦」なのだということになります。

2 「美の実践による世界美化」モデル・フィレンツェ

二番目のテーマは、「世界遺産フィレンツェにみる芸術都市の経営」です。四つのサブテーマを扱っています。芸術都市を担った人々、芸術都市の普遍的指針、フィレンツェ・アイデンティティ、今日のフィレンツェ芸術都市経営です。

私たちは今道友信先生の勉強会で、二〇世紀の「世界戦場化」の世紀から二一世紀を「平和の世紀」にするには、万人が参加できる「美の実践による世界美化」の運動を起す必要があります、こう学んできました。そこでこの間、私とパートナーを組んでいる熊倉次郎さんにイタリア・ルネサンスの主立った人たちの年表をつくってもらいました。

どういうことをこの年表で言いたいかといいますと、ダンテの前に、一三世紀にトマス・アクィナスの『神学大全』が位置づきます。その影響を受けながら、ダンテの『神曲』がある。そしてジョットの仕事が同時代であった

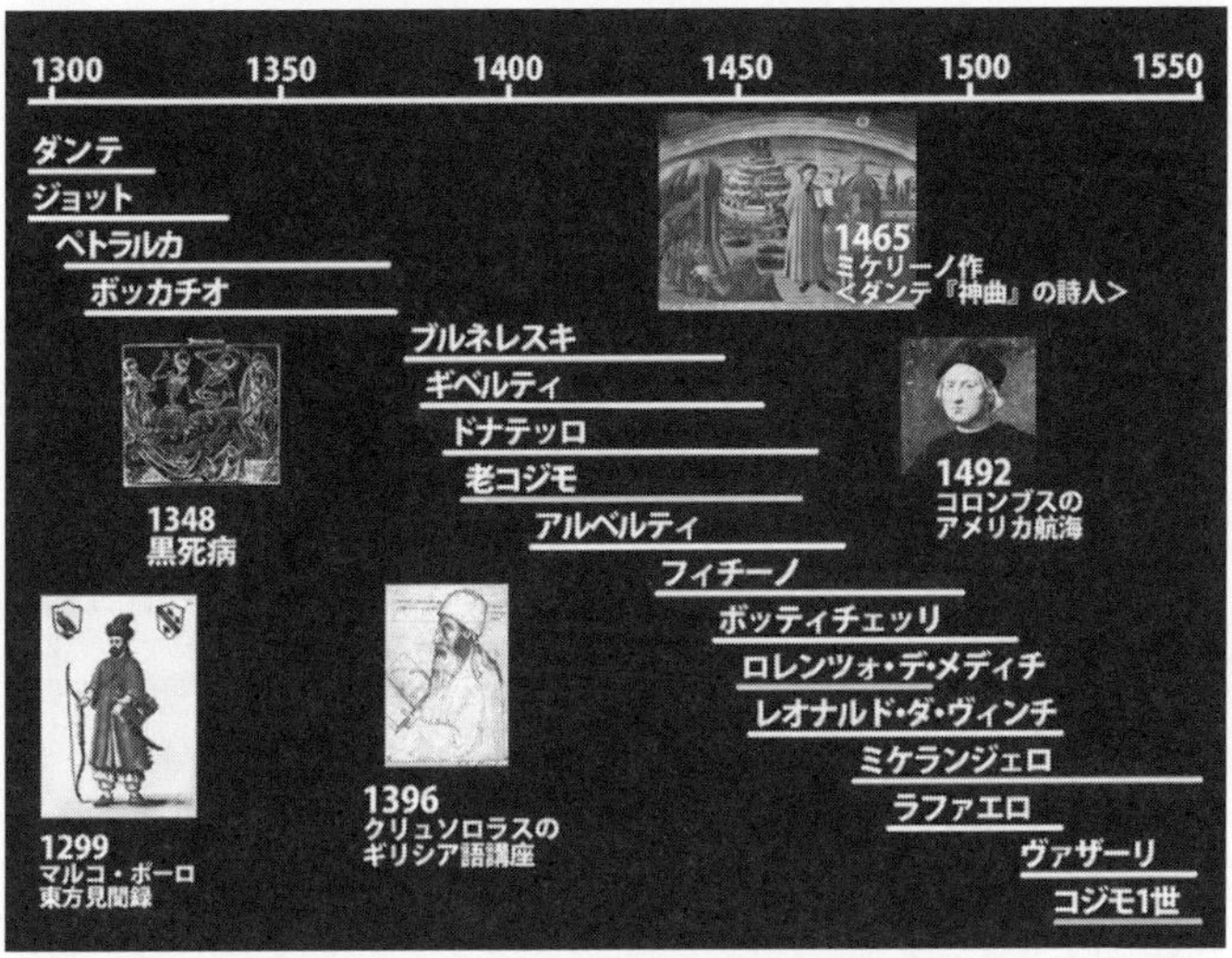

フィレンツェ・ルネサンスを築いてきた人々

ということになります。ダンテの『神曲』をペトラルカ、ボッカチオが引き継いで、その意味と形を後世に伝えるいろんな仕事を引き継いでくれた。二〇〇四年、二〇〇五年の東京、京都の「芸術都市フィレンツェの誕生展」の内容がまさにそれだったわけです。

きょうもブルネレスキとか、メディチ家とか、レオナルド・ダ・ヴィンチとか、ミケランジェロとずっと出て話題になりましたけれども、一三〇〇年から今二〇〇〇年とすると、七〇〇年にわたってダンテのシナリオとジョットの仕事尊重の哲学、つまり旧約聖書のアダムとエヴァが楽園を追われて、最初は原罪というとらえ方だったわけですけれども、やがて、そうではなくて学術と芸術の力をつけて、仕事（creation）を通じて知と美の価値創造を図る。その理念が芸術都市フィレンツェをつくってきた。これが「芸術都市の誕生展」のねらいだったんです。そして、その伝統と革新を引き継ぐ人たちがずっと出てきて、途中で総括し、さらに将来を方向づける人が必ず出てくるんです。例えばヴァザーリという人がそうです。もしヴァザーリのような人がいなかったとすると、現在の芸術都市フィレンツェではなかったかもしれない。ダンテのシナリオとジョットの鐘塔のマニフェストをもう一度レビューし、それを将来にどうつなげていくかという人が必ずあらわれてくる。ですから、芸術都市というのはどのようにしてつくるかというと、経済の論理で、先ほどつまらない建物をつくった、つまらないコンクリートの建物をつくったという話がありましたけれども、そうではなくて、建築家が芸術家そのものであったということで、フィレンツェの建築物というのは芸術作品であるとよく言われているわけです。そういうことを中間で必ず見直してくれる人たちがいる。それが今日まで続いている。

先月、ここでイタリアへの留学生の説明会が二日くらいあったようです。その案内書を見ると、音楽とか美術と同じように、ファッション、食文化、インテリアというのがみんな生活芸術として、ジョットの鐘塔の二一の職業に関連することが今なおフィレンツェ・イタリアでは今日に引き継がれていることが非常によくわかります。つまり文化・芸術の遺伝子を大切にしながら、現代の文化・芸術をつくり上げている。その一番の学習の場に芸術都市フィレンツェが位置づいている。それを明らかにしたいというのが、二〇〇四年、二〇〇五年の『芸術都市の誕生展』のねらいだったんです。

これは樺山先生になんども伺ってきたことです。キリスト教では、神様のことを全智全能と言います。全智・全能そして神の愛は完全である。そうすると、神の御もとに、死後の世界で神と出会うためには、この地上にいるときから自由学芸の勉強をして、学術の力と芸術の力をうんと身につけていなければ、神に出会うことすらできないということで、それも『芸術都市の誕生展』のときに学んだことであります。そうすると、イタリア・ルネサンスの人たちは、天才のようにはいかないとしても、自分の能力を今日で言えば専門化・細分化して、狭い能力だけ使って一生を終わるというのではなくて、自分の持っている可能性のある能力を全部開花させる努力をする必要がある。これが万能人、普遍人の人間観を大切にしたイタリア・ルネサンスの人たちです。樺山先生から何度も伺った話です。そうすると、基礎教養、自由学芸として学術と芸術の力をつけるというのは、市民一人ひとりの人生の最高の幸福の追求の課題だという、何でこんなことに気がつかないんだろうかというのが、私の現在感じている問題意識です。

それから、田中先生からは、仕事尊重の哲学で、ダンテの『神曲』、ジョットの鐘塔、ジョット自身も経済と産業・商業の活動に物すごく関心を持ち続け、それを美の世界・芸術の世界に表現したという話がありました。我々はただ単にフィレンツェを芸術都市の博物館のように思っているんですが、そうではなくて、産業政策、職業政策を通じて学術と芸術の力を背景に伝統を継承し、革新を図ってきたことを学ぶべきだと思います。

３ 世界遺産・芸術都市フィレンツェに学ぶ

したがって、フィレンツェのアイデンティティというのは、経営学でいうところのPlan-Do-Check-ActionのＰＤＣＡサイクルで、よく企業で使っている概念ですけれども、だれかが七〇〇年にわたってずっと絶えずローリングしているのですね。日本のように、市長とか知事、大臣たちが代わると、前任者のことを引き継がない。引き継がないためにみんな断絶してしまう。イタリアの国政は不安定なのですが、引き継ぐものはきちっと引き継いでいる。その辺のところが日本に第二次大戦後欠けていた点ではないかと思います。したがって、芸術都市経営で大切なことはアイデンティティを大切にするということです。Identity、日本人らしい精神をどう行為に移すか、それをどう形に表現するか。このＭＩ（Mind Identity）、ＢＩ（Behaviour Identity）、ＶＩ（Visual Identity）はとても大切なことだと思っております。そして日本の歴史全体で見れば、経済的に恵まれている時代はいまが最高だと思うんです。一九八〇年代の暮らしに戻ったとしても、こんな時代を経験したことは長い日本の歴史の中で初めてのことですから、そういうときの日本人の物の見方、考え方、感受性の精神の習慣が、学術と芸術に彩られている。そして、それが芸術都市、学術都市をつくり上げていくというふうであって欲しいと思うのです。ですから、もう一度見直すのに非常にいい時期なのだろうと思います。ところが、今の政府もそうですし、ここ三〇年と田中先生が先ほど言われていましたけれども、どうしようもない。技術革新で変わるような知識、薄っぺらな知識ばっかり身につけて、人類の文化遺産、芸術遺産、学術遺産、自然遺産を引き継ぐという教養が全く欠落している。今それを本当に見直すという大切な時期で、それはフィレンツェ・ルネサンスの長い七〇〇年の歴史を学んでみると、そこにいろんな知恵があるというふうに思っております。

時空をこえたソフトパワーということですけれども、皆さんがグーグルでもいいし、ウィキペディアでダンテの『神曲』を引いていただきますと、ダンテの『神曲』が、文学、絵画、音楽、彫刻、ビジュアル・アート、パフォーミング・アート、さらに現代の科学技術、デジタルアート、コンピュータゲーム、建築にいかに影響しているか、びっくりするくらいです。ぜひアクセスしてみてください。

例えばということで、これはいつか樺山先生が西洋美術館の館長をされているときに遊びに行きましたら、「松田さん、最近の子供たちはおかしいんだよ。何でロダンの〈考える人〉が地獄の門の上にあるのかわからない」ということでした。ロダンにとっても、ダンテの『神曲』は彫刻表現のまたとないテーマだったわけです。そういうのもウィキペディアを引くとみんな出てきます。面白いことがいっぱい書いてあります。ただ、正確かどうかはちっとまた専門の人で裏打ちしなければいけないんですけれども。リスト、ワグナーにもあるんです。プッチーニにもあるんです。チャイコフスキーにもあるんです。またフランチェスカも、ロダンの、地獄の門の中に表現されています。

実はフィレンツェというのはこの制度ができる前から実質的には世界遺産だったのです。したがって、一九六六年、ユネスコ世界遺産がまだないときに、アルノ川が氾濫したときに世界中から若者がその救済に駆けつけて、泥の天使と言われた。泥まみれになったいろんな芸術品を救済する、ボランティア活動の世界元祖みたいなものです。世界各国からの芸術修復支援がありました。ドメニコ・ディ・ミケリーノの『〈神曲〉の詩人ダンテ』は日本経済新聞の支援です。「天国の門」も、日本人の方の援助です。ジョットの「フランチェスコ伝」の修復もそうです。それから、フィレンツェではないけれども、前に田中先生が言われたシスティーナ礼拝堂のミケランジェロの「最後の審判」の天井画も、日本テレビが修復事業の予算を出したんです。

ミケーリ美術修復監督さんが、フィレンツェの経済というのは芸術・美に依存しているんだと堂々と語っています。そして芸術修復技術の国際交流、芸術修復事業の継続の大切さは、先ほど田中先生が言われたとおりで、こういうことも芸術都市経営のとても大切な視点です。

まとめですけれども、日本の方は大体何でも批判的にとらえれば、皆さんも納得してくれる、うなずいてくれるんですけれども、日本にもいいことはいっぱいあるんです。でも、ことユネスコ世界遺産に関しては、平和の砦としての芸術都市、地球市民・地球社会の普遍性、芸術都市政策推進の人材育成、生涯学習モデルとして芸術・学術都市を、これから日本が二一世紀に整備していかないと、学校教育は今めちゃくちゃになっていますから、家庭・社会が生涯学習を支援する、そういう仕組みをつくっていかないとだめだと思っています。

この間、樺山先生は文京区の教育委員長をされていて、私たちの小石川ロータリークラブの集まりで三つのことを言われました。一つは、学校教育だけで子供たちは育たない。地域社会と共同する教育をこれからやっていかなかならぶ。文京区というのは日本の学習社会、生涯学習支援のモデルになり得るシティであるから、文化・芸術遺産が学習教材になるようにみんなにもっともっと協力してもらいたい。三つ目に、これからはグローバルな視点がどうしても必要である。グローバルな視点というのは、芸術・学術政策では何より大切で、異文化、異文明の相互交流を推進していかなければなりません。先ほどジョットが西と東をつなげてくれたすばらしい芸術家だという話がありましたけれども、そういう視点にこれからぜひ私たちは関心を向けていかなければいけないと思っております。（拍手）

〈鼎　談〉 芸術都市経営の諸相

樺山紘一／田中英道／松田義幸

1　イタリア・ルネサンスの人間の理想像「ウォモ・ウニヴェルサーレ」

松田　まず最初に、樺山先生、田中先生に、私の話の中でお願いしたことを含めながら、つけ加えたいところも入れて、お話ししていただけますか。樺山先生からいきましょうか。二人は日比谷の同級生なものだから、フランクで、二人の仲がうらやましいと思っているんですけれども、そういう状況が時々出てくるんですが、よろしくお願いします。

樺山　ご指名ですので、私から先に口火を切らせていただきます。同級生なものだから、時々、田中とか失礼な物の言い方をしていますけれども、こういう場所ですから、田中さんと申しましょう。

田中さんのお話も伺いまして、いろいろに考えさせられました。五〇〇年前に起こったルネサンスという歴史事象ですが、先ほど申し上げましたとおり、経営というふうに考えてみますと、現在までどのようにそれが受け継がれてきたか。時にそれは非常に高い評価を受けることもあり、逆にそうではないこともある。実際に、フィレンツェも五〇〇年間いつも栄えてきたわけではなくて、大洪水を受けたこともあります。でも、それらがいろいろな形で人々の営みによって受け継がれながら、結局、現在までも私たちに強い影響力を持っていることが大事だと思っています。

もちろん歴史の中には大変値打ちの高い所産、産物をつくり上げながら、現在なくなっているところもある。それはそれで歴史的な出来事として十分に吟味に値すると思うけれども、それと同時に、現在まで何らかの形で私たちに対して説得力を持っているものがある。それは今栄えているとか、今人間がたくさんいるとか、今何とか遺産として登録されているとかいうことだけではありません。事によると遺産になって、遺跡になっているかもしれないけれども、そのことを通して私たちにいろいろな種類のメッセージを発しているということが大事だと思っています。遺産というのはそういうもので、今は廃墟になっているかもしれず、逆に今もやはり同じように栄えた形で継続されているかもしれないが、いずれにしても、そこには私たちに訴えかける遺産があるということ、メッセージを持っているということ、そのことが大事だと思っております。その意味でフィレンツェをはじめとして私たちに語りかける多くの世界的な遺産があることに着目しながら、ユネスコの世界遺産とか、そのほか幾つもありますけれども、そうしたものが指定され、私たちにメッセージを持っている。そういうことだと思い、現在でもそのような遺産について多くの研究、あるいは調査が行われているということには大変な意味があるだろうと思っています。

先ほど松田先生から一言お問い合わせ等がありましたので、このことだけを扱わせていただきます。かつてイタリア・ルネサンスの中に、普遍的な基礎的な教養を持った人間が確実にいて、それがその当時だけではなくて現在に至るまで、大変大きな影響力を持っているのではないだろうかというお話でありました。通常、イタリア・ルネサンスの中では、それを普遍人、ウォモ・ウニヴェルサーレと言います。ユニバーサル・マンと言えばいいと思います。

さて、そのウォモ・ウニヴェルサーレ、普遍的人間というのは一体何だろう。時々、誤解があると思います。すべてのことについて、あらゆることを会得、取得している人間のことをユニバーサル・マン、普遍的人間と言うのだ。だから一番物をたくさん知っていたと思われる人間、例えばレオナルド・ダ・ヴィンチとか、こういう人を普遍人だと呼ぼうではないかという議論も可能でしょう。でも、あらゆることを知ることは、当然のことながらできません。レオナルド・ダ・ヴィンチは典型的なウォモ・ウニヴェルサーレだと言われるけれども、あの人はすべてのことを知っていたわけではないし、また、あの当時と現在では五〇〇年の間が開きますので、その後、たくさんの知見・知識が蓄積され、私たちはそれを全部知ることなどはできる相談ではない。できません。ですから普遍的人間、普遍人というのは、あらゆることについて全部通暁していることだと考えるのは無理がある。そんなことはできる相談ではない。恐らく普遍人、普遍的人間というのは、そういうことではなくて、およそユニバーサルに、だれにでも、どんな場所についてでも、このことだけは、このことについてだけは正確で確実な知識がある人間、しかも、それは単に一定の職業的な知識だけではなくて、現在私たちが持っているあらゆるフィールド、あらゆる領域において最も大事な部分、根本的な部分については、それが医学であろうと、歴史学であろうと、芸術学であろうと、数学だろうと、物理学だろうと、法律学であろうと、あるいは学という名前がつかないものも含めて、ある指導理念を持っているということ、あることを考えるためには、このことを前提にして考えなければいけないという、その基本的な理念を持っていることだろうと思うんです。

私たちも、昔、レオナルド・ダ・ヴィンチは大変な人で、何から何まで知っているから、こういう人を手本にして、見習って考えようではないかと考えたことがあるけれども、しょせんそんなことは無理です。できるわけがない。大事なのは、そうではなくて、いろいろな物事を考えるための基本的な事柄、それは単に基礎学だけではなくて、だれでも理解できる、そのつもりになればだれでも会得することができるような根本的な知識を持つということと、恐らくそのことだろうと思うんです。それは決して私たち一人が一生かけてできないわけではない。それだけではなくて、物事を考え、この世の中で生きていくためには、少なくとも次の事柄、この事柄だけは十分に理解し、自分の判断力として身につけている必要がある事柄を確実に身につける、そういうことではないだろうかと思うんです。

普遍的人間、ウォモ・ウニヴェルサーレというのは、恐らくルネサンス時代と現在とでは意味が違うかもしれませんけれども、そのときから現在まで、このことに対しての信頼とか、期待とかいったものは、変わっていないだろうと思っています。それは単にイタリア人の普遍的な理念とかフランス人の普遍的な理念というだけではなくて、およそ人間として、少なくともこのことだけは物事を考えるために、前提として、知識として持っているべきだというものが必ずある。そういうものを私たちは時間をかけて詮索しながら、このことは人間として、現代人として、また歴史的な人間としても大事だということを私たちは追い求めながら、自分の体に身につけていくという作業がいつも必要なのだろうと思うんです。初めから基礎的な教養というものがあるわけではなく、むしろ私たちはどこに基礎的な教養があるのかというふうに物事を考えながら、知識あるいは知識に基づく様々な体系を身につけていく。それこそが、当時、レオナルドであれ、その後数多く生まれた普遍的な人間であれ、恐らく人生の中で努力しながら追い求めたものに違いないだろうと思っています。普遍的な知識、あるいは普遍的な人間というのは、既にあるものではなくて、その時代、あるいは私にとって、これから身につけるべきものであって、それを追い求めていくのが基礎教育であり、基礎的な学問であるだろう、こんなふうに私は考えています。

そうしますと、今、ユニバーサルという言葉は余り使わなくなりまして、ユニバーサルというと映画会社の名前みたいな気がするけれども、むしろ今の言葉で言うと、グローバルの方が適用しやすいかもしれない。グローバルというのは、グローバリズムと言って、また貿易商社の言いぐさになってしまうけれども、グローバルな知識というのは世界中通用するという意味だけではなくて、むしろあらゆる人間が物事を考えるために備える基本的な知識の原則という意味でもあります。考えてみればユニバーサルとグローバルと両方とも語源は同じ意味ですから、どちらがいいとは言いませんけれども、いずれにしても、そのようにユニバーサルな、あるいはグローバルな知識というものを備えることによって世界中が理解できる。少なくとも人間である限り、事によると人間以外もそうかもしれないけれども、お互いに物事を共通に理解し合うことができる。そういう知識の体系を私たちは追い求めてみたいと思っています。もちろん、それは単にその辺に転がっているわけではありませんから、それを身につけるための様々な努力も必要ですし、そのための体系、制度も必要です。こうすることで人間はお互いにわかり合うことができる。イタリア人と日本人、あるいは一六世紀の人間と二一世紀の人間とが、基本的にわかり合うことができる。そういう知識を私たちは必要とするだろうと思っています。

というわけだから、言うまでもなくグローバルな知識は、小学校の何年生とか、大学の二年生まではとか、そういう特定の教育体系の中で会得できるわけではありません。かつて私たちは基礎教育、あるいは基礎的な知識は大学二年生まで、教養教育までと言ってきたけれども、そんなことで完結するわけではなくて、むしろ生涯をかけて、時には専門教育、職業教育、社会的な学習、事によると五〇や六〇を過ぎても私たちは追い求めなければならないものがたくさんありますし、そうすることで私たちはお互いに理性的にわかり合うことができる。そういう体系を私たちはこれからもつくり続けていかなければならない。別の言い方をしますと、そこから目をそらして、専門的な、あるいは私だけが持っているような知識を開発すればいいという時代ではない。むしろそうではなくて、お互いにわかり合いながら、他人に対してこれを訴えることができる形で会得する知識をこれからも求めていきたいなと。そのことが私たちに対してルネサンスの時代が訴えかける大事なポイントではないかと思っています。

2　東洋芸術・西洋芸術の根幹にある「美」の普遍性

松田　ありがとうございます。引き続いて、田中先生お願いします。

田中　今ウォモ・ウニヴェルサーレという一つの問題提起があったわけですが、私自身もレオナルド・ダ・ヴィンチやミケランジェロを研究していて、なぜそれが日本人の私をそれほど魅了しているかという問題は、今の問題と非常に関係していると思いました。我々はキリスト教徒でもないし、西洋的な言葉とか生き方というものを持っているわけではない。しかし、なぜ我々は惹きつけられるか、それは皆さんがなぜフィレンツェに行きたくなるのかに関係している。むろんそれは日本人が奈良や京都に行きたくなるのも、あるいは世界遺産と言われる芸術作品が見たいと思うのも、同じことです。結局、国家とか、歴史とか、宗教とかいうのは、西欧、中国、日本、みんな違うのに、それぞれ魅力を感じる。それは基本的に同じ人間なのだということです。人間というのは、同じように食べ、寝て、生きていく、恋愛をしていくということに関しては変わらないわけです。ただ、その生活形態が世界各地で全部違う。メンタル・ハビットが違う。そういう伝統や宗教というものが各地にあるわけで、その違いが相違となって、人間がみな違うように見えるけれども、普遍的な核は「人間」というところは同じなのです。

実を言うと、最初にイタリア美術の普遍性を論じたのはJ・ブルックハルトであるし、W・ペーターで、必ずしもイタリア人ではない。つまり「ルネサンス」という言葉をはやらせたのは外国人です。イタリアの芸術がすばらしいということを世界的に宣伝したのは他の国の人々です。もちろんイタリア人はイタリア人の美というものを身近に見ていますから、ヴァザーリはそれを同時代人に語りました。しかしその価値を世界的にしたのは外国人です。

実際に見ていたマキァヴェリが芸術のことを語らないというのは、イタリア人には客観化できないところがあるからでしょう。我々日本人が日本の仏教美術をすばらしい普遍性をもっているといわないのと同じです。そうしたことを外部に向って言葉で発しないのは、他の国のものと比較できないからです。ですから奈良時代や飛鳥時代、あるいは平安時代の非常に美しいもの、かつての奈良の大仏のことを世界的に美しいとは誰も日本人はいわない。外国人がいうのを待っているというのもそれです。

先ほど松田先生がヴァザーリのことに触れられました。ヴァザーリのような人が、絵描きのこと、美術、建築、彫刻家の列伝を書いているわけです。この人はこういうすばらしいものを生んだ、こういう人たちがどういうふうに生きてきたかということをできる限り列伝体で書いています。結局、そこにあるのは「人間」です。人間が芸術を生んだ、美をつくったという、人間という創造源を共通性を我々は認識させているのです。日本人においても人間が仏像をつくった。仏教が仏像をつくったわけではないのです。仏教美術の専門家は宗教そのものが作品をつくったようにいいますが、やはり人間です。天才がすばらしい仏像をつくるのです。

例えば仏教の一宗派の法相宗（ほっそうしゅう）が入ることによって、薬師寺や興福寺、東大寺もそうですけれども、日本の仏像表現が深くなっていくのがわかります。法相宗、唯識論というとむずかしく聞こえますが、簡単に言えば、人間の中に非常に深い、自分でわからない意識がある。これを第八識、アーラヤ識と言うんですけれども、そういうものを自覚することが必要なのだということを法相宗は言うわけです。それを仏像をつくる仏師も理解するのです。なぜ奈良時代の日本の仏像表現が深いかというと、興福寺の阿修羅像とか東大寺の日光・月光菩薩が、そういうものを像にこめていると考えられます。それを我々が美しさとして受け取っていることになります。これは何か不思議な像だというときに、そういう思想がこめられていると感じるわけです。レオナルドやミケランジェロの像の中のネオプラトニズムというか、人間の愛とか人間の持っている性を感じる。特にプラトニズムはそれを問題視するわけですけれども、それは一体何なのか。法相宗のアーラヤ識的なもの、フロイトなんかが言う潜在意識、そういうものが表現の根幹にあるんだということを東西共通して感じるのです。この時代ではさらにメランコリーという人間観がある。メランコリーの精神性です。美術史家のパノフスキーが、人文主義をルネサンスの中心思想として置いたのです。メランコリーというのは一体何なのか、キリスト教美術にそれがこめられている。そうすると、キリスト教とは別のメランコリーという思想がある。さっき言ったアーラヤ識と共通する人間の中の深い意識といったものを感じるのです。

東西のすばらしい芸術を見ていると、そこが共通していると思います。何かわからないものが、祖先からの長い遺伝、一つのDNAがあり、そういうものが芸術の中にあると感じることに通じるわけです。先ほどの普遍的人間という言葉の中に、ある種の人間的アイデンティティというか、本性といったものがあるといわれたわけですが、同時に、それが普遍的なものになり得る。そういうことが東西の美術、あるいは東西の芸術表現の根幹にあるのです。およそ芸術を問題にするとき宗教的な深いものを認識する。そういうことが現代、近代という宗教を否定する傾向にある時代に必要なことだと思っているのです。宗教心の根底にある人間の問題を我々がもう一度取り出すことが芸術にあると思います。

実を言うと、フィレンツェにしても他の都市にしても、ヨーロッパはキリスト教の宗教都市なのです。キリスト教都市といえば、これはキリスト教徒のためと限定されるわけです。私は教会に毎日通いましたが、それは美術史研究のためです。サンタ・マリア・デル・フィオーレ大聖堂もそうです。あれはキリスト教の教会堂です。その目で見れば、日本ではキリスト教が一%もいませんから、関係がないはずなんです。ハンチントンが言うように、衝突する以外にないんです。しかし、その根底にあるのは「人間」だと言うことによって、初めてその中で衝突しない、理解し合えるものが出てくるわけで、そこのところを我々は問題視すべきだろうと思うんです。

3 世界遺産を教材にした生涯学習社会づくり

樺山 松田さんにも発言いただきたいけれども、私たちはそんなふうに考えますが、例えば先ほどのユネスコ文化遺産運動とか、もう少し広い意味で言うと、現在の教育体系の中で、このことをどんな形で、どんな方法でメッセージを発し、教育のシステムの中に組み込むことができるかどうか、私たちも悩んでいるけれども、どうでしょう。

松田 つい最近、休日の取り方をもっと観光産業振興に合わせようじゃないかということを、朝日新聞のコラムの連載が一ヵ月に何回かずつ取りあげていました。その中で、ＩＴの会社を経営している外国の方が、京都に住んでいて、三日休みを取って、自分で家庭菜園とかガーデニングを楽しみながら、自然と一つになりながら物事を考えて、そして東京で忙しい仕事をしている。それでも一九八〇年代の日本の暮らしを自分はしていると思っていますよと言う。それに対して現代日本人は自由時間の使い方を全く知らないのではないのか、どうかしているよという問題提起をされている。どなたか、皆さんの中にも読まれた方があると思います。

実はこれだけの日本の経済力を維持するのに、日本人の持っている国民総生活時間、人口に三六五を掛けて、それに二四時間掛ければ、国民総生活時間が出ますね。大体その一割ちょっとで現在の経済水準を維持しているんです。時間の分配の問題がいろいろあるだろうと思います。時間の分配を上手にすれば一九八〇年代の暮らしができる。じゃ一九八〇年代の暮らしはというと、皆さんも物すごくよい思い出を持っていると思うんです。ところが、自由時間は国民一人ひとりでとってみると生涯生活時間の三割から四割で、労働は一割です。国民総生活時間で見ても、労働時間は一〇％ちょっとです。そうすると、三割から四割の自由時間に我々はどう生きているんだろうかと考えたときに、実は生きていないんです。人間らしく生きていないんです。ここに問題があると思います。

このことを日本で一番最初に学術的に問題整理して提起したのが、社会学者の清水幾太郎先生です。二〇世紀後半から、労働時間が短縮し、レジャーの自由時間の増大に対する、そのマス・レジャー対策を今から考えておかないと、日本は駄目になるという問題提起でした。この問題を学術的に扱った『現代思想』を岩波全書から出しています。私は大学を出ると、すぐにこの本を読んで、この問題に取り組んで現在まで来ております。その中で、一九二九年の世界大恐慌の経済不況で世界が物すごく困っているときに、メイナード・ケインズが、孫たちの時代には、ちょうど今ですが、経済・労働生活よりもレジャー生活が大きな問題になると提起していたのです。しかし、この大きな社会変動に対して人類は長い間何の対応もしてこなかったから、このマス・レジャー時代の到来で人間社会は駄目になるかもしれない、こう清水先生が問題提起をしていたのです。そこで、日本においてもメイナード・ケインズの問題提起に従って文化経済学という学問ができました。そして政府が直接ではなくて、芸術・文化政策の具体的な展開のシナリオと実際のサポートシステムができました。それから、それを背景にしてメセナ活動が始まりました。ところが、日本では経済が物すごく好況のときに企業の利益を社会還元するということでメセナ活動が出てきたために、現在の不況になったらメセナ活動に対して企業は物すごく消極的になってしまいました。文化経済学もしぼんでしまっています。

それに対して、それから以降もいろんな学者が言い続けてきたわけですけれども、その中で二人の学者、エーリッヒ・フロムという人が人間らしく生きることを生涯かけて学ぶ、そういう「新しい人間、新しい社会」をつくらなければいけないという問題提起をいたしました。それから、一九六八年にR・M・ハッチンスというシカゴ大学総長だった先生が、教養と芸術に対する価値観を大切にして、それを日常のライフスタイルにするならば、仕事を引けたとしても、退職したとしても、人生で一番大切なことに取り組む能力を持っているから、仕事の引退は人生の引退にはならない。そういう社会システム、生涯学習を、学校教育だけではなくて、古代ギリシアの一番いいアテネの時代のように、社会全体が支援する。その理念と方法の学習社会を実際につくるべきだという提案をしていたのです。

そして、それを受けて二一世紀に入って、ハーバード大学のガルブレイスが、アメリカみたいに一七七六年の独立宣言以降の国ではなくて、長い歴史を持った日本が新しい価値観に対応した幸福の追求の社会の世界モデルを示しなさいという提言を二〇〇二年一月三日「日本の再設計」と題して日本経済新聞の経済教室欄に出しております。学術力と芸術力とスポーツ力を生涯学習のテーマに掲げて、自分の人生の成長と自分の人生の完成を目標にする、生涯学習をサポートする社会システムをつくりなさいということを言っていたのです。

そうしますと、レジャー産業というのは、ついこの間までは八〇兆円くらいあって、パチンコに三〇兆円、ギャンブルに一〇兆円、計四〇兆円だったのです。自由時間を人生の三割、四割も獲得したのに、それを使いきれずにいるのです。もっとも、レジャー・プアは日本だけのことでなく先進産業社会共通のことなのです。そこで北欧のアドラー・カールソンという人が失業者のunemploymentのOをAに変えて「unemplayment（失楽者）」と批判したんです。「現代人は失楽か失業か」と掲げて、先進諸国の人たちは人生の幸福の追求の能力がないために仕事にもぐり込もうとして失業者になっていると批判したのです。「失楽者、失楽園」の「古い人間、古い社会」から抜け出して、もっと心豊かに生きる社会システムに革新すべきだという提案をしたのです。日本はたいへんな長寿国で、人生八〇年、九〇年、中には一〇〇歳と置いている方もあるかもしれませんけれども、人生の生涯生活時間のクオリティ・オブ・ライフ、人間化をいかに図るかその準備をすることが大切なのだと思っています。それを支えるのは学術力と芸術力とスポーツ力をつける以外にないんだということを言い続けてきたのです。それが生涯学習のテーマで、それをサポートするのが学習社会です。学校教育は六・三・三・四の産業人、職業人を手っとり早くつくるためのシステムで、そこで学んだことが人生を豊かにするはずがないわけです。ですから、樺山先生が先に言われたように、社会全体が生涯学習を支援するような仕組みにこれからつくり変えていかなければいけないと思うのです。

ところで、この間、びっくりしたんです。一昨日の朝日新聞に「響け天上のミューズたちへ」という大きな見出しで、朝日新聞の大阪の音楽ホールがこれからリニューアルすると二ページの見開きに載っていたんです。美学者の今道友信先生が聞いたら、それは違う、勘違いしていると言われるのではないでしょうか。ミューズに聴けというのはどう見ても発想が逆でヨーロッパ人と違っているように思うんです。ですから宗教と芸術というのは、これからもう一度考え直さなければいけない大きなテーマだとも思うんです。

田中　宗教だとやはり難しくなってしまうんです。イタリアに行って、「聖母子」ぐらいはわかるけれども、何の聖人だとか、聖書のどの場面だとか、そういうイコノグラフィの問題がすぐにはわからない。しかし、それを超えた美の問題、さっき言った人間の問題になると、我々でも感じることができる。そういうことで、これはすごいな、人間がどう描いているかで共通する。仏像というのも宗教で見てしまうと、何かいつも拝まなくてはいけないとか、みんな形式的で同じじゃないかと思っている方が多いと思うんです。ところが、そうではないんです。一つひとつ見分けると微妙に違うところが大きな違いでもあるわけで、優れた様式を見分けることもできるはずなんです。そういう目を失ってしまっているだけなのです。皆さん『何でも鑑定団』なんか見ていると思うんですが、多くの人が間違ってしまっている。二万円で買ったものが一〇〇万円になればいいんですけれども、一〇〇万円で買ったものが五千円だなどと言って、がっかりしている人もいる。つまり美的な美しさを見る目を失ってしまっている人が戦後非常に多いわけです。どこをどう見ていいかわからなくなってしまっている。

しかし、見る喜びというのは変えがたいものです。先ほどおっしゃった幸福度というのは、そういうものを見る、あるいは聴くというときの喜びと共に、人間が生きているということを実感させるものです。そこが人間と動物とが違うところなので、これからでも遅くないから、そういう感受性を訓練し直す。ああ、いいものだなと思う気持ちをつくり出すことによって、生きる喜びがまたわいてくる。これを日本人は忘れかけているんです。少なくとも明治以前はやっていたと思います。明治以降、ちょっと後れてしまったのは、西欧基準を余りに受け入れ過ぎてしまって、西欧の美しさがいいものだということにとらわれすぎた。つまり知識人が西欧からの知識にとらわれることによって、かえって何だかよくわからなくなってしまった。明治以後、思想の混乱があって、結局、日本人の持っている本来の思想、持っている美的感覚というものを忘れていく、或いは否定し始めたというところから後れてしまった。そこをもう一回取り戻すということは、我々にとっても必要だし、それを取り戻せば、同じように人間の共通の表現だということで、また西欧も正当に見られるわけです。それができればですけれども、まさにこれから生涯学習をやる一つの根幹だろうと思います。

樺山　延々と時間があるわけではないので、一言だけ最後に申し上げますけれども、確かに今現在行われている教育の中には、どうしてもやらなければいけない部分があります。知識にかかわる部分とか、これはいかに硬直していても大事なものはもちろんなくはない。でも、それは学校教育であって、実は私たちが現在持っている教育のための時間というのは、学校教育をはるかに越えて大きい。家庭教育であったり、社会教育であったり、人間教育であったり、いろいろあります。かつてはその部分がどうしても自由にならなかった。これはやむを得ない事情があります。生活の時間が大変だとか、お金が足りないとか、いろいろなことがありました。でも、今これだけ事情がよくなりましたので、私たちは学校教育以外のところで、十分な教育時間、あるいは学習時間を持っていると思います。ある人の計算によると、生涯学習時間の方が学校教育の時間の八倍ぐらいある。学校から帰った時間を含めて、一生涯を通して考えると八倍もある。学校教育というのはその一部分にすぎない。でも、そこの部分はある程度ルールが必要で、それは西欧的であろうと、中国的であろうと、様々な既成のものがありますけれども、つまりその七倍の部分は私たちが自由になる学習時間であって、それを自由に私たちが使うことによって、日本の教育体系はこんなにすばらしいんだということを世の中、世界に発信することができるような時代になってきました。これはどこの時間でも、どこの世界でも八倍あるのかというと、そうではないんです。つまりいまだに様々な事情から、学校教育以外には学習時間がないところもあります。

とにかく、本当に八倍かどうかは別にして、私たちはこれだけの時間を持っていて、生涯、あるいはあらゆる場所で勉強することができる時代になりました。松田さんもおっしゃるように、改めて様々な形で学術、芸術、その他についての十分な時間を持てるようになってきました。こういうチャンスを逃す手はないだろう。時間が残ったから、七倍の時間が残ったから、学校でやれなかったことをまたやろうという、こんなことを考えないで、私たちは自由に、もちろん人様々なインストラクションを受けながら、将来にわたって時間を使うことができる。それこそが私たちが生きていくことの本来の目的だったのかもしれないんです。そういう時代になってきたということを私も含めて改めて考え直そうではないか、そんなふうに皆さんに提案したいと思っています。

松田 まとめを簡単にさせていただきます。

現在、民主主義社会で、私たちは選挙を通じてしか国政に参加できないと思っているわけです。いつもマスメディアを通じて、私たちはだれを政治家にするか、勉強しているわけですけれども、マスメディアの方が何も絶対的な価値基準を持っているわけではないのです。それで揺り動かされながら、いつも政治が右へ行ったり左へ行ったり、あっちへ行ったりこっちへ行ったりしている。民主主義を支える、民主主義を担保するというのは、先ほどの基本的な普遍人、万能人、さらに世界から見る普遍的な視点がないといけないと思うんです。

そうすると、現在の民主主義に参画するのに、我々の時代、現在生きている我々だけが参画するだけではなくて、過去によく生きてくれた人々の参画をどういうふうにするか。それは古典の中にありますよね。古典に学ぶということは、古典にはいろいろな欠点も多いわけですけれども、普遍的価値をそこに見出そうということであり、この間のハーバード大学のサンデル教授の対話方式の授業というのも、『学習社会論』を提起したハッチンスのグレートブックス読書運動の一つの方法なんです。正義とは何か、真理とは何か、善とは何か、美とは何か、自由とは、平等とは、正義・公正とは、人間が判断していかなければいけない、行為していかなければいけないときの価値基準があるわけです。これは本当に伝統に学ぶ、過去の学術・芸術に学ぶ。ですから教養と芸術というのは今ほど大切な時代はなくて、今、国際教養学部とか教養学部教養学科というのが学生に見直されてきて、そういうふうに変えたところはみんなうまくいっています。出遅れているところはいっぱいあるんですけれども、教養としての学術・芸術というのは、普遍人、万能人を育成するとても大切な教材で、それは何も学校の中ではなくて、ユネスコ世界遺産の中にいっぱいあると思っています。フィレンツェには、飛行機も安くなったようですし、羽田から行けるような時代にもなりますから、ぜひ一度、何度も行っていただければと思います。

押せ押せのシンポジウム、さらに長時間のシンポジウム・勉強会でしたけれども、ご清聴に感謝いたします。ありがとうございました。（拍手）

本章は、二〇一〇年一一月七日のダンテ・フォーラム『フィレンツェに学ぶ芸術都市の経営』の内容を編集整理したものです。（主催・森永エンゼル財団、イタリア文化会館、日本経済新聞社／会場・イタリア文化会館）

第三部　ルネサンス世界遺産・心の旅

――ヨーロッパ・ルネサンスの旅案内――

第五章　ルネサンス研究の自分史―課題と展望

――それぞれのルネサンス・ゼミ旅行――

〈講演1〉　西洋中世史とルネサンスと私

樺　山　紘　一

実はこういう装置とこういう筋書きの中で、どんなお話をしたらいいのか、よく呑み込んでおりませんし、どんな仕組みで今後進むのかということもよく理解しておりませんものですから、見当外れなことを申し上げるかもしれません。どうかそのあたりはよろしくご寛容のほどをお願い申し上げます。また、このための準備のスピーチ原稿をつくっているわけではなく、またお預かりしました四五分間、どんな仕組みでお話ができるかということについても予行演習しているわけではないものですから、事によると途中で打ち切りになってしまったり、逆に早く終わってしまったり、いろんなことがあるかもしれません。それらにつきましても、今回は試みだということでご理解いただければと思います。

ところで、「ルネサンス研究の自分史の回想と展望」ということでございますけれども、全般にわたってお話をするだけの用意もまた時間もございませんので、本日は、現在の私、あるいは私たちにとって説得力があるかな、緊迫度があるかなというようなお話の一部分を申し上げることにしたいと思います。

自分史とございますので、自分を語らなければならないのですが、私は、個人的には、あるいは個人の職業的にはヨーロッパ中世史家でありまして、そのことは学問を始めました今から五〇年近く前から現在まで基本的には変わっておりません。ヨーロッパ中世の歴史の学問研究者でありますから、極めて狭い部分を専門とする中世史家にすぎませんので、その意味ではそこだけしか語る資格はないのですけれども、とはいえ、それ以外の幾つかの事柄についても考え、あるいは発言もしてきました。果たしてヨーロッパ中世史家であった私がどういう形でルネサンス及び歴史と文化一般のことを語ることになったのか、そしてその結果として、どんな地点へ行き着こうとしているのかということについて、自分史的に回想と展望を含めながらお話を申し上げたいと思っておりますので、よろしくご理解のほどをお願い申し上げます。

1　パドヴァのマルシリウス研究からの出発

私が学問を始めようと思いましたのは今から五〇年も前のことです。この後に登壇いたします田中英道さんと全く同じ時代に学問にとりつくことになったのですが、大学でともかく職業的な研究者として出発できるかな、できないかなと思っておりました。その最初のテーマは、ヨーロッパ中世における政治思想でありました。その中で、卒業論文を初めとして専門研究者としてともかくも発言できるのかなと考えた主題、テーマは、随分昔のことでタイトルも正確ではないんですが、「パドヴァのマルシリウスの政治思想」という、そんな論文を書くべく勉強したところからスタートしました。

パドヴァのマルシリウスというのは、我が国では余り知られていない名前でありますけれども、イタリアのパドヴァで生まれました。ラテン語つづりではマルシリウス、イタリア語ではマルシリオという人物であります。一三世紀の末に生まれ、一四世紀の二〇〜三〇年代にかけて活動した。その活動の舞台はイタリアだけではなく、全ヨーロッパとは言わないまでも、現在の西ヨーロッパに相当する地域でありましたけれども、当時の様々な政治思想の中では極めて特徴的な、オリジナルな発想をした人物であると考えられます。ちょうど一三世紀から一四世紀にかけての時代は、ヨーロッパ中世にあっては、一方にはローマの教皇庁がキリスト教政策、教会政策全般にわたって強い主張を持ってリードしようと試みておりました。他方では、現在では神聖ローマ帝国と呼んでいる帝国、つまりドイツを中心として北イタリアから現在のオーストリア等の中央ヨーロッパに広がる帝国があった。それに加えてフランスやイギリス（当時のイングランド）といった幾つかの後の国民国家がある。そうした世俗世界の国家がある。この聖俗二つの間の政治的な、あるいは思想的な緊張関係が極めて強かった。一一世紀から一二世紀にかけて、この問題が発生し、その後、一四世紀から一五世紀まで、ヨーロッパ中世の最も重要な問題の一つとして多くの人々が直面していたわけです。

この問題に対してパドヴァのマルシリウスは様々な議論の中で彼自身の立場を選び取りました。それによれば、キリスト教教会はあくまで宗教にかかわる一定の部分、分野だけにかかわるべきものであって、国家政治あるいは経済等々の世俗的な活動においては、帝国の皇帝であれ、国王であれ、いずれにせよ世俗世界のリーダーシップのもとに置かれるべきだと考えた。つまり二つの権力もしくは権威は別々の領域を占めているにすぎない。ローマ教皇、つまりキリスト教教会は、その中で相対的には小さい部分、マイナーな部分を領知しているにすぎない。他方で、皇帝であれ、あるいは国王であれ、世俗世界のリーダーである者は、人間生活の政治や経済、あるいは社会的な諸関係を全般にわたって按配することができる。そうした強大な権力を与えられている。それはもともと、たまたま現時点の臨時の事情でそうなっているのではなくて、人間が社会的な動物である限り当然のことである。人間はこうして国家社会の仕組みをつくり上げ、それを国王や皇帝に何らかの形で権力委託することによって出来上がったものだ。つまり国家政治がこれらについて全面的なリーダーシップを持つのは人間の本性上当然なことだという理論を立てます。

言うまでもなく、その背景としては、当時彼が直面しておりましたローマ教皇庁、ボニファティウス八世からヨハネス二二世といった、当時、大変強固な教会側の理論を立てていた陣営を向こうに置いて、一方における皇帝や国王の政治的な主張を支持する、そうした意図のもとで理論を立てていくことになりました。一三二四年という年でありますけれども、彼は『平和の擁護者』というラテン語による大きな書物を書きました。その中で今申し上げたような理論を逐一構築します。これらの理論のバックグラウンドには、当時ようやく着目されるようになった古代ギリシアの哲学者、アリストテレスの政治理論がありました。

2 北イタリアの古都パドヴァ

ごく簡単に整理して以上のようなことですが、この人物、マルシリウスはパドヴァの出身であるということに私は大変強い関心を持ちました。当時、一九六〇年代のことでありますから、我が国でパドヴァについての逐一詳細な情報や、それについて書かれた書物等は、日本語はおろか、当時私たちが入手できるようなヨーロッパ語の書物の中にもほとんど存在いたしませんでした。だからと言って、今の学生だったら「ちょっと見に行ってくるわ」と言ってすぐ成田空港に行くかもしれないですが、そのころ一九六四年にようやく為替自由化が実現したぐらいのことですから、私たちがとても行けるはずはなかった。しかしながら、パドヴァのマルシリウスの極めてラディカルな政治思想のバックグラウンドには、単にアリストテレスという古代哲学者だけではなくて、彼が生まれたパドヴアという現実の町があったはずです。少なくとも私たちの大学年齢、つまり二十歳ぐらいまではそこにおり、その後パリへ行き、ヨーロッパ全体を周遊していたのでしょう。しかし、最初に彼が育ったのは言うまでもなくパドヴァの街でありましたから、パドヴァに何か物事を解く鍵があるのではないかと考えました。二〇代の学生である私にはとても及びもつかなかったのですが、ヨーロッパ全般を視野におさめることによって、同時に、彼が生まれ、彼が立論していった、少なくとも萌芽の部分を考えていったパドヴァのことを考えることはできないだろうかというのが、学生である私の最初のモチーフでありました。

その後、いろいろ苦労いたしました。なかなか物事がうまく出来上がっていかないし、ついでのことながら、その直後に学園紛争等々がありまして、研究者としての成り立ちはなかなか実現せずに、苦しいことばかり、下手っぴなことばかりしておりました。その後、運よく就職もいたしまして、多少とも時間的な、あるいは経済的な余裕ができたころ、随分後になりましたけれども、一九七〇年代になりまして初めてパドヴァという街を訪れることができました。とはいえ、行ってみてすぐ何かがわかるわけではない。しかし、私が思い描いていたヨーロッパ世界、とりわけパドヴァの街がこういう構造とこういう雰囲気を持っており、この中からオリジナルな政治思想としてパドヴァのマルシリウスが出現したのだということも、何となく納得したような気がしたものであります。実際には、そこで問題が解けたわけではなく、ずっと抱え続けながら、今でも抱え続けているんですが、その後に幾度かパドヴァの街を訪れる機会があり、まだ甚だ力及ばずでありますけれども、パドヴァについて多少とも情報や知見を蓄積することができたのかなと思っております。

これからルネサンスについてのお話にたどりつけばいいのですが、途中までになるかもしれませんが、ルネサンスを考えるための入り口が、実は私にとってはパドヴァだったということで、そのいきさつを更にお話し申し上げたいと思っています。もっとも何も私と同じことをやってくださらなくても構いません。パドヴァなんかではなくて、ルネサンスを考えるのであれば、最初にフィレンツェへ行ったり、あるいはヴェネチアであったり、ローマであったり、一番オーソドックスなやり方があり得ると思います。また学生、教え子たちには、こんな回り道なんかしないで、まっすぐフィレンツェのウフィツィ美術館に行きなさいとか、そこの文書館に行きなさいとか言うんですが、私は遠回りの道をたどってしまったものですから、その仕組みをパドヴァを中心にこれからお話し申し上げたいと思います。

3 巨大な市場と広場、ラジョーネ宮

①（以下○囲み数字は本稿末の写真番号） ご覧いただいておりますのはパドヴァの街の中心部。ご承知かと思いますが、パドヴァは北イタリア、ロンバルディア平原のやや東寄りにあります代表的な都市の一つでありますけれども、街の中央に巨大な建物があります。かつてはギルド商人たちのセンターであり、またその他の幾つかの集会場、公式の事務所等々があった建物、ラジョーネ宮といいますが、もちろん中世以来幾度か壊れたり、いろいろなことがありましたけれども、基本的にはこの構造は変わっておりません。八〇〇年あまり前の創建であります。今風な言い方では、二階建て、もしくは三階建て、しかも今左側が見えて、右側は見えておりませんが、横幅が八〇メートルに及ぶ巨大な建物が街のど真ん中にありまして、これを中心にその外側には二つの大きな市場、マーケットがあり、そのマーケットは当時一二～一三世紀から現在までほぼその姿を変えずに営まれ続けています。

ご覧のとおり、手前にはテントがけの売店、ショップとか、ちょっとした小屋のようなものもありますけれども、小さい店が朝から出る。こんな街でありまして、もちろん中世、七〇〇年前と同じ風景であったとは限りませんけ

れども、恐らくここはかつて野菜市場と呼ばれておりましたので、近傍の農村から運び込まれた野菜等々がここで日用品として販売されていたと思います。

ついでながら、この建物の向こう側も同じように広場になっているんですが、そこは果物市場と名前がついております。野菜と果物、少し違いがあるんでしょうか。確かに現在でも、その果物市場では、主にスイカとかブドウとかいった新鮮な果物が商われております。

② 同じく先ほどの建物を見ますけれども、恐らく手前の建物はいずれも一八世紀から一九世紀にかけて新築されたものばかりですので、かつての風景とは違うはずですけれども、中央の巨大なギルドホール及び集会場等々は当時と余り変わらなかった。こんなところでもって市の政治について、あるいは社会のあり方について様々な議論が行われ、多分パドヴァのマルシリウスもここに幾度か通い続けながら初等教育を受け、あるいは長じては街の人々と様々な形で政治談義をしたに相違ありません。そんな街であります。

③ 先ほどの大きな建物の内側も、市場がこんなふうになっておりまして、これは現在の姿であります。現在でも、恐らく中世の当時と同じような形で商業活動が営まれております。

④ この建物の内側に入りますと、大変大きな室内空間がありますけれども、フレスコ画が幾つか、もともとは全面に描かれていたようですが、残念ながら幾度か火災があったり、その他いろいろな事情、とりわけ大戦のときには爆撃も受けましたので、もともとの部分が残っているのはほんのわずかですけれども、一部分こんな形で残って、恐らく中世にさかのぼるフレスコ画が現在まで受け継がれてまいりました。これは見にくく剝落しておりますが……。

⑤ 実はこの内側のフレスコ画は、誰がいつどこに描いたかということについてはいろんな議論があるようです

けれども、少なくとも幾つかの部分は、多分この街に滞在したジョットという中世・初期ルネサンスの著名な画家、もしくはその弟子たちとの共作だろうと考えられています。それが証拠には、すっかり見にくくなってしまいましたけれども、いわゆるジョット・ブルーという、ジョットが彼自身の作品の特徴として選び取ったブルー、青い色が幾らか残っておりますので、恐らくジョットもこの制作に部分的にかかわっただろうと考えられる。そうしたものが断片的ではあるけれども現在でも残されております。

後ほどご覧いただきますけれども、そのジョットはこのパドヴァに参りまして、代表的な作品の一つ、「スクロヴェーニ礼拝堂」フレスコを制作いたしますが、それ以外にも幾つか、こんな形で作品を残しました。私個人といたしましても、このときに初めてジョットの仕事と思われるもののオリジナルな姿を見たわけです。ジョットは、マルシリウスとすれちがいとなったようだけれども、少なくとも同じ時代のパドヴァの空気を吸った芸術家が、こんな形で現在まで作品を残してくれていることに強い感動を覚えたのを覚えています。

⑥ これら幾つかざっとご覧いただきますけれども、パドヴァにはただいまご覧いただきましたギルドホールを初めといたしまして幾つか、一三〜一四世紀に由来する建物、あるいはその部分が残されております。パドヴァに限ったことではありませんけれども、イタリア、とりわけ北イタリア都市のいろいろなところにこんな形で中世が受け継がれており、しかもそれは単に中世がそのまま受け継がれただけではなくて、その後を引き継いだルネサンス、またそれ以後の時代がこれらの中に様々な形で織り込まれているということに強い関心を引かされました。

⑦ これらのアーチ型を見ますと、恐らく一四世紀までさかのぼる部分、その後、幾つか修復等々がありましたので、大変説明は複雑でありますけれども、こうした建物が残されていました。

4 ガッタメラータ像とスクロヴェーニ礼拝堂

⑧ このパドヴァには、その後、一五世紀以降にも様々な形で芸術作品等々が残されました。ご覧いただきますのは、「ガッタメラータ」騎馬像と言う名前で知られていますドナテッロの作品ですけれども、当時、ルネサンス時代最大のブロンズ彫刻作品だと言われていました。これは先ほどご覧いただいた広場から歩いて一〇分ほどで、巨大な教会堂の前に据えられておりました。当時から、ルネサンス時代イタリアの最も大きい作品として多くの人々を引きつけていました。現在でもここに残されています。

⑨ 今の「ガッタメラータ像」の内側にあります教会堂ですが、聖アントニウス教会と言われています。パドヴァのアントニウスという、マルシリウスよりもほぼ一世紀前の時代の人ですが、大変な神秘家として多くの奇跡を行ない、同時に影響力のある修道士の聖者でありました。その人物を記念するドームが建設されておりまして、そこにはイタリア各地から数多くの巡礼者が訪れたと記録されており、現在でもイタリア各地からここに向けて多くの巡礼者が来ております。パドヴァという街は、決して巨大な都市ではありませんけれども、先ほどご覧いただきましたジョットや近傍の市民たち、そして聖アントニウスへの巡礼者を含めて、非常に多くの人々が中世からルネサンスにかけて押し寄せたということが、こんなところから読み取れます。

というわけで、私といたしましては、このパドヴァに初めて行く前から、パドヴァのマルシリウスを取っかかりとして、その先にヨーロッパ中世の政治思想は一体どうなっていくのか、現実上の政治的な指向はどうなっていくのかと、そんなふうに問題を追いかけたつもりであります。なかなか上手に追いつかなかったのでありますけれども、ともかくも一方では、本来職業としておりましたヨーロッパ中世、とりわけ政治思想を中心とした政治の問題を頭に置きながら、他方では今見てまいりましたジョットからドナテッロに至るイタリア・ルネサンス芸術の形成期から最盛期に至るまでを、とぼとぼ歩きではありますけれども、追いかけてきたつもりであります。

⑩その中で、とりわけ私にとって大きな意味がありましたのは、「スクロヴェーニ礼拝堂」です。先ほどのパドヴァの街の中央広場からほんの歩いて一〇分ほどのところに「スクロヴェーニ礼拝堂」と言われるものがあります。よく知られている礼拝堂でありますが、パドヴァの市民、都市貴族でありましたスクロヴェーニ家が私財を投じて建設させた礼拝堂であります。随分あくどい商売をやって成り上がった家柄と当時言われていたようでありまして、その罪滅ぼしのためにつくったのだともいう、本当のところは知りませんけれども、そんなふうに言われた礼拝堂であります。決して大きいものではありませんが、その礼拝堂の内部一面、フレスコ画は全てジョットが、事によるとジョットの助手たちも含めたジョット一派が制作いたしました。一三〇五年頃といいますので、先ほど申し上げましたパドヴァのマルシリウスよりも恐らく少し後だったかもしれませんけれども、いずれにいたしましても、この作品が現在までこの形で受け継がれまして、現在では大変な人気を博し、ここに入るために長い列が出来上がっています。

昔、最初に行ったのは三〇年ほど前ですが、そのときはそんなに並ばなかったのになという感じですが、今はスクロヴェーニに限りませんけれども、イタリア各地、どこもここも列だらけでありまして、本当に時代が変わったなという感じがいたします。今は事前に申し込んでも随分待たされ、入ると二〇分で「はい、おしまい」と言って、「次の方、どうぞ」ということになるそうです。

このジョットの仕事は、言うまでもなくイエス伝、とりわけイエスの生涯にかかわる部分。それだけではありませんが、とりわけイエスの生涯にかかわる部分が中心となり、いずれも高度な技法によって支えられたフレスコ画であります。よくあちこちで引用されますので、ここはざっとご覧いただくことにしましょう。

⑪　イエスが生まれた。馬小屋で生まれた。そこに三人の博士が訪れてまいりまして、それぞれ贈り物を贈るという有名な場面でありますが、この場面は、とりわけスクロヴェーニ礼拝堂フレスコ画の中でも有名であります。それはなぜかと申しますと、ご承知のとおりに、馬小屋の上に星が飛んでおりますけれども、これは聖書の記述によればイエスの誕生を告知する星が飛んだ。その星の落ちる先を探して、三人の博士（マギ）たちはこの馬小屋へたどりついたということになっております。この星は聖書の記述をバックグラウンドに描いたものではありますが、同時に、ジョットの選択は、彼自身、そして同時代の人々自身が体験した彗星だと考えられています。一三〇二年に実際に出現したハレー彗星であろうと考えられます。この作品はその直後に描かれたものでありますので、恐らくそういうことでありましょうが、これだけ明々白々に描かれたハレー彗星は史上最初であります。もちろんこのときにジョット、あるいは当時のイタリア人は、ハレー彗星ということは知りませんでした。ハレー彗星は、四百数十年後に、エドモンド・ハリーによって天文学的に説明されることになりました。七六年周期で周回してまいりますけれども、そのことがわかる前にこういう形で描き残されたということで有名になった場面であります。ご承知のとおり、つい何年か前、ハレー彗星が出現したときにアメリカのＮＡＳＡがハレー彗星探査衛星を飛ばしましたが、あの飛ばした衛星はジョットという名前でしたけれども、言うまでもなくこの作品に即してのことでありました。

そんな話をすると長くなってしまいますので、次へまいりましょう。

⑫・⑬　ルネサンスと言っても、ルネサンスが明け染める一四世紀の冒頭でありますから、大変多くの中世的雰囲気、もしくは場合によってはビザンチン的な相貌と言う人もいますが、そういうようなものが残されております。しかし、中世に描かれた多くのフレスコ画と比べまして、明らかにルネサンスの息吹を感じさせるところがありま

す。

⑭　これは最後の晩餐でしょうか。

⑮　順序が逆になりましたが、神殿へ入るイエスですね。

今ご覧いただきましたように、スクロヴェーニ礼拝堂の側面いっぱいにフレスコ画が描かれています。私は歴史家であり、美術については全くの素人ではありますけれども、こうした作品を直接見ながら、ジョットが生きた時代、つまり一四世紀の初めを全体として考えることができる。そのための糸口、とば口として、大変重要なものを持っているなということを考えさせられました。このことを通して、少しずつではありますけれども、かねて関心を持っておりましたルネサンスに向けて、専門の歴史研究者としての立場とは厳密に同じではありませんが、いま一歩を歩き始めたつもりでおりました。

5　北イタリアの焦点、ミラノ

パドヴァのその後について続けましょう。

⑯　パドヴァは北イタリアで決して重大な地位を持っていたわけではないけれども、今ご覧いただきましたように、マルシリウスの理論的な登場や、ジョットを初めとする芸術家たちの活動等をバックグラウンドとして、パドヴァは中世末からルネサンスにかけて大変大きな力量を示すようになってきた。これらのことを念頭におきながら、私も、少しずつイタリア、とりわけ北イタリアの幾つかの都市の史料を読み、その中から同時にイタリアにおけるルネサンス芸術、美術を含む芸術の展開を考えるようになっていきました。

まずはミラノ。ご承知のとおり、これはミラノのドゥオーモ、大聖堂の前の広場ですけれども、正面にありますゴシック建築は、建設が始まったのは一四世紀、中世でありますけれども、実際にはこれが完成するまでに数世紀を要しました。当初はこの形で存在していたわけではありませんが、この姿は、その後、イタリア人あるいはミラノ市民に対しては、ゴシックというもの、あるいはゴシック精神をつくり出した当初の中世というのは何であったかということを実物をもって示す現物だということができます。そんなことでもって、ミラノを通して、後のルネサンスの様々な開花がここから出来上がっていくんだということを考えさせられました。

⑰　ミラノの最盛期といいますか、ルネサンスの世紀には、スフォルツァ家、その前のヴィスコンティ家も含めまして、都市の独裁者がおりましたけれども、そうした独裁者たちがこんな形でもって城をつくり上げ、現在でも、スフォルツァ家がつくった城ですから、スフォルツァ城として人々を集め続けています。

⑱　何となく観光写真をご覧いただいておりますけれども、ミラノの大聖堂広場の脇にありますガレリア（ギャラリー）ですが、現在でもこのガレリアは大変な人出であります。これが建設されました一九世紀のミラノ、つまりイタリア統一が実現されようとしていた時代のイタリア人の発想といいますか、美感覚をこんなところで見ることができるということを教えられます。

⑲　サンタンブロージオ教会ですが、もともとアブロシウスという聖人はミラノの人でありまして、ミラノはアブロシウスの街だと言われておりましたけれども、その時代、つまり四世紀からミラノはキリスト教の中心の一つでありました。後にはいわゆるゲルマン人の侵入等々がありましたときにも、一貫してイタリアにおける政治的な、あるいは宗教的なリーダーシップを持っておりました。その街が現在までほとんど街として衰退することなく続いてきているわけです。実際には、ヨーロッパ世界全体が、五世紀から一〇世紀ぐらいまで、いわゆる蛮族の侵入とその後の暗黒の中世と説明されるような時代が続いたことは事実でありますけれども、ミラノはそうした時代の衰

退をほとんど経験せず、アンブロシウスの場合も、先ほどのゴシック時代も、そして現在に至るまで、こんな形でもって継続されてきたことを改めて考えざるをえません。そのバックにはやっぱりルネサンスにいたる社会的文化的な訴求力といいますか、継続した持続力というものがあるということを教えられます。

⑳　ミラノのスカラ座ですが、ご承知のとおりに、イタリアオペラ、あるいはヨーロッパオペラの最大の中心地の一つです。これも先ほどの大聖堂から歩いてほんの五分ほどのところにありますけれども、こんなものを通して、私たちはルネサンスのみならず現在まで受け継がれてきたミラノとイタリアの社会的な、文化的な迫力というものを読み取らざるを得ないと思います。

㉑　ブレラ絵画館ですが、絵画学校、美術学校であり、同時に美術館でもありますけれども、これとアンブロシウス美術館、この二つがミラノにおいて最も重大な美術館でもあります。同時に、ご承知のとおりに、サンタ・マリア・デレ・グラチェ聖堂にあるレオナルド・ダ・ヴィンチの「最後の晩餐」を初めとして極めて多数の芸術作品、美術作品がこの街に残されました。

話が長くなりますので、このあたりにいたしますけれども、いずれにいたしましても、ミラノ、ヴェネチア、ボローニャ、その他幾つかの北イタリアの都市を通して、歴史家として中世末の社会の転変をフォローすると同時に、ミラノがルネサンスの時代の文字どおりの芸術・美術をつくり上げていったのだということを実地を通して考えてみたいと思いました。当時、もちろんそう自由に外国へ旅行することができなかった時代でもありましたけれども、その後、現在まで、随分旅行事情がよくなり、私たちもより簡単に外国へ行けるようになりました。私もイタリアだけをフィールドとしていたわけではありませんものですから、しょっちゅうイタリアというわけにはまいりませんでしたけれども、現在まで多くの機会をいただきまして、こうしてイタリアでのルネサンス活動の現場を見ることができました。

6　ルネサンス研究への道筋

歴史家は通常、言うまでもなく文書・史料を読み解くことによって議論をし、論文を書くのが本来の任務、責務ではありますけれども、私たちは同時に先ほどのパドヴァから始まる現場でどんな理論がつくり上げられ、どんな作品がつくり上げられたのかということの目撃を通して説明せざるを得ない。もちろん現在私たちが見ているものは、七〇〇年前のパドヴァでも、七〇〇年前のミラノでもありませんけれども、しかしながら、現在のそうした社会のあり方を通して、当時の社会のあり方を再現することができる手法を開発する必要があるだろう。もっともしばしば私たちは、多くの方々からご批判もいただきました。今見ているのは昔の実際の歴史ではないだろうとか、現在見て、あれが面白い、これが面白いと言っても、そのことだけで歴史像を語り人を説得できるわけではないだろう。歴史家は、書かれている文書・史料からまずは説明しなければならないのに、文書・史料がないところ、現在の雰囲気とかいったもので説明しても、それは説得力がないではないか、というようないろいろな批判をいただきがちであります。批判は批判として十分に納得できるところもありますから、できるだけ説得力を帯びさせながら理論を打ち立てたいものだ、こんなふうに考えてまいりました。

パドヴァから始まりまして、とりわけ北イタリア、そして少しずつフィレンツェ及びローマを含めた全イタリアのルネサンスのあり方を考えてまいりましたけれども、こんなものを通して、歴史的な諸事象、そこから生み出された絵画・彫刻を初めとする芸術現象といったもの、両方を視野におさめながら、ルネサンス時代の全般を考えていきたいものだというふうに思っています。

以上が、ここまでの私のたどたどしい歩みでありますけれども、いずれにいたしましても、歴史学研究にとって、こうした美術のみならず音楽や演劇、その他様々な文化的な諸活動は、どんなかかわり、意味を持っているだろうか。もちろん歴史でありますから、政治、社会、経済、あるいは文化、その他様々な事象を多様な角度からアプローチしながら、これらを総合的に分析することが任務ではありますけれども、それぞれの分野に関してはそれぞれの専門の領域の方々がおいでになります。美術史に関しては、この後にお話しいただきます田中さんのように、文字どおりの専門家の方がおいでになりますし、経済史についても、とりわけ文化にかかわる領域、音楽とか演劇といった側面にはそれぞれの専門家がおいでになりますから、私たちはその方々に専門的な多くの情報をいただき、同時に、そうした方々との対話を通して、そこから多くのヒントを引き出すことができます。私たちは歴史家として、とりわけ史料を中心とし、現在のフィールドワークも含めて集積した情報を集積・整理しながら、対話を通して、より全体的な歴史像をつくり上げていくことができるはずだと信じてまいりました。

ルネサンスに関しても、言うまでもなくそういうことであります。実際にこれまで私たちがルネサンス研究の古典として読んでまいりましたブルクハルトとか、その他多くの著名な歴史書、歴史研究がありますが、そうした作品は、いずれにせよ高度な専門的な研究を前提としながら、同時にイタリアの現地、あるいはイタリア以外の様々な土地での観察、あるいはそれを解釈するといった様々な作業を通して、過去を再現しようと努力をしてまいりました。その意味では、私たち歴史家も、同じように多くの専門家の方々、違った専門を持つ方々と同じ対象を前に置きながら、場合によっては別々な角度から語りながら、歴史学の研究を続けていきたいなというふうに考えてまいりました。

かつて私が学問を始めたころはいろいろな不自由があった。何よりも現地に行くことがとても困難な時代、「一生の間に一度外国へ行けたら、君たち、とっても幸運だぞ」と私のお師匠さんは言いました。その先生は「私はこれで四回も行った。君たちも僕のように頑張ってくれたら、一回ではなくて二回ぐらい行けるだろう」、こんなふうに言われた。そうか、二回も外国に行って、ヨーロッパに行けたらいいなと思っておりました。でも随分時代が変わってまいりました。また当時、ほとんど入手不可能であった古い文献、あるいは多くの人々がまだ読んでいなかったような古い史料、原史料も含めて、これらが現物もしくはコピー、場合によっては現在のデジタル情報として入手することが可能になってまいりましたので、随分と条件はよくなりました。ただし、史料・資料事情がよくなっただけに、かえって私たち一人でできるような分量ではなくなったこともよく承知しております。多くの人々との間の共同作業を通して、これからも専門の領域と主題を、微力ながらではありますけれども、フォローしていきたいなと考えております。そのためには大変多くの方々のご支援も必要としております。エンゼル財団も含めまして、多くの関連の皆さんにぜひともよろしくお願い申し上げる次第でございます。ありがとうございました。

（拍手）

意見交換

司会（徳山郁夫）（千葉大学教授）　今の樺山先生のお話を受けて、田中先生の方から、同時代のことをやっておられますので、何か質問なりご意見はございませんでしょうか。

田中　私と樺山さんは、同じ高校で、東大に入った時期も同じころですが、私は、最初は仏文科の方に行っていたものですから、西洋史学科と仏文科とは分野が違うので、ほとんど会うことはありませんでした。それ以後も、私は美術史に転じたものの、私は東北大に行ったためにほとんど会っていないのです。ですから、お互いにどういうことをやっていたかもよくわかないんですが、改めて今回お聞きして大変興味深く思いました。同じイタリアに注目していたからです。こういうパドヴァの問題というのは、聖アントニウスだけではなくて、パドヴァ大学の重要性にもからんでいます。ボローニャ大学に次ぐ二番目に古い大学であって、ダンテやペトラルカ、ガリレオもいました。都市そのものが神学と法学の中心地であって、そういう都市の文化から研究を始めたというところに、私は非常に興味を持ちました。フィレンツェやヴェネツィアと違うところから始めたというところで、彼の着眼点のよさが光っているところがあると思います。

というのは、美術史にしても、あらゆる思想史にしても、そこに必ず原点となるある種の思想家がおりまして、フィレンツェの場合にはフィチーノがいる。この人物は余り思想史に出てこないんですけれども、プラトンを一斉にラテン語に訳し、思想をネオ・プラトニズムという新たな古典の原点に戻したのです。このことによってルネサンスが始まったと言ってもいいわけです。それまではもちろん一つの精神的な息吹としてルネサンスがあったわけですけれども、この思想的な役割がレオナルド・ダ・ヴィンチやミケランジェロやラファエロといった人たちに大きな芸術創造をもたらしたわけで、この思想がなければ、ルネサンスの美術は確固たるものができなかった。このフィチーノという人がさらにメランコリーという思想を持ち込んだために、これによって新たに人間学が生まれたわけです。フィチーノの『三重生論』という書物による人間学がある。つまり人間とは何かという問題があったからこそ、ルネサンスというものが我々に間近になってきた。つまり単にキリスト教美術として見るのではなくて、そこにメランコリーという、現代でも老人の思想とは何かという問題があるわけですけれども、そういう創造の思想の人間的な考察があるのだという点です。こういう基礎的な勉強がないと、歴史も、美術史も、あらゆる文化史もよく理解できない。そういう共通な思想が根底にありながら、一人ひとりの個性がそれぞれの世界をつくっていくわけです。いずれにしても、フィレンツェの領主ロレンツォ・マニフィコというメディチ家の中でアカデミアができて、フィチーノのような思想が生まれたおかげで、全てのルネサンス芸術家が影響される。ドイツのデューラー、クラナッハも含めて、一斉にそこのルネサンス文化圏が広がり、そこに美というもの――フィチーノにとっては、美は神の顕現ですから、美しさの表現が前面に出てきたわけです。これは実を言うと、サボナローラによってすぐに否定されるわけですけれども、一時的な開花にせよ、そういう思想が出てきたことによって芸術家の創造性が高まったのです。これがやはりレオナルドやミケランジェロをつくった。

樺山さんがお話になったパドヴァのジョットも、アッシジの聖人と言われた聖フランチェスコが生んだ画家といってよいでしょう。トマス・アクィナスの『神学大全』のような体系化された神学の展開と同時に、聖フランチェスコが小鳥への説法を行なったような、信仰の問題をもう一度人々の前に喚起したことによって新しい芸術が生まれたのです。ジョットがアッシジで「聖フランチェスコ伝」を描いた後、初めて、今のスクロヴェーニ礼拝堂で彼の様式を確立しました。つまり宗教が芸術を育て始めたということがよくわかるのです。文化が一つの神学の理論、あるいは宗教者によってもたらされるということになったわけで、その点においてもパドヴァという都市は注目すべき文化都市だと思っております。

司会　ありがとうございます。樺山先生、出会ったのか、そこに着目したのか、スタートは偶然か必然かわからないんですけれども、今の田中先生のお話について何か。

樺山　ありがとうございます。全くの偶然でした。五〇何年前のことですから、今になって正確な記憶があるわけではないんですが、ほとんど偶然です。今のように、テレビを見ればヨーロッパの何とかの街歩きとか、たくさんの情報がありますから、すぐにわかったはずですが、当時はそういうものが全くありませんでした。たまたまパドヴァという街があるなということがわかったんですが、多少勉強してみると、だんだん事柄の意味がわかってきますが、そのためにも、数箇月、あるいは一～二年もかかりましたけれども、そういう意味では偶然に大変感謝しております。ただ、偶然と言っても、向こうからやってくるだけではなく、こっちから何か探さなければいけないということがありますので、大変ハッピーな、ラッキーな偶然だったと思います。

ただ、先ほど時間の制約で申し上げませんでしたけれども、実はパドヴァのマルシリウスの一四世紀だけではなくて、あるいはドナテッロの一五世紀だけではなくて、ご承知のとおり、今お話しいただきましたパドヴァには大学があります。パドヴァ大学は、ボローニャ大学とほとんど同じ時代にできまして、イタリアで二番目に古い大学です。大変特徴的な大学でありまして、中世にあっても、いわゆるラテン・アヴェロエス主義――イスラム世界から受け入れたアヴェロエス（イブン・ルシュド）という人の哲学をキリスト教風につくり上げていった考え方をラテン・アヴェロエス主義と言いますが、その中心の一つでした。中世の一三世紀、一四世紀だけではなくて、ずっと一六～一七世紀まで、ヨーロッパにおけるラテン・アヴェロエス主義の中心地でありました。また同時に、法学でも、さらには今風に言うと自然科学、当時はそう呼びませんでしたけれども、自然科学の世界でも、大変ユニークな教師たち、あるいはOBたちを生み出しました。

最もよく知られておりますのはコペルニクスです。ポーランドから出てまいりましたコペルニクスは、イタリアに参りましてパドヴァ大学で勉強しました。そこで教わった様々な情報をもとにして、ご承知のような地動説を展開いたしました。あるいはイングランドからやってまいりましたウィリアム・ハーヴェーという科学者も同じようにパドヴァで勉強しました。パドヴァは当時、医学の先端でもあったために、そこで医学の素養を積みました。パドヴァで行われておりました当時としては極めて難しかった人体解剖の現場を幾度も体験しながら、人間の身体構造を分析し、後にイングランドに帰りまして、現在私たちが知っている動脈・静脈の血液循環説を打ち立てます。一七世紀初めのことであります。こうした人たちが実はみなパドヴァに留学に行ったんです。

時代によって事情も違いますから、マルシリウスやドナテッロ、ジョット、その他の人たちも違う体験をしたと思うけれども、そのことが単にイタリア、北イタリアの街の幾つかに刺激を与えただけではなくて、あえて言えばヨーロッパ全体に対してメッセージを発しました。数多くの人々が今風に言えば国境を越えて、しかもイングランドとか、ポーランドとか、そんな遠くからやってきた人たちがパドヴァで勉強し、当時の最先端の学問・知識・情報を祖国に持ち帰って、それを展開させた。そういう場所があったということを私としては大変重要な事柄と考えました。それは文字どおりイタリア・ルネサンスの大切な要素です。もちろんイタリア・ルネサンスには膨大な数の美術作品が創造されましたけれども、それ以外にも、今申し上げました天文学も、医学も、法律学も、そしてラテン・アヴェロエス主義という哲学も、いろいろな学問がそこの土地から生み出されていったということをフォローしてみたいなと考えました。そのことで私も、思いがけずというか、図らずもといいますか、ルネサンス研究全体に少しずつ参画していきたいというのが本当のところでございます。

司会　ありがとうございます。もう一つ、樺山先生に伺いたいのですけれども、最後の方でおっしゃったことですが、歴史は文書・史料を対象にしていったのが通例かと思うんですが、目撃、観察したことから考察していくというような方法の展開についてお話になったと思うんですが、ジョットとの出会いがそこにあったというような解釈でよろしいのでしょうか。

樺山　ジョットとの出会いだけではありませんが、とりわけジョットのこの作品がそこにあることは以前から承知しておりましたし、当時、現在と比べればはるかに写りの悪い印刷ではあっても、スクロヴェーニの図像を見ておりましたけれども、初めて見ましたときには随分と図録に描かれたものとは違うなと感じました。しかしいずれにしても、そうした図像を通してパドヴァを、あるいはそのことを通してルネサンスとヨーロッパを考えることができる。そのことには私たちが通常、本来の王道として考えてきた文書・史料の分析を通しての歴史の情報検証・実証ということとはどこか異なったロジックがあるだろう。でも、そのためには、当然歴史学という科学の一方法ですから、何でもかんでも思ったことを語ればいいわけではない。当然史料としての説得力とか、論理的な構造でもって誰もが納得する理論でなければならない。様々な条件をクリアしながら、そのことを通して現物を観察し、絵画だけではなく、いろいろな資料を通して歴史像をつくり上げること。これが私たちに課せられた課題だなと感じましたし、今でもうまくいっていませんけれども、現在なお課題として追求すべき値打ちがたっぷりあると思っています。

司会　松田先生、ここまでのお二人のご意見に何かございますか。

松田　ダンテ・フォーラムは、亡くなられた今道先生が加わられてから、ダンテの『神曲』の研究に力を入れてきました。その前は、田中先生、樺山先生を中心にダンテ・フォーラムを開いておりました。今道先生が入られてから、ダンテの『神曲』講義を始めて、それがマルコ・ポーロ賞をいただいて、インターネットのコンテンツとして今誰もがアクセスできるようになっています。さらに、稲垣良典先生が引き受けられてから、『神学大全』の仕事が進んだわけですけれども、それも五〇年以上かかって初めて一昨年に日本語訳を終えることができたのです。日本人にとって、六・三・三・四制の学校教育の中で、西洋中世の研究、西洋中世教育の引き出しがなかったように思うのです。そのことについて、今、西洋中世研究が面白い、大切だという人たちがあらわれてきているのですけれども、中世の面白さというときに、どういう点に注意して生涯学習の勉強をしたらいいのか、樺山先生、さらに田中先生にもお伺いしたいと思います。

例えばアリストテレスの翻訳が岩波書店からまた新しくなされているけれども、アリストテレスの研究史ということでは、中世のアリストテレス研究が物すごく大切だと思うのです。しかしそこは全く通り越して、いきなりルネサンスから始まります。やはり日本の西洋中世研究の歴史のありようというのは、これから改革してもらわなければいけないと思っていますけれども、お二方の先生にぜひお伺いしたい。

司会 大変難しい質問ですけれども、樺山先生から。

樺山 いろいろ触れていただきましたので、手短に申し上げます。

まず、ダンテですけれども、今道先生がああいう形でお話をいただく前に、私たち二人、ダンテの話をいたしました。実はダンテは、詳細にはわからないけれども、パドヴァを通ったと思います。具体的な記述はないのですけれども、様々な証拠資料から見て、少なくとも通った。何か残したとはなかなか言いにくいですが、少なくともダンテの場合には、フィレンツェの出身ですけれども、長い亡命生活、流浪生活をいたしましたので、北イタリアの幾つかの都市でかなり時間を使いながら、それぞれの街を観察し、『神曲』の中にはさりげない形で、いろんな形の同時代情報が書かれています。

その中で、一つたいへん面白い話をご紹介します。一三〇八年、ダンテが流浪に出たとほとんど同時ぐらいに、ミラノとトリノの間からずっと北に入った山の中で、ドルチーノという名前で知られているキリスト教の異端が反抗運動を起こしまして、多分何百人の仲間たちを連れて山に籠るという事件がありました。その事実が実は『神曲』に出てまいります。ということで、ダンテという人は、同時代の様々な歴史的な事件に非常に敏感に反応しまして、その中で、時にはそれに対して共感を持ち、時にはかなり厳しい立場で地獄に送ったり——あの人に地獄に送られた人は随分たくさんいますけれども、そういう議論をした人だなという感じがしています。ダンテ・フォーラムで幾つかその話をしたことがありますけれども、今道先生とはその他でも『神曲』をめぐるいろんな話をすることができて、いいチャンスをいただきまして、大変ありがとうございました。

一番難しい問題、中世をどうするか。先ほどお話しいただきましたとおり、私が学問をよちよち歩き始めたころには、中世とはほとんど顧みられない真っ暗な時代だと考えられていました。それが現在まで五〇年間経つと、随分状況が変わってまいりましたけれども、変わったのは世の中のことで、私はあまり拘泥していないのですが、ともあれ中世を考えるためには次の二つのことを同時に頭に入れてほしいなと思っています。これは一般の方々にも、また教え子たちにも言ってまいりました。

一つは、中世社会には私たちが現在体験している近代社会とはきわめて違った、異なった社会構成原理とか価値の体系がある。全てがそういうふうに出来上がっているとは言わないが、現在、私たちが近代社会の中で失ってきたもの、あるいはそれを否定し去ったものがその中にたっぷりと含まれている。例えば人間と人間の直接のヒューマンな関係であるとか、世界と人間との間の共感関係であるとか、自然に対する温かい見方であるとかいったものです。それらは近代社会、近代文化が否定したものだとこれまで説明されてきたものが多い。中世にはそうした近代社会とは全く違った考え方、スタンスの取り方があって、それらの中には今私たち近代人として決して見逃すことができないような重大な価値がたくさん含まれている。そうしたものがどこにどんな形で含まれているかということを丁寧な形で発見しようではないか、それが一つです。

二つ目は、ヨーロッパの中世は五〇〇年も八〇〇年も前のことで、その後に近代社会が出来上がって、中世社会はいわば否定されて、その否定の上に立って近代社会ができたと言うけれども、実はヨーロッパの現在の近代社会についてみても、その根っこの部分の多くは中世にあった。中世の中でつくり上げられたものが耕され、組みかえられ、そして現在に受け継がれているんです。いわば現在のヨーロッパ社会の根っこ、オリジンが中世の懐のうちにあった。もちろん時代や地方・地域によって違うけれども、そうした現在のヨーロッパ文化、ヨーロッパ文明の祖郷、根源というべきものがそこにあって、そこの根っこを探し出すという仕事は、ヨーロッパを理解するためには必須の仕事です。その根っこのあり方は、私たち日本とか、中国とか、それぞれ違うかもしれないけれども、ヨーロッパ人も実はその根っこを探しています。それは過ぎ去って暗くなって、無効になった過去のことではないんです。自分たちの社会のオリジン、起源の部分を何とか探し出そうという長い営み、そのことを誤解したり勘違いしてはいけないでしょう。中世は、そこからヨーロッパ社会が出来上がっていく、いわば温床であって、その温床の中にどんな形で根茎が貯えられ、それが芽を吹き、花が開いたのか、そのステップを考えていくのが中世研究の本来の役割でしょう。それは近代と中世のどちらを採用するかという話ではなくて、ヨーロッパという樹木を理解するためには必須の仕事なのだということを忘れないでほしい。

以上二つのことを申し上げましたが、このことは誰でもできるわけではないし、私なんかとても満足にはできませんけれども、多くのこれまでの研究者や現在の研究者が念頭に置いているのはその二つだったはずです。その二つをどうやってすくいあげ、しかもそれらをともに私たちの頭の中で消化していくことができるかということが、私たちの課題なんだろうなと、こんなふうに考えていると申し上げておきます。

司会　田中先生にお願いします。

田中　それも本当に賛成で、基本的に、ヨーロッパ近代というのはほとんどこの時代に原型が出来上がっていると考えられます。少くともその出発点があるということは明らかで、これからの私の話もちょうど接合するわけですが、私が最初に行ったのはストラスブール大学で、ゴシック都市ですが、まさに今現在の都市の中核がほとんどその時期に出来上がっていることがわかります。それは近代都市といわれるパリもそうですね。その点から見て、中世という言葉そのものに私がちょっと疑問を感じ始めたのは、中世というのは、moyen age、あるいはmedieval historyという、真ん中という意味ですね。それは古代ローマ、ギリシャ・ローマから近代の間ということになるわけです。

しかし、私はローマに住んでいたときに、ローマの生き方、それから宗教は全く違うのです。最後はキリスト教化しますけれども、基本的に古代ローマの考え方、思想、あるいは宗教も含めて、人間観は、つまりご存じのように民族移動してやってきたゲルマン民族がつくり上げたキリスト教文化と全く違うわけです。ですから、そこに中世という名前をつけて、あたかも古代ローマ・ギリシアからずっと発展して近代ができたような歴史観は間違っている。それはある種の西欧中心主義というか、西欧だけに古代から現代までの歴史があるんだという歴史観であって、私は非常に疑問を感じるのです。ですから、中世というのは、まさにネサンス、いわゆる最初の時代であると考えます。アングロサクソン、ゲルマンのヨーロッパの最初の時代が、カロリンガとか、メロリンガ、そしてロマネスクに当たる、七~八世紀の新しい形成期であって、言葉も大体九世紀、一〇世紀に出来上がるわけです。ですから、現在のヨーロッパの言葉は日本よりも新しいことになります。

西洋というものを見るときにやはり間違ってはいけないのは、彼らが主観的に考えている歴史観と我々が見る見方、外国人が見る見方とは違うということです。これは仕方がないことかもしれません。西洋人たちの歴史は、ひとつの文化圏として見、そこが中心と見ると考えます。一番理解していると思っているからです。しかし意外にそうではない。彼らは本当のところを見ていないのです。我々はアジア人ですから、その立場から彼らを見る視点があっていいわけです。私は、西洋でも、彼らが見ることができない視点から見よう、そういう考え方であらゆる研究をしてきたつもりです。そこが認められるか、認められないかは別問題ですけれども、それが日本人の研究が彼らに貢献できることでもあるだろうと思います。

そういう意味で、「中世」という言葉も、実を言うと、そういうことを我々としても見ることができるので、そういう意味では彼らを理解する面白い主題だと思いますね。

① パドヴァ

② パドヴァ

③ パドヴァ

⑤ パドヴァ

④ パドヴァ

⑥ パドヴァ

⑦ パドヴァ

⑨　パドヴァ

⑧　パドヴァ

⑩　スクロヴェーニ礼拝堂

⑫　スクロヴェーニ礼拝堂

⑪　スクロヴェーニ礼拝堂

⑭　スクロヴェーニ礼拝堂

⑬　スクロヴェーニ礼拝堂

⑮　スクロヴェーニ礼拝堂

⑰　ミラノ‐スフォルツァ城

⑯　ミラノ‐大聖堂広場（ドゥオーモ）

⑲　ミラノ－サンタンブロージオ教会

⑱　ミラノ－ヴィットーリオ・
エマヌエーレII世のガレリア

⑳　ミラノ－スカラ座

㉑　ミラノ－ブレラ絵画館

〈講演２〉　イタリア美術史とルネサンスと私
――ヨーロッパ六都市に留学して――

田中英道

先ほど樺山さんから、文書を中心に組み立てるのがある意味で歴史学の本道といわれました。それ以外のことは、要するに、それの傍証とするということだろうと思うのですが、私の美術史は、逆に言うと、視覚的な作品を対象にしながら、その分析を通じて、そこから文書によって文化や歴史を展望するという、異なったブルクハルト的な視点の研究方法です。ホイジンガーもそういうところがありますが。それが精神史、宗教史的な研究にもつながります。書かれたものだけではなくて、造られたもの、描かれたもの、あるいは演奏されたもの、曲が楽譜として残っている限りは、それをまた復元できるわけで、そこから新たな文献に書かれない人々の様相がわかってきます。いろいろな要素、遺跡、建物、発掘されたもの、そういう考古学的な要素は重要な歴史の発見にもつながっていくものです。

私、学究生活は先ほど言ったようにフランス文学から始まったわけですけれども、語学が好きではあったんですが、フランス文学を現地の人のような深読みができない。自信を持ってこうだと言う言葉の発見が外国人の私にとっては非常に難しい。特に日本人は違う文化圏ですから十全に理解したという自信をもてない。そういうこともあって、フランス文学科は一応卒業はしたのですが、すぐに美術史科に移りました。ここでは、美術作品は誰でも対等に見ることができる。やはり自分の言葉を自信をもっていえない研究対象というのは生きてこないだろうと思ったわけです。西洋学問の紹介なら翻訳ができるわけですけれども、自分の言葉で語りたい。そしてそれを何とか西洋の人たちに伝えたいために、西洋美術に移ったのです。幸い吉川逸治先生という先駆者がおられ、戦前からフランスにおられて、中世美術、特にサン＝サヴァン教会堂の研究で一級の研究をされて、フランス語で本を出されていました。この先生が私の師であったために、その方向にとにかく従っていこうと思ったのです。そういう研究を私もやらないと、西洋美術史家として認められないだろうということがあって、先生の紹介でストラスブール大学に留学したわけです。

1　ストラスブールとパリ

①（以下○囲みの数字は本稿末の写真番号）ストラスブールというところは、まさにゴシック都市でありまして、これから地図をご覧に入れますけれども、一二～一三世紀に都市の中心が形成されているのです。カテドラル（大聖堂）、一方に市庁舎、広場があります。広場というのは、そこに市場も立ちますけれども、同時にそこが軍事、つまり兵隊が集まるところです。そういうところが都市国家の重要なところで、市場と広場、そして教会と市庁舎、それがキリスト教を中心とした国家、宗教都市国家の性格なのです。

我々が考察している芸術都市という存在がどう成立するか。このことが近代という機械化された、合理性と経済性、そして同じ機能をも使った、まさにグローバリゼーションの時代の都市と、対照的な都市の存在を浮き彫りにさせようとするのです。各国違う文化で保ちながら、そこに美の創造という意志が加わって一つの都市がつくられていくのです。すでにフィレンツェのことを論じましたが、ストラスブールも別の意味でその一例です。

②ストラスブール大聖堂というのは非常に独自な建築です。二つの塔があるべきなのに一つしかありません。アルザス地方の赤い石を使った独特な建築でゴシック形式のスタイルをもっています。建てられたのは西洋文化の

初期の時代、キリスト教が人々の心を捉えて、それが都市の形成に基本的な役割を演じる時代です。つまり宗教的権威と政治的権威、先ほども二つの権力と権威が教会と市庁舎であらわされるわけですが、この二つの力が作動する歴史というものが、都市に典型的に表現される時代です。やはり宗教がこれだけ大きく都市の中央にあって、人々の道徳観や人々の宗教観、精神構造を規定しており、さらに美をあらわす建築や彫刻・ステンドグラスにつくられて人々の情操を高めます。パノフスキーはゴシック建築がトマス・アクィナスの思想によって支配されていると述べましたが、必ずしも芸術にまで至らないものが多いものの、これがイタリアでフィチーノの思想まで至ると、造形的な表現が精神性と結びつき美というものが現出していくのです。特にプラトニズムになると、愛と美とが結びつき神が美と合体していくと考えられるようになったとき、フィレンツェのような都市が生まれるわけです。

私は、最初はフランス文学を志しましたが、東大にはイタリア学科がなかったために、はじめから「ルネサンス」の研究ができなかったわけです。必然的に一番近いフランス美術を研究し、このストラスブールではラトゥール研究をしていました。私の研究史を述べるのもおこがましいのですが、この会が、研究の自分史を語れというテーマがありますので、仕方ありません。自分史を述べる年になったかという感じがしないでもないんですが、ともかく語ってみましょう。日本経済新聞に履歴書を書くようになると、死が間近だという感じがしますが、まだまだ私は現役のつもりでいますから自慢話のようになるのをお許し下さい。

そういうことをお話しすることも一つ益することもあるだろうと思ってお話しするのですけれども、私は学位を取ったこのストラスブールで、西洋が何かをつかんだと思われます。ラトゥール研究という一七世紀のロレーヌ地方の画家の研究をする中で、西洋の歴史の森に分け入ったのです。そのころ、この画家が新たに評価されつつあったときなので、私も新しい絵を発見して注目されました。第一回の展覧会が一九七二年にパリであったのですが、そこで私が発見した絵が載っていたのは喜びでした。ですから、ラトゥール研究に貢献したと自負しているんですけれども、そのことが西洋の実証的な論理性に大きな自信を植えつけてくれました。そのときにパリの国立図書館や、ソルボンヌ大学の美術研究所に通うためにパリに長くいたわけです。

③・④・⑤　パリの地図をご覧に入れますが……。

パリというところは、どこを写しても観光写真みたいですが、都市というもののランドマークがそこに住むと、自ずと影響を受けるものです。それがストラスブールの場合はカテドラルでしたが、パリの場合はもうひとつのエッフェル塔です。ノートルダム寺院が近代以前であって、エッフェル塔が近代なわけです。研究を行うのは、近代という時代で、我々大学人は近代の申し子みたいなところがあります。一方はまだ宗教という信仰が中心の時代のもので、それが中心の時代。我々の近代というものは、宗教を相対化してしまって、あるいはニーチェのように「宗教は死んだ」というような状態にいるわけですが、そういう時代に、研究をすることは過去のものを相対化することになります。一方がエッフェル塔に象徴される近代機械文明というものをどうとらえるか。これこそ近代の万博というのがつくり出したのですが、その美はどのような意味があるか。建ったのは一八八九年、エッフェルという建築家が設計しました。

私はその後、ジャポニズムを研究した結果、この塔は富士山を想定したものだということがわかってきたのです。なぜ富士山かというと、北斎の「富嶽三十六景」が影響を与えているのです。この三十六景で富士山の半分は、江戸から見ている。江戸から見た富士山なのです。その意味はというと、江戸を守る富士山です。まさに江戸から富士見をする対象です。東京には「富士塚」「富士見台」「富士見坂」があり、それから「富士講」というのが盛んであったのです、そういう江戸の富士を見ていると、まさに「富嶽三十六景」で北斎が示しているものは江戸のランドマークなのです。それはリヴィエールという有名な版画家が「エッフェル塔三十六景」というシリーズを描いていることでもわかります。つまり日本の富士山、東京の富士山が、パリではエッフェル塔になったんだなということを意味します。ちょうど一九世紀後半はジャポニズムの時代であったわけです。その研究は『光は東方より』（河出書房新社）でしましたけれども、改めて『ジャポニズム』という本を書いてみたいと思います。パリのビブリオテーク・ナショナルに毎日通っていた日々にその種が蒔かれました。フランス政府給費生であったとき、フランス政府が五年間（一九六五―六九）も給費を出してくれ、旅行の費用まで頂いたことは、フランス研究のために大変役立ちました。そのころ、フランスはエリート教育ということを考えていて、そういう意味でいい待遇だったことを思い返すわけですが、そこで論文を書くことができたわけです。幸い論文審査会（スーテナンス）では très honorable（最高点）を得ることができました。

しかし、フランス政府には申し訳なかったのですが、フランスにいるときにイタリアという国の文化が気になりはじめたのです。ラ・トゥールはイタリア、とくにカラバッジオの影響を強く受けた。フランスの美術家は、プッサンを初めとしてみんなイタリアに行って勉強するわけです。近代でも実を言うとローマ賞というのがあって、一番優秀な画家はローマに行くわけです。ローマにはメディチ家の館があり、そこに滞在する。ローマには、フランスの植民地みたいなところがあって、そこで勉強するようになっているわけです。ですからフランスという国は、実はイタリアから深く学んだのだということがわかって、私も論文審査が終ってイタリアに向かったわけです。

地図をご覧に入れたのは、いろいろなパリの文化研究の仕方を述べたかったわけですけれども、ビブリオテーク・ナショナル（国立図書館）とかサン・ミッシェル通りのソルボンヌ大学の美術図書館、ルーヴル美術館とか、シテ・ユニヴェルシテール（大学都市）など、その位置関係をお話しすれば長くなるので省きますが、もう一つの面をお話しすると、私の先生はルイ・グロデッキーという先生で、ポーランド系のユダヤ人でした。このことを私は最初意識しなかったんですけれども、パリにいることによって、やはりゲットーが気になりました。もう一人教えを乞うたピエール・ローゼンベール先生はルーヴルの館長、それから、ソルボンヌのテュイリエ教授らは、全部ユダヤ人であったことです。そういう問題が、私のヨーロッパ体験の中の原体験の一つとなったのです。実を言うと、研究方法もユダヤ人学者たちから深甚に影響されました。留学中は必ずしも強く意識しなかったのですが、パリにいたときに、一九六八年の五月革命に遭遇したときに、その指導者たち、哲学者たちがみなユダヤ人であったことに驚きました。私は日本で安保闘争も経験していたんですけれども、フランクフルト学派というユダヤ人グループのマルクーゼも、アドルノも、ホルクハイマーも、全部ユダヤ人のマルキストたちが主導していたのです。もちろんマルクスもユダヤ人です。それも労働者革命ではなく、反権力主義、反権威主義という「批判理論」を掲げていたわけです。私は、東大に入った途端に安保闘争がありましたから、巻き込まれざるをえなかったし、東大の先生たちも多くはそういう運動に共感を寄せていました。当時は経済学では宇野理論がはやりましたが、丸山真男から、仏文の平井啓次までそういう言論を展開するわけです。学問することがマルクス主義を勉強することでもあった時代なのです。そういう時代にあったために、必ずしも専門ではなかったのですがマルクス主義を勉強し、自治会の常任委員長に選ばれたり（すぐ辞退しましたが）、五月祭の委員長にまでなってしまったのです。一方で、そういうことを勉強せざるを得なかった時代でした。ただそういう勉強がヨーロッパ留学でも役に立ったことは事実でした。

2 フィレンツェとローマ

これからご覧いただくフィレンツェの写真は、先ほど言ったように、フランス美術が基本的にはイタリアからもたらされた。イタリアの淵源をさぐりに出かけ、ローマだけでなくフィレンツェにその元があったということを示したかったからです。ちょうど小学館が『フィレンツェの美術』という、大きな五巻本を出すという企画があり、それを吉川逸治先生が監修され、私に現場に行って写真撮影に立ち会えと指示されたのがきっかけです。そのときにフィレンツェの美術館、教会堂を回り写真を撮るわけですから、そのすべての作品を見、そしてスケッチまですることができました。そこで通訳をしたり、指示したり、これを撮ってくれということを言ったりしていたものですから、フィレンツェ美術をその一年間でほとんど通暁することができたと自負しています。

そこで何かをつかみました。何かというと、イタリア人は形というものを、表現する手段として、文章よりもはるかに重要視する民族であるということを実感したのです。つまり形象というものが言語となっているのだということです。それを初めてフィレンツェで知ることができました。当時の人々は、それを楽に読み取っていたでしょう。残念ながら今日では事態は異なっています。今日では形より言語が中心です。しかし絵や彫刻というもの、つまり形象の表現で優れた才能がまさにそれで、思想を表現しているのです。その思想の元を考えると、先ほど触れたフィチーノという哲学者にたどりつくわけです。

⑥　この都市にはアルノ川が流れ、ヴェッキオ橋があって、その隣りにウフィツィ美術館がある。さらに中心にサンタ・マリア・デル・フィオーレ（花の大聖堂）がある。この大聖堂を中心とした洗礼堂、鐘塔がある。一方で市庁舎に広場がある。つまり聖なる権威と俗なる権力、この二つによって構成されているということがわかります。面白いのはこのシニョーリア広場には木が一本もないことです。それはなぜかと問うことも、西洋の都市理解に役

立ちます。日本は江戸を見ればよくわかりますが、同じ都市でありながら、自然の中に生きている印象をうけます。それとは全く違う、石の中に生きているというところに特徴がある。木が一本もない石の広場というのは何か。それはやっぱり軍事的な広場という意味がある。木の陰に隠れて撃つようなことがないようにしているわけです。これは中国の都市も同じですね。囲いの中に木というのを書いて、「困る」となるわけです。「困る」というのは何かというと、木があっては困るわけです。そういうことでやはり中国と西洋とは同じなんだなということを感じざるを得なかったのです。

⑦・⑧　私はフィレンツェというところで何に驚いたかというと、シニョーリア広場に木は一本もないわけです。あそこへ行って木がないなということに気がつくことで非常にカルチャーショックを受けた。現代でも木を植えていないということでした。西洋人はあたりまえだから、これに気づいたといっても何の感慨もわきません。私は日本人ですから、こんなことに気づくのです。つまりそれがもとで西洋を研究しているのですから、その違いに気づかざるを得ないのです。その感性をもちながら、美術史を研究する。幸い美術史学科に入ったときに、日本の美術作品の方はほとんど見て廻っていましたから、大体日本の美術は何かわかっていた。それと比較するという視点が常にあったわけです。この木の一本もない広場を中心としたフィレンツェの一年の生活というのは、私にとって非常に有意義でした。自然観が異なるのですというのは、視覚美術を狭い作家論にとどめないで、文化論にまで広げるためには、日本との比較が必要で、その視点がないと西洋はわからないのではないかということです。観光に行けば何でも比較できるではないかといいますが、しかし見方がわからないと何も見ていないことにもなるという危険性を自覚せざるを得なかったのです。だから研究すること、視野を深めるということの重要さを学んだのです。ふつうの皆さんも観光ということで簡単に行けるぐらいの時代になっていますから、そういう比較する目を知って

おくと見る目が違ってくる。ガイドブックだけ読んで、それを確認することで満足することもいいですが、それでは自分で見たことにならないということですね。

実を言うと、ＮＨＫの美術番組などを見ていると、いつも素人が出てきて、すばらしいと感心ばかりしている。しかしその段階を早く脱却しないと、せっかく人々が行く機会が多くなって、それだけ目が肥えてきているのを、深める芽をつんでしまうことになりかねません。これから松田先生にレジャーとしての視覚的な訓練ということを目指して、いろいろな講座をつくっていただきたいと思うのです。

今、世界文化遺産が一番多いのはイタリアです。イタリアこそがそういう目で見る形象の文化を一番残しているところで、それが思想を表現しているということですね。それが基本で、フィレンツェ美術に思想を見ていく必要があります。文学ではフィチーノという哲学者が愛と美というプラトニズムを持ちこんだために、芸術家たちが影響を受け美術が格段と深くなった。それらはヴェネチアにも行き、ニュルンベルクにも渡り、デューラーという偉大な画家の誕生までもたらすわけです。このネオ・プラトニズムという運動がなければ、フィレンツェ美術は花咲かなかったわけです。これによって大芸術家が生まれました。レオナルド・ダ・ヴィンチ、ミケランジェロ、ラファエロ……。

⑨・⑩　このボッティチェリもまたその一人なわけですが、「プリマベッラ」というのは、この運動の中でポリツィアーノという詩人の影響によって初めてギリシアの世界、つまりキリスト教と違った世界が表現されたのです。もちろんその前から萌芽はあるのですが、ボッティチェリが一番その影響を受けるわけです。この図もそういう一つであるわけです。

一方、ジョットは、先ほど言った聖人のフランチェスコの影響を受けました。ボッティチェリより一世紀半以前の時代で、ゴシック時代の画家ですが、その時代は、モンゴルからもたらされた東方の影響があるんだということを指摘しております。東方の絹織物の影響を受け、シエナ派のシモーネ・マルティーニもそうですが、絹織物を着ている人物たちが多く表現されていきます。パドヴァのスクロヴェーニの礼拝堂の中の人物の衣の縁取りに、いわゆるモンゴル風の文字模様を発見したのです。それは、フィレンツェのバルディ家礼拝堂の壁画でもそうですし、ペルッツィ家礼拝堂の壁画でも同じです。恐らくパドヴァのスクロヴェーニ家礼拝堂が一番顕著だと思いますが、いずれも東方貿易をやっていた商家の礼拝堂です。東方貿易をやっていると、当然モンゴルと接触ができ、商取引も行われる。バルディ家のペゴロッティは東方での商取引の記録を残しているのです。東方でいかに商取引をやっているかを記録として書き残していました。モンゴル（中国）とどう取引をするかを書いています。

フランチェスコ派の運動の背景に東方からの影響があったことを指摘したいのです。それによって物質的にも革新が起こり新しい色彩が加わりました。例えば青のペルシアン・ブルーは東方貿易からもたらされたものです。こういう背景で絵画がつくられて、そして一世紀半たってボッティチェリのような、「ルネサンス」風の絵画が描かれるわけです。そこに新プラトン主義哲学者フィチーノを擁するメディチ家のロレンツォ・マニフィコの人文主義的な芸術作品が生まれていきます。

⑪　ご存じのように、これはレオナルド・ダ・ヴィンチの「三王礼拝図」です。キリストが誕生して、東方の三人の王たちが礼拝にやってきた図です。この図で私が何を新たに見出したかというと、三王が六人いるということです。周りのたくさんのおつきの人も含めて描かれている。そういう人たちもまたよく似た二人が並んでいます。この発見が私の最初のレオナルド・ダ・ヴィンチの論文で評価され、ケネス・クラークやペデレッティなども認めたのです。その意味は何かというと、プラトンの『饗宴』の中に出てくる、人間というのはもともと二人で一組の

愛の姿です。神が二人になってくっついてしまったことにあきれて、半分に割ってしまった。この半分の一人が、残る半分のもう一人を求めるのが愛だと、愛の存在の説明として述べているわけです。ですから、よく似た二人ずつというテーマは、まさにそういうテーマということがわかるわけです。このことがローマ大学のアルガン教授の授業でも私の名を引いて述べられており、友人がその録音をもっていて後で聞くことができました。

一方で、レオナルドを学んだミケランジェロはどうかというと、それに対する一つのアンチテーゼで出したわけです。つまり二人で一つというテーマは、後でご覧に入れますが、最初の「聖母子像」がそういう影響を受けているのが理解できるのですが、人の愛よりも神への愛を重視することになります。「ダビデ像」は一人です。一人になるということが、実を言うと神に近づくことだということになるだろう。プラトン的な愛は、キリスト的な神への愛と矛盾します。ミケランジェロにとってレオナルドはプラトン主義的な芸術家だったという認識があったことがわかります。キリスト教的な画家ではない。そのことはレオナルドが自然というものを非常に意識して、神より自然を重視していることでもわかります。私は、「モナリザ」の背景は山水画だと言っているんですけれども、レオナルドはそういう自然光景というものを非常に大事にする例外的な思想家といえます。一方ミケランジェロの方は、神への愛を希求しようとする。そういうキリスト教的な考え方に回帰するわけですが、それが後になってプラトン的な愛を捨て切ることができず苦しむ原因になります。神はどこにいるのか、と。ミケランジェロのその後の過程を見ていると、神を求めて苦しむ過程だったなということがよくわかるのです。いずれにしてもそういう二大巨匠の研究がフィレンツェ体験にありました。

⑫　そして帰ってきて、私は西洋美術館に勤め、その後、東北大学に招かれました。すぐに一年間留学して来いということで今度はローマに行ったわけです。ローマで改めてミケランジェロの研究をすることができまして、こ

こで古代ローマというキリスト教世界の前の世界があるということを認識しました。そこの世界は、多神教の世界であるわけで、決してキリスト教的な文脈では理解できない、読み取ることができない世界がありました。そこで私は初めてヨーロッパの深さということを考えざるを得なかったわけです。ミケランジェロもそれを知っていたに違いありません。

⑬ローマ市の地図をご覧になると、ここにヴァチカン宮があります。もちろんヴァチカン市国で法王庁があるわけですが、その周りに、ローマがルネサンス都市であるというミケランジェロがつくった広場や建築があったり、ベルニーニを初めとしてボロミーニなど、いろんなバロック時代の様々な建築空間がつくられているのがわかります。ローマを見て単にキリスト教文化と対応するのではなくて、ローマから発した西洋文化というものがもともとあるのだ、ということにヨーロッパの根底のようなものを感じたわけです。これは古代ローマ、あるいはギリシアというところに通底している多神教の世界であると同時に、自然というものの問題、それからミトラ信仰も含めてキリスト教ではない世界があったのです。コロッセウムという存在は、ある種のパンとサーカスを象徴する大衆文化を感じさせるようなものがあったわけです。

⑭ローマの中心であるサン・ピエトロ広場は、まさしくキリスト教文化の中枢で、これが西洋の中心といってもよい。サン・ピエトロ大聖堂はどこからでも見えるところにあって、先ほどエッフェル塔が日本の富士山だということを言ったんですけれども、ちょうどそれに当たるのがこの大聖堂です。高いドームはあたかも日本の富士を仰ぎ見る思いにさせられます。富士山というのは、まさに自然信仰の象徴であるわけですがそこに高天ヶ原なり、天の原を感じる聖なる山であると同じように、高くそびえるサン・ピエトロ大聖堂がそれに当たる聖山なわけです。ここで私は一九八五年から六年間、文部省から毎年三カ月調査旅行をする機会を与えられ、ヴァティカン宮のシス

ティーナ礼拝堂の研究に取り組んだわけです。

⑮ 日本テレビが、この礼拝堂天井壁画修復のための費用を出したおかげで、私たち日本人の研究の方も許されたのです。会長の小林與三次さんがカトリックであったために法王庁とつながりがあって出資したということですが、この研究が私の第二の非常に大きな基本的体験になりました。この礼拝堂に足場が組まれまして、その足場の上に我々も毎回乗せてもらって連日見られるという幸運に恵まれたのです。東北大学が中心となって調査団を組み、毎年日本のミケランジェロ研究家を五、六人ぐらい集めて行っていたわけです。これによる研究成果は、私の『ミケランジェロの世界像』（東北大学出版会）に詳しく書いてありますから、関心のある方は読んで下さると有難いのですが、この天井画の天地創造の図に、常に四の単位の擬人像があるという、四大元素というプラトンの『ティマイオス』から来た当時の科学思想を見出したわけです。『ティマイオス』もフィチーノが訳しているわけですが、この書物はすでに一二～一三世紀から訳されている有名な書物でした。この書物の宇宙の原理がここに示されているということがわかったわけです。そして四季とか、四世代、一日の四つの時間とか、あらゆるものが四で構成されるという宇宙観です。残念ながらヴァチカンは相変わらず、これは旧約の宗教的な意味で、そういう古代的な四要素の擬似像説を認めず、みんな天使なんだという説を変えていませんが、実は天使ではなくて、ミケランジェロはちゃんとフィチーノの思想、あるいはネオ・プラトニズムを知っていたのです。ローマ大学でこの説を講演し幸い多くの賛同者をえました。

ところで私はこれだけ長くキリスト教美術を研究しながら、キリスト教徒にはなりませんでした。このことに気づき、これはなぜかということを考えることになったのです。キリスト教との違和感はどうもユダヤ人の宗教観に対してだったのですね。しかし逆に私がこうして研究をするのも、トルナイ、パノフスキー、ゴンブリッジなど全部ユダヤ人思想からなのです。そういう図像学を主張したのもユダヤ人学者だったのです。つまりキリスト教図像の中に、異端の図像を探ることがより客観的な研究だと思わせた。あるいはキリスト教と別の観点から見ようとする、そういう視野を与えているのもユダヤ人学者だったのです。私は後でロンドンでヴァールブルク研究所に行ったわけですけれども、それももともとはハンブルクにあったユダヤ財閥の研究所でした。パノフスキーという存在はグロデッキーとともに知っていたわけで、二人の影響を私は非常に強く受けたんです。私の研究方法はそこから出ているといってもよい。ですからキリスト教者じゃなくてキリスト教を理解するということをユダヤ人たちから学んだことになるわけです。そうしますと、今までフランスにいたときに、エミール・マールという学者がいて、「西洋美術はみんなキリスト教の宗教美術だ」と、一方で教えられました。ところが、私はユダヤ人学者から、あれは古代の異教の図像の美術であるということを学んだことになる。全く対象的でした。近代の学問はユダヤ人によってリードされている。これは別に反ユダヤ人主義でも何でもないので、逆に非常にお世話になっていたことがわかった。

旧約聖書は、全てユダヤ民族の物語です。アダムとエヴァはユダヤ人なわけです。そういうことをミケランジェロはどうやって理解したか。ユダヤ人というのは何かということを考えざるを得なかったのではないか。このことが絵画研究の一つの大きな鍵になるんですが、そういうことは誰もいってくれないわけです。美術史研究の中でユダヤ人問題というのは隠されていますから、ふつうの研究者はそういうことは気がつかないわけですけれども、旧約に書かれているように、ここにあるのはみんなユダヤ民族のことだと考えると、どうやってミケランジェロはそれを理解したのか、あるいはそれをどう解釈していたのかということに関心が向いてきます。

⑯・⑰　ミケランジェロの「ピエタ」は、レオナルド的な美しさがあるわけです。マリアとキリスト像に二人の

愛というものがあらわされている。これはご存じのように一五〇〇年、こちら「最後の審判」で一五三四年ごろから一五四二年ごろまでにできたものです。いわゆる旧約場面で、三〇数年後にできるわけです。この図のことについてはかつて、『芸術都市の誕生』（ＰＨＰ研究所）でも述べましたので、ここでは簡単にしますが「最後の審判」というのは、雲の上に描かれる人々が一斉にキリストを見ているのです。つまり本来この雲の上にいれば、キリストの審判は下った後で、選ばれた天上人で落着いて満足気な顔をしています。ところが、この絵を見ていると、不思議に期待と不安な顔でみんなキリストを見ているのです。キリストの述べることを注視していることは何かというと、まだ審判が下りていないということです。ミケランジェロが、キリスト教というのは神の審判を待っていることなのだといっているように見えるのです。神の審判を待っているのが信徒で、その状態は絵画のように永遠に続くのだと。つまり西洋人にとってキリスト教というのは何かという問題は、決して信仰一筋のものではなく、ヨーロッパ人は神の到来を待ち続けているだけなのだ、ということなのです。つまり彼らも来ないことを知っている。少なくともそれを疑問に思っていることなのです。これが一神教徒の真の姿だというのです。つまり神が何を言うかと疑っているということであるのです。つまりこれも、神の審判というのは起きるはずがない、ということを教えていることでもある。私はそう理解したのです。

信仰、あるいは宗教というのはどういうものかということを、このシスティーナ礼拝堂の図で、私なりにそう理解したわけです。待っているだけだということです。しかし、またそれが人々にとって必要なんだということでもある。キリスト教徒のあり方の問題、それからユダヤ人が一神教を必要とする心理的な過程、これがやっぱり西洋なんだということがわかってくるわけです。

3　ミュンヘンとベルリン

⑱　さて、私がミュンヘンというところになぜ一年留学したかということですけれども、決してイタリア研究を捨てたわけではない。つまりイタリア「ルネサンス」研究の学問化というのは、ドイツが発祥の地であったからです。研究することの体系化、理論化はドイツ人の、学問に対する徹底性があったからだと考えていたからです。私はこの都市に留学したあと「フォルモロジー」という「形象」の研究方法論を打ち出しました。イコノロジーの図像を含む形象学を打ち立てたかったからです。実を言うと、イコノロジー研究の大半がユダヤ人がやっており、二〇世紀の美術史研究はヴァールブルグ研究所、あるいはパノフスキー、ゴングリッチ、ウィントといったイコノロジー研究が主流であったことに対する反論です。それが反キリスト教的なユダヤ人学者の考察であったのです。このことに気がつくと、そういう研究が彼らのどういう思想から生まれてくるかを知りたかった。ドイツというのは、ご存じのようにナチがいたということがあり、反ユダヤの国家であったわけです。戦後はドイツ人は完全にそれを否定しました。いまだにヒトラーの本は禁書になっています。しかし、「歴史修正主義」という名前で完全にユダヤ批判を抑えられているのもおかしなもので、戦後の自由な研究はそうした締めつけは終了されるべきものです。たしかに戦後、ドイツから優れた研究も、優れた哲学者も生まれないようなのは心配です。もちろん個々にはいますけれども小粒な研究が多い。それはどうやら、このユダヤ人の問題が彼らの負い目となっているらしい。

一九七八年から九年の一年間、ミュンヘンで研究していましたが、その場所は美術史中央研究所です。ここも所長はザウエルレンダー先生で、もちろんユダヤ人だったわけです。そういう問題を常に考えながら、私は日本人としていかに西洋を研究するかということを考えました。それは私が日本人であるだけに、西洋人が見ない視点からの西洋というものが何であるか、ということへの強い意識です。ある種のキリスト教のタブーに対して、ユダヤ人の考え方を学びながら独自な見解を出すことが出来るように思いました。私の発言はたびたび危険視されるのですが、つくられた通念を破ることができたからです。私の「フォルモロジー研究」もそのひとつです。そうした態度の歴史考察から当然私には異説を出さざるを得ない側面がありました。

大体、私の出発点は、私は昭和一七年生まれですから、戦後の連合軍下であったわけです。進駐軍の記憶というのは、まさに西洋人が日本を支配している。日本というものがなぜこんな状態になったのか、そういう体験から私の生き方や学問が始まっていて、この進駐してきた欧米人というものを理解しないと、何もわからないということだったわけです。それぞれの文化がいかにこれほど違うのか。もちろんそこに芸術の問題があったわけです。

⑲・⑳ このミュンヘンというところも、非常に優れた芸術都市の一つで、広場の市庁舎も、背後の大聖堂も特色あるものです。一方はネオ・ゴシックで、他方は玉葱頭のゴシック教会堂です。ピナコテークという美術館があって、ドイツの「ルネサンス」や北方の「バロック」美術を知るには必見です。研究所もそうですけれども、これは近代の機関で研究をさせる場所です。つまり創造するより、研究させるという方向。これが近代なのだと考えさせます。私自身は学生時代小説を書いたり絵を描いたりしていましたが、やはり現代は創造の時代ではなく、それは過ぎ去ったということです。現在はこういう知的な研究の時代なのだと。戦後の思想というのは、レヴィ・ストロースにしても、フーコーにしても、デリダにしても、メルロ＝ポンティにしても、みんな学究の徒なのです。つまり研究をしながら自己表現していくという、そういう姿を彼らに見たわけです。

㉑ このミュンヘンの時代は、そのための研究の時代であって、その対象の美術作品はデューラーの作品でした。このデューラーの『四使徒』像は、彼がルターの「宗教改革」の運動の中で自分の考え方をどう表現したかよくわかる図です。彼はこの図の左の二使徒に「メランコリー」を見、右の怒る二使徒に行動性を描いています。むろん

メランコリーの方に軍配を上げているのです。しかし、グリューネヴァルトのように、ルターの農民戦争に巻き込まれて絵を捨ててしまう、そういう「行動」に身を投じた画家もいたわけです。このデューラーというのは、「メランコリー」の状態でじっと耐えていた。それはこの『四使徒』図の左の聖ペテロ（カトリック）の側に「メランコリー」の姿をして立っていたということによってよくわかるのです。こちらの右側の眼をむいた聖マルコらは行動派の新教徒です。左側がペテロとヨハネの側でカトリック、つまり「メランコリー」という芸術を守る側に立っているわけです。デューラーは最後までカトリックだったと言われる所以です。こういうところの図像に思想が伺えるのもドイツの画家らしいところです。

ドイツというところは、理屈っぽい国だ、理論偏重の国だといわれますが、実はそれこそが理論の、学問というのはドイツから発生するというのはよく理解できるのです。つまりロゴス中心主義の国です。それは実を言うとドイツ人とユダヤ人が影響し合う関係にあるということです。

㉒ 最後に、二〇〇三年に私はベルリンのフンボルト大学に呼ばれて半年過ごしたことを述べます。そのとき私は『国民の芸術』を書いていたので、フンボルト大学で日本学を教えてくれということだったのですが、結局、別の比較歴史学と共に文化史の研究に取組みました。そういうことを課題にして、私は『新しい日本史観の確立』という本を出しました。文化、芸術をどういうふうに歴史の中におくか、形というものをどういうふうに歴史学に持ち込むか。それを日本の歴史に適用するとどうなるか。日本という国が文字のない時代が七世紀まである。つまり日本は縄文時代を含めて、文字を使わなかった時代の方が使う時代よりも長いということ。それはどういうことかという問題に逢着したのです。文字を中心とした、あるいはロゴス中心主義の歴史では捉えきれない、ということです。つまり言葉を中心とする文化と、日本のように形を重視する文化の違いを、ある意味で体系化するというか、

捉えようとする、そういう態度をここでとっていったわけです。すでに、日本で『日本美術全史』を書いていたので、このドイツでの日本の歴史論研究は、その後の日本論に大変役立ちました。

㉓ このブランデンブルク門から遠からぬところに住んでいたものですから、フンボルト大学は近くでした。大学はブランデンブルク門の近くですから、この門を毎日くぐりながら考えていたのは、日本の歴史のことです。そしてドイツという国の盛衰というのは、ヨーロッパの一つの大きな学問体系の盛衰を握っているんだなということを感じざるを得なかった。近代の歴史学というのも、実を言うとドイツで生まれたといってよいのです。ヘーゲル史観のように、歴史の変遷に思想を見る考え方や、マルクスのように階級闘争を見ようとする考え方、そしてブルクハルトのように文化を中心にすえて見る歴史観など多様です。日本も明治にドイツから学んだ形で歴史学が入ってきたわけです。歴史の成立がドイツにあったということと日本の歴史がどうなるかを、ベルリンのフンボルト大学で考えていたのです。

このころ、ちょうどフランクフルト学派の美学者、アドルノの一〇〇周年のときにいたものですから、アドルノを読まざるを得なかったのです。しかしアドルノの美学や哲学の中に、近代主義の虚妄を見てとったのです。「アウシュビッツの後に詩を書くのは野蛮だ」と語った人ですが、ご存じのようにマルクスとフロイトを結びつけてフランクフルト学派を主導した思想家でした。先ほど言った五月革命の思想、マルクーゼと並ぶ思想家だったわけです。こういう人たちが、逆の意味でドイツの思想を破壊していく、停滞させていく原因だということに気がつき始めたので、強く批判をせざるを得なくなったのです。

大学の重要さというもの、学問の思索性というものを思い出させたのも、このベルリンの体験でした。今は何でもアメリカ、ハーバード大学だ、マサチューセッツ工科大学だとアメリカが主流のように見えますけれども、実を言うと、ドイツから出ていったのがアメリカの大学なのであって、彼等の学問は、それを模倣しているのですでに観念的、人工的になっています。こういうヨーロッパの歴史の中で生まれたものが西洋学問の基本であるし、現在はやや沈滞しているとはいえ、ドイツは西洋の歴史というものを取り戻すことの礎になるでしょう。アメリカというのは、歴史が浅い国だけあって、歴史を否定的に見る傾向がつよい。ユダヤ人学者が非常に多いですから、各国の伝統や文化を否定するのです。そういう考え方に対して我々は、対立せざるを得ない。あの一神教のユダヤ人が他の宗教国を排他的に見る姿勢が基本にあるのです。そして我々多神教の、あるいは自然信仰というものを大事にする文化圏の知識人はどういうふうにそれに対峙するか、こういう問題を常に前に出して考えざるを得なくなります。

以上で私の自分史の過程と同時に、西洋美術史研究からはじめて、総合的歴史探求に至ったプロセスを少しお話ができたかと思います。（拍手）

意見交換

司会（徳山郁夫）（千葉大学教授）　引き続き、意見交換に入りたいと思いますが、樺山先生、今の田中先生のお話を聞いて、何か感想なりご質問なりございませんでしょうか。

樺山　田中さんにお話をいただきまして、本当にいろんなことを教わりました。ありがとうございました。もう一歩、二歩踏み込んで伺いたいことがたくさんありますけれども、きょうのお話の中で一番大きなメインテーマは、ヨーロッパ思想、もしくはヨーロッパ学問におけるユダヤ人の貢献、もしくはユダヤ人的発想方法のリーダーシップ、そこのところをどう考えるかという問題だと思います。この問題は難しくて、こんな場所であれこれと言えるような事柄ではないということもよく承知しておりますので、どうしたらいいかなという感じがしているんですが、とりわけ今のお話のミュンヘンとベルリンの部分、つまりドイツの中核部分で、――私もドイツ人とはいろんなつき合いがありますが――、ユダヤ的発想、ユダヤ人の思想といったものをどうやって切り分けてみるか。もちろんドイツ人の場合にはユダヤ的発想以外の幾つかの重要な源泉がありますから、そうしたものの中で、ユダヤ的発想とそうではないものとをどうやって切り分けたらいいかということは、私もいろいろと思い悩んできたものですから、きょうはそのことについての大変刺激的なお話をいただいたと思っています。

実はミュンヘンという街は、先ほどスライドでも拝見しましたけれども、非常にユニークな街だと思っています。実はパドヴァのマルシリウスという人は、最終的にはローマ教皇庁と激しい対立関係になったんですが、そのときのローマ教皇庁は、ローマと言っていますが、実はローマにはありませんでした。これはフランスのアヴィニョンに移っておりまして、六〇数年間、ローマ教皇はアヴィニョンにいたんですが、フランス王権の実質的な影響下に置かれていたということがあるんです。したがって、ローマ教皇と対立するいろんな立論は、いずれにせよアヴィニョンを対象と考えざるを得なかったという側面があります。

それに対して当時の神聖ローマ帝国、もしくは世俗国家に対抗するオピニオンのリーダーたちは、実はミュンヘンにいたんです。その当時、神聖ローマ帝国には、ミュンヘンはバイエルンにありますが、バイエルン朝のルードヴィヒ一世――一世しかいなかったんですが、皇帝ルードヴィヒがドイツ陣営を形成し、それを率いました。このようにして当時、聖俗関係、つまりキリスト教会と世俗国家との関係は、実はミュンヘン対アヴィニョンという関係にあったということになる。アヴィニョンの側の話をすると大変面白い問題がありますが、ここは長くなりますから、そちらは端折りますけれども、他方のミュンヘンの方は、そこに集結したのはバイエルンの人たちだけではなくて、ヨーロッパ各地から多数の思想家たち、あるいは芸術家も含め、いろんな人たちが馳せ参じていました。先ほど申し上げたパドヴァのマルシリウスも実はパリにいましたが、呼ばれる形でミュンヘンにしばらく滞在しました。あるいはもともとイングランド、イギリスの哲学者であったウィリアム・オッカムも、このときにアヴィニョン教皇庁に対抗する目的でもって理論化作業をするためにミュンヘンに呼ばれました。先ほどご覧いただいたミュンヘンの市庁舎は一九世紀の新しい建物ですけれども、昔の建物は、少し向こう側に今でもレジデンツがありまして、本来皇帝が住んでいた場所という意味ですけれども、そこにオッカム、マルシリウス、その他多数の理論家たち、あるいは政治的なスポンサーたちが集まりまして、対アヴィニョン教皇庁戦線を構成しました。そこには、今申し上げたイギリスから、イタリアから、あるいはチェコ(当時のボヘミア)から、各地から集まって、当時ドイツでは大変珍しい国際的な思想前線というべきものができました。

もちろん、その中ではまだユダヤ人問題というのは表面化する前のことでしたけれども、イギリス人の一種のノミナリズム(唯名主義的哲学)から始まりまして、様々なものがそこで形成されていた。ミュンヘンはそういう街から成長していきました。その後、一九世紀、二〇世紀に至るまで、いろいろなものが流入しましたので、それらを切り分けするのはとても難しいですけれども、ミュンヘンには、ドイツの近代化のさなかでもって、ベルリンとの対抗関係とか、あるいは西南ドイツ、ライン川周辺の世界と対抗しながら、独特の世界をつくり上げていったという性格があります。もちろん後になって、現在、私たちがフランクフルト学派と呼んでいるような人たちも含めたユダヤ系の思想もここに流入いたします。ということで、私たち歴史家としての発想で考えますと、ユダヤ思想を含めた様々な思想や文化の潮流が、そこに流入し、そこから現在までいろいろな形でのオリジナルな思想がここで展開され、発信されてきたという、そういう場所だなということを改めて教えられます。その間には、もちろん数百年の長い経緯がありますので、簡単に一言でミュンヘンを語ることは困難ですけれども、先ほどお話があったような側面も含めて、ドイツにおけるミュンヘンというか、ミュンヘンを含むバイエルン世界独特のカルチャーも、学問においても、またそれ自体の思想的展開においても、大変興味深いなという感じがしたものですから、先ほどの田中さんのお話もあわせて考えてみたいと思っています。ありがとうございました。

司会　田中先生、今の樺山先生のお話に何か。

田中　ミュンヘンのことをよくご存じなので、感心したんですけれども、ミュンヘンというのはドイツの中でも非常に特殊な位置にあります。南に位置し、南欧ともつながりがある。美術史中央研究所もそうした地の利の上に建てられました。先ほどのヴァールブルク研究所の方はハンブルクにあったのです。ハンブルクのユダヤ人たちがつくったもので、ウォーバーク家というのは、ご存じのように、その後アメリカに行って赫々たる中央銀行、ＦＲＢをつくり出した。要するに、お金を刷る権利を握ったユダヤ閥です。その人たちがお金を出して美術史研究所をつくっていたわけです。

ここでちょっとユダヤ人について言うと、基本的には、文化というものは各民族の土着の人たちがつくる。ユダヤ人は研究する方、あるいは画商です。ユダヤ人には偉大な芸術家はいません。近代になって初めて画家が少し出てくるだけです。あるいは音楽家が出てきますけれども、原動力は各国の土着の人たちなんだという感を強くするわけです。私は、ボローニャ大学で客員教授もやっていて、毎年行っていたのですが、そこでもユダヤ人教授が私を招いてくれました。日本人を助けてくれるのもユダヤ人たちが多い。日露戦争では財政援助をしてくれたのは、ユダヤ財閥のシフでしたけれども、彼らは非常に客観的な目を持っている。グローバリゼーションを言い出したのも彼らであったけれども、インターナショナルな目を持っていることは確かです。ですから日本を評価するのもユダヤ人です。そういう意味では、決して私は反ユダヤ主義でも何でもないんですが、そこにおける独特な思想というものは、是々非々の姿勢で対処しなくてはいけないと思っています。そういうことが私の西洋体験で垣間見たことです。ミュンヘンにもユダヤ人がけっこう多かったのです。

司会 ありがとうございます。今の田中先生のお話とお二人のやりとりについて、松田先生の方からございませんか。

松田 いつか大きな時間を取って田中先生に伺いたいと思っているテーマを先に申し上げます。一つはパノフスキーの『ゴシック建築とスコラ学』です。私はこれを一九七二年、カンサスのミッドウエスト・リサーチ・インスティチュートでこの重要性について教わったのです。メンタル・ハビトゥス、ハビタス・メンタリスと言っていました。それに『神学大全』がいかに影響しているかという話も伺って、これは面白いテーマだと思いました。そして、今なおライフワークの大きなテーマだと思っております。

もう一つは、きょうお二人の先生のお話で、カトリックとプロテスタントの芸術を見ると、カトリックの方が総合芸術力としては、美を尊んでいると思うのです。非常に高い評価を田中先生はされています。プロテスタント、またプロテスタントから分かれた清教徒、日本に入ってきた無教会派、となるとだんだん聖書中心になってきて、総合的芸術のパワーがそがれているのではないでしょうか。ところが、ここが質問ですけれども、カトリック芸術といえども旧約聖書との緊張関係の中で素晴らしい作品ができており、そのトレンドはやはり今日まで続いていると見てよろしいのでしょうか。

田中 そのことがまさに研究の問題にも結びついていて、結局、隠れた相剋というか、表ではキリスト教というものとユダヤ教というものは必ずしも対立しているように見えませんけれども、この問題が基本的な問題として常にあるのです。オブラートをかけたようないろんな主題にあっても、その根底にこれがあると見てよいと思います。ですから、パノフスキーがこういう研究をしたときに、キリスト教美術という名前を出さない。エミール・マールは出すのに、パノフスキーは出さない。そしてゴシック美術ということで、まさに先ほどおっしゃったようにトマス・アクィナス、そういうゴシックの思想の体系をカテドラルに見るのです。メンタル・ハビットとおっしゃいましたけれども、そういう人々のある種の思考のパターン、あるいは感受性のパターンというものが宗教でなく非常に文化表現に強い影響を与えていることを強調するのです。

一方で、私はレヴィ・ストロースという人類学者に非常に興味を持っていて、この学者はユダヤ人でキリスト教よりも、各地方、各世界のさまざまな宗教、風習に関心をもっています。彼はアメリカ原住民の研究をしていましたから。こういう人がユダヤ人として西洋人が見られない視野というものを出しています。そのことによって、我々の西洋理解、あるいは日本人理解というのも非常に参考になっています。ですからユダヤ人学者たちと協力しながら研究を行なっていくという体制、逆に言うと、彼らの持っているある意味での強い、一神教的思考と対決しながら、そのロゴス中心主義というものも批判することもできるのが日本人です。それができるのも、歴史的な彼らとのしがらみがない、日本人だからかと思っています。

Boulevard de Nancy
Strasbourg
Rue du Rempart
Musée d'Art Moderne
Rue de Wasselonne
Rue de Molsheim
Faubourg National
Rue Thiergarten
Rue Kageneck
Faubourg de Saverne
Rue du Travail
Institut de Bactériologie
Faculté de Chirurgie Dentaire
Institut de Physique Biologique
Collège Lucie Berger
La Petite France
Grand'Rue
École Saint-Thomas
Quai Saint-Thomas
Quai Kellermann
Quai Schoepflin
Gymnase Jean Sturm
Lycée général Fustel de Coulanges
Quai des Bateliers
Krutenau
Collège Épiscopal Saint-Étienne
Lycée International Pontonniers
Quai des Pêcheurs
Quai Koch
Avenue des Vosges
Boulevard Clemenceau
Rue du Général Frère
Quai Zorn
Rue Erwin
Quai Mullenheim
Quai Rouget de Lisle
Allée de la Robertsau
Avenue de la Forêt Noire
Palais Universitaire
Institut National des Sciences Appliquées
Institut de Recherches Mathématiques Avancées
Escarpe Portique
Patio
Platane
Athena
Faculté de Droit
Campus Centre
Centre de Neurochimie
Institut Le Bel
Esplanade
Rue de l'Observatoire
Boulevard Leblois
Ensemble Saint-Georges
Boulevard d'Anvers
Rue d'Ankara
Rue de Leicester
Quai des Alpes
Rue du Jura
Rue de Palerme
Rue de Lausanne

① ストラスブール

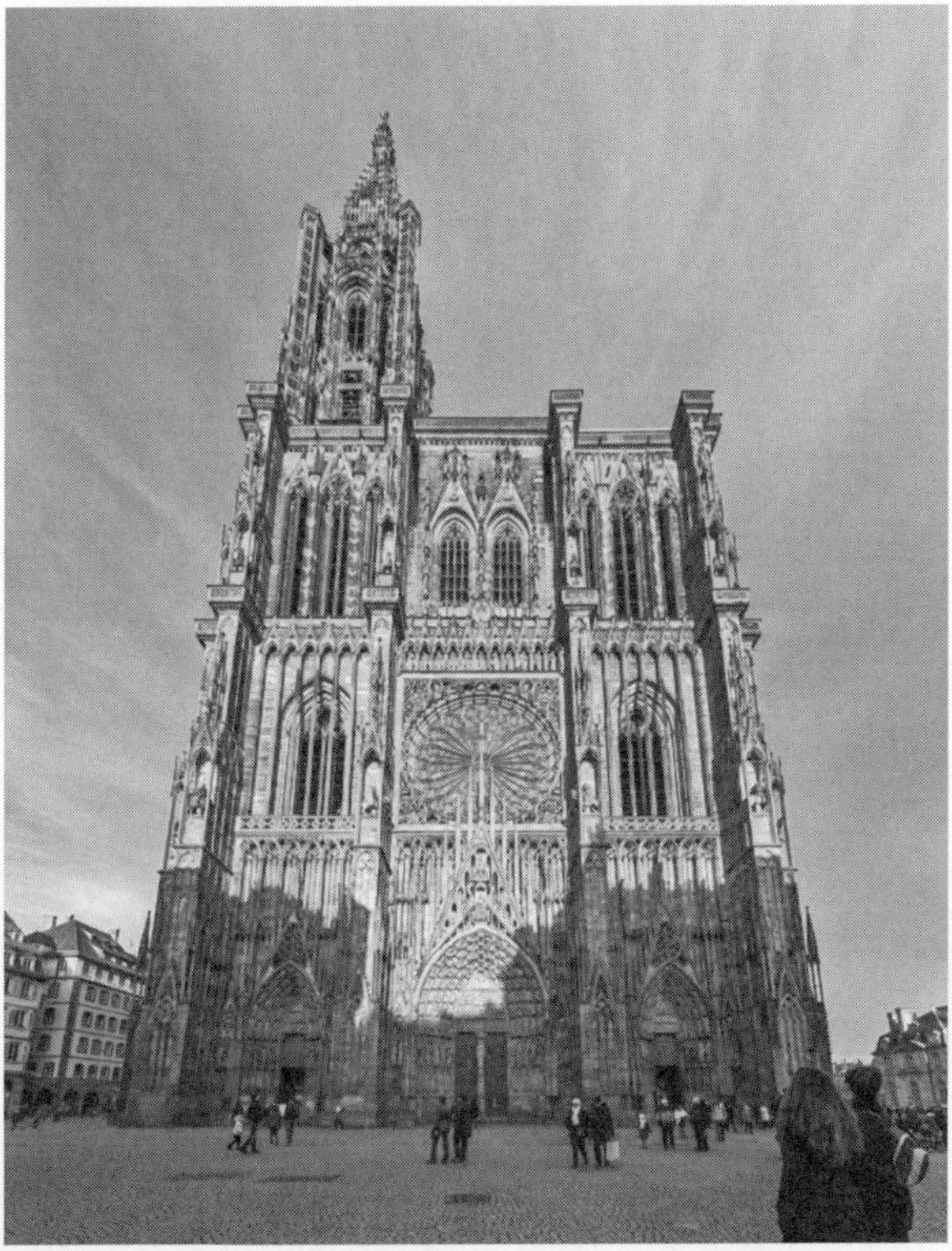

②　ノートルダム・ド・ストラスブール大聖堂

Passy
Trocadéro
Grenelle
Vaugirard
Champ de Mars
Invalides
Saint-Germain-des-Prés
Montparnasse
Jardin du Luxembourg
Quartier Latin
Paris
Jardin des Tuileries
Les Halles
Le Marais
Jardin des Plantes
Les Gobelins
Bastille

③　パリ

④ エッフェル塔

⑤ ノートルダム大聖堂

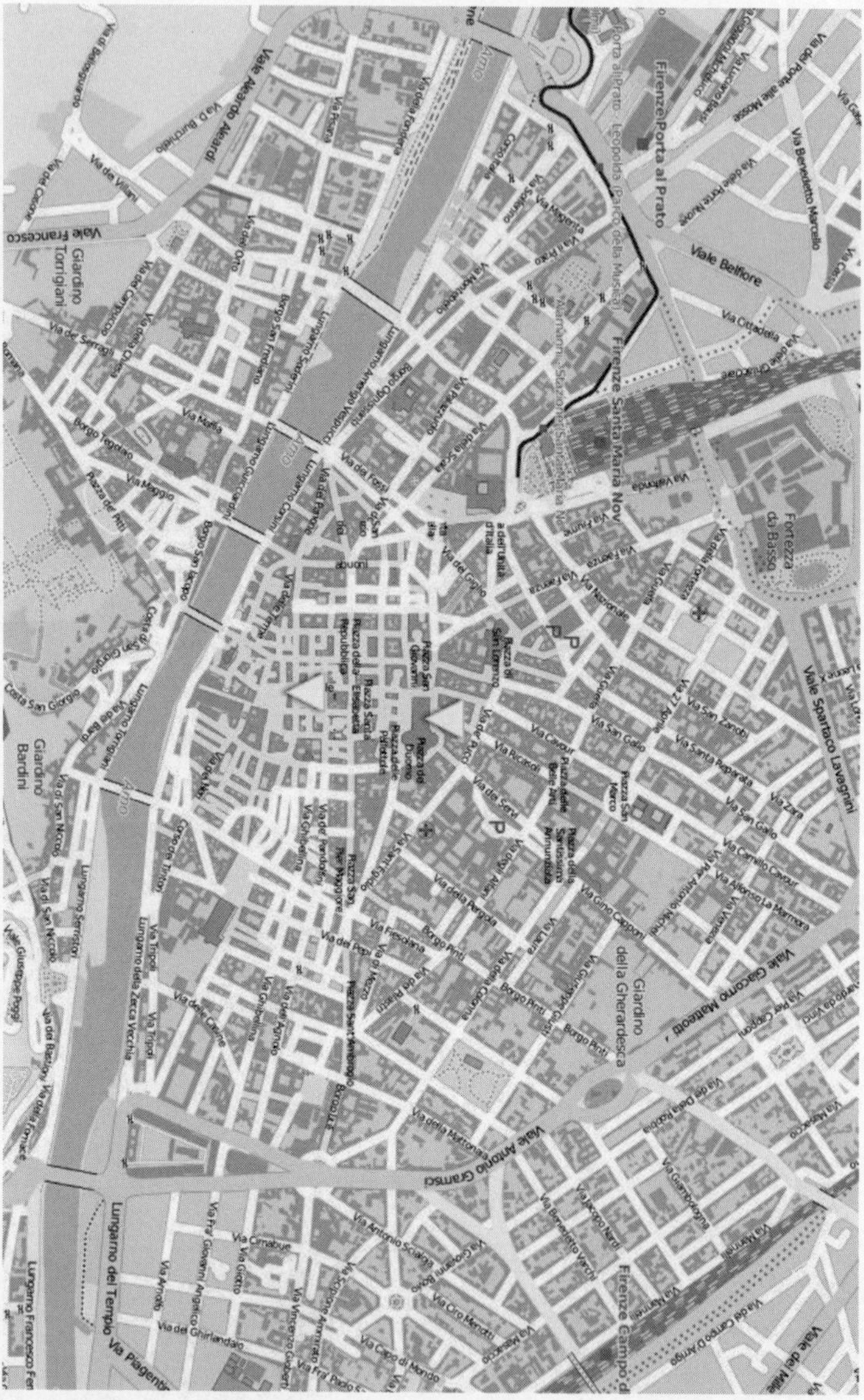
Viale Belfiore
Viale Spartaco Lavagnini
Viale Giacomo Matteotti
Viale Antonio Gramsci
Fortezza da Basso
Firenze Santa Maria Novella
Firenze Porta al Prato
Giardino della Gherardesca
Giardino Torrigiani
Giardino Bardini
Viale Aleardo Aleardi
Lungarno del Tempio
Arno

⑥　フィレンツェ

⑦　サンタ・マリア・デル・フィオーレ大聖堂

⑧　シニョーリア広場

⑨　ボッティチェリ「プリマベッラ」

⑩　ジョット「小鳥への説教」

⑪　レオナルド・ダ・ヴィンチ「三王礼拝図」

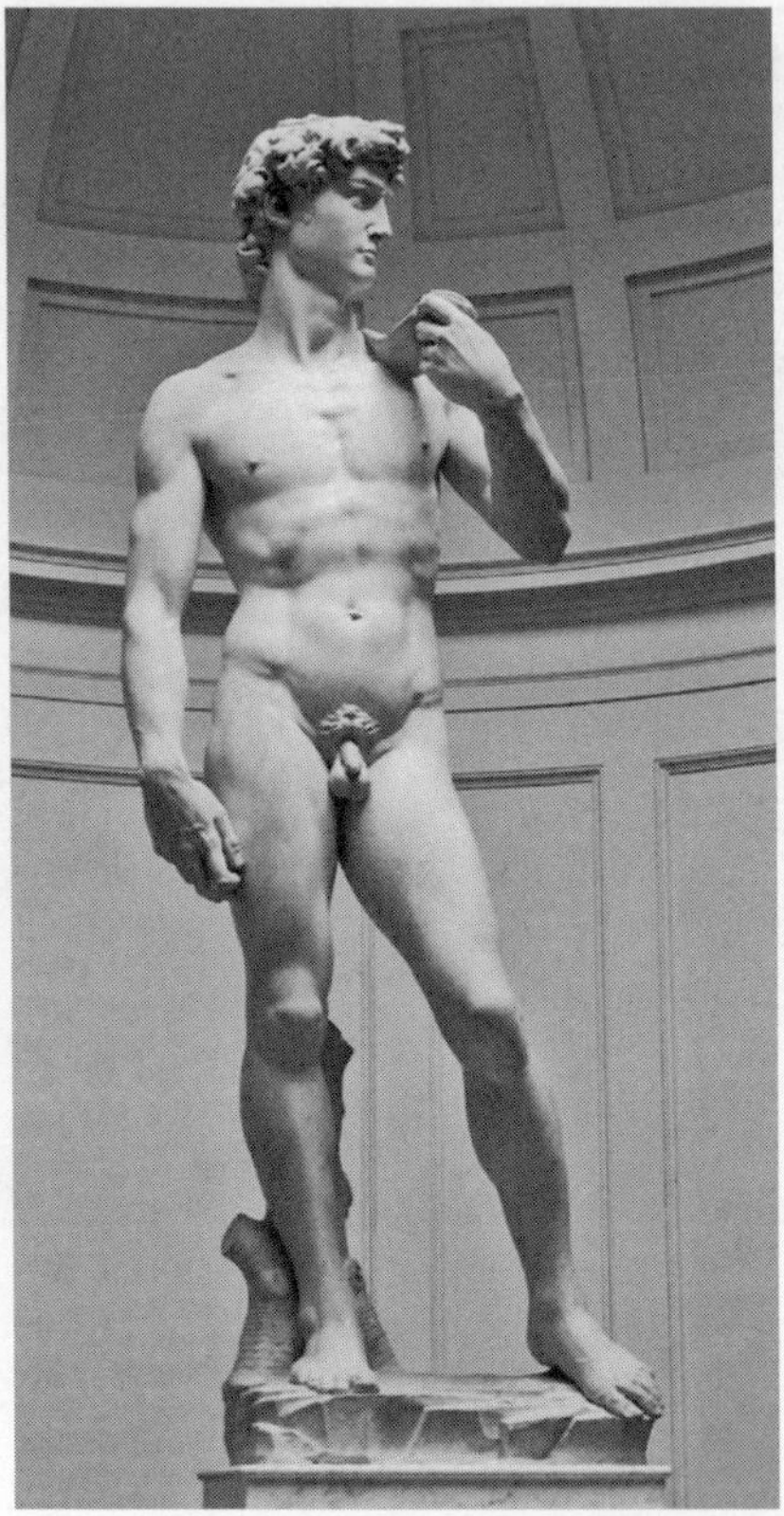

⑫　ミケランジェロ「ダビデ像」

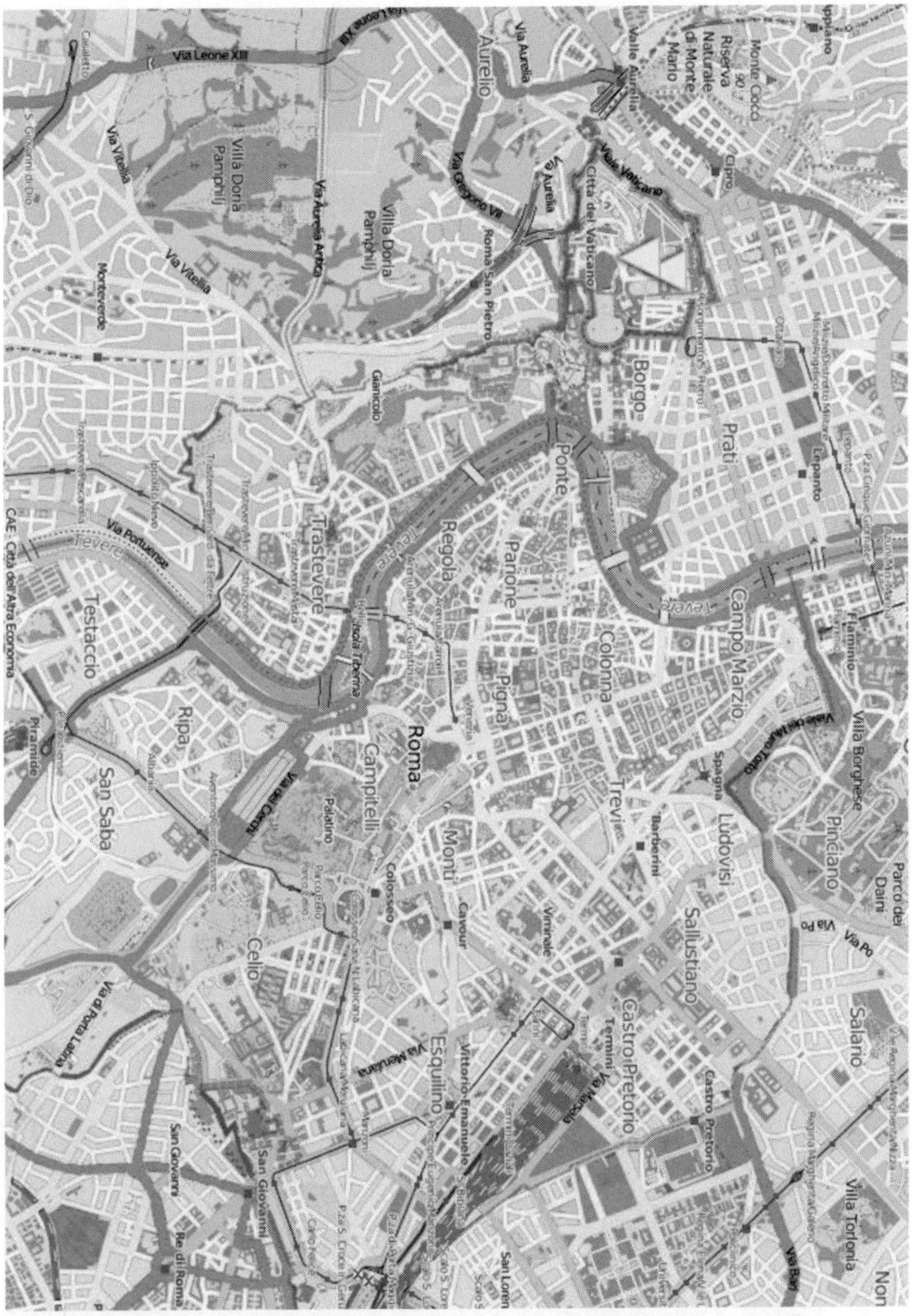
Via Leone XIII
Aurelio
Via Aurelia
Valle Aurelia
Riserva Naturale di Monte Mario
Monte Mario
Villa Doria Pamphilj
Via Vitellia
Monteverde
Via Aurelia Antica
Via Gregorio VII
Città del Vaticano
Roma San Pietro
Gianicolo
Borgo
Prati
Lepanto
Ponte
Trastevere
Regola
Parione
Tevere
Campo Marzio
Flaminio
Colonna
Pigna
Isola Tiberina
Roma
Campitelli
Trevi
Spagna
Villa Borghese
Ludovisi
Barberini
Pinciano
Parco dei Daini
Via Po
Sallustiano
Salario
Monti
Cavour
Viminale
Colosseo
Palatino
Celio
Via Portuense
Testaccio
Ripa
San Saba
Piramide
Via di Porta Latina
Via Merulana
Esquilino
Vittorio Emanuele
Castro Pretorio
Termini
Via Marsala
San Giovanni
Re di Roma
San Lorenzo
Villa Torlonia

⑬ ローマ

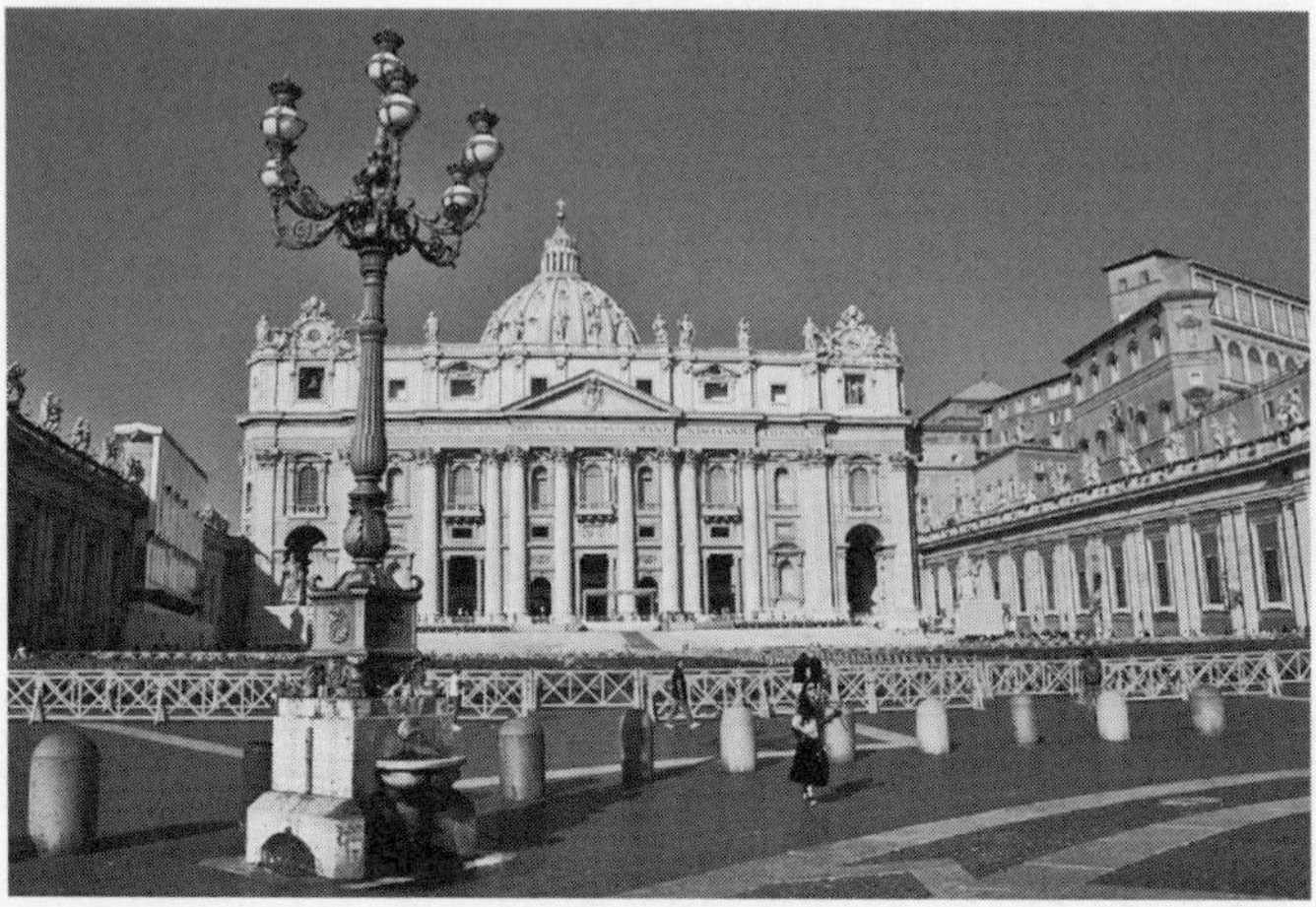

⑭　サン・ピエトロ大聖堂

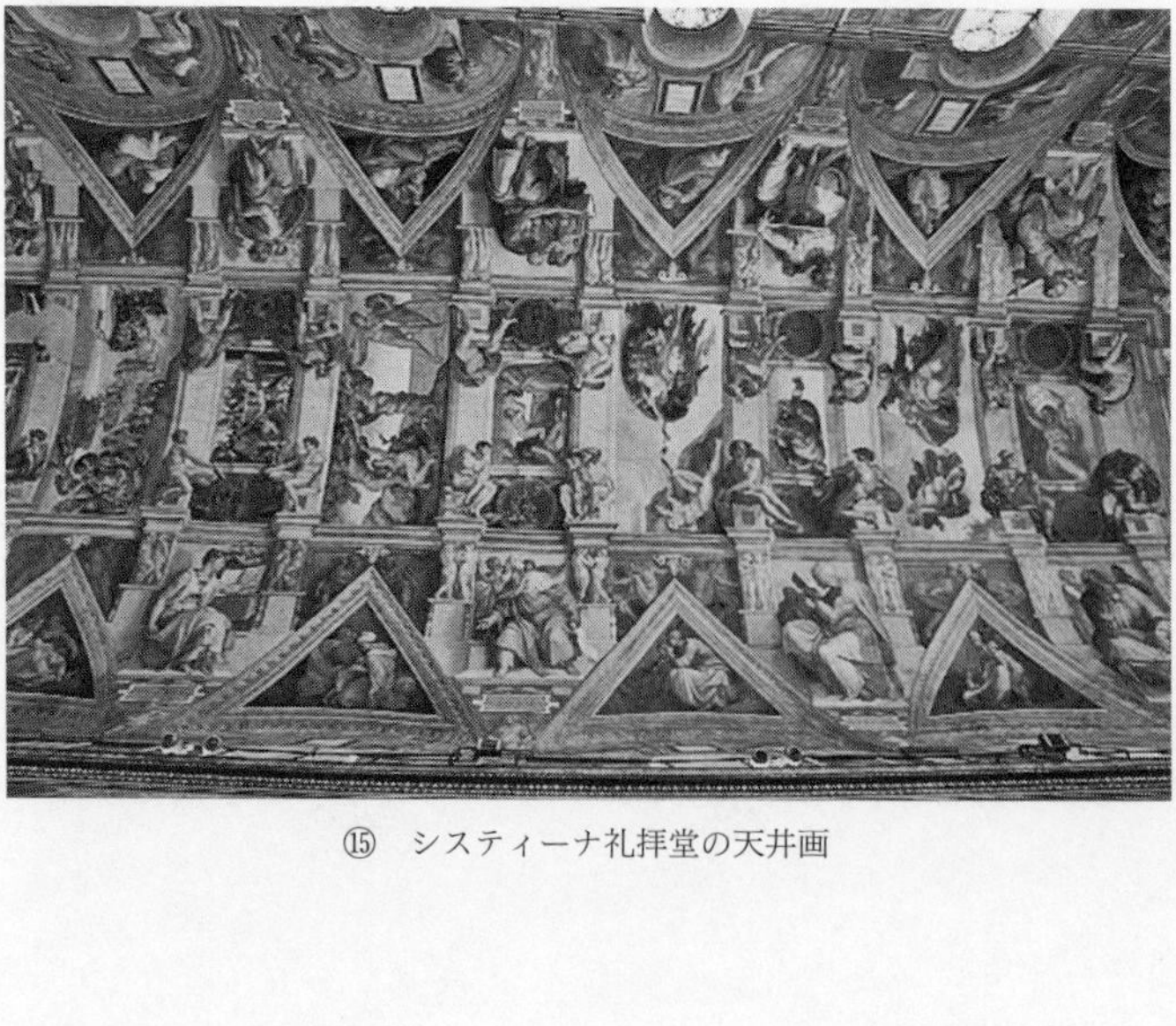

⑮　システィーナ礼拝堂の天井画

⑯ ミケランジェロ「ピエタ」

⑰　ミケランジェロ「最後の審判」

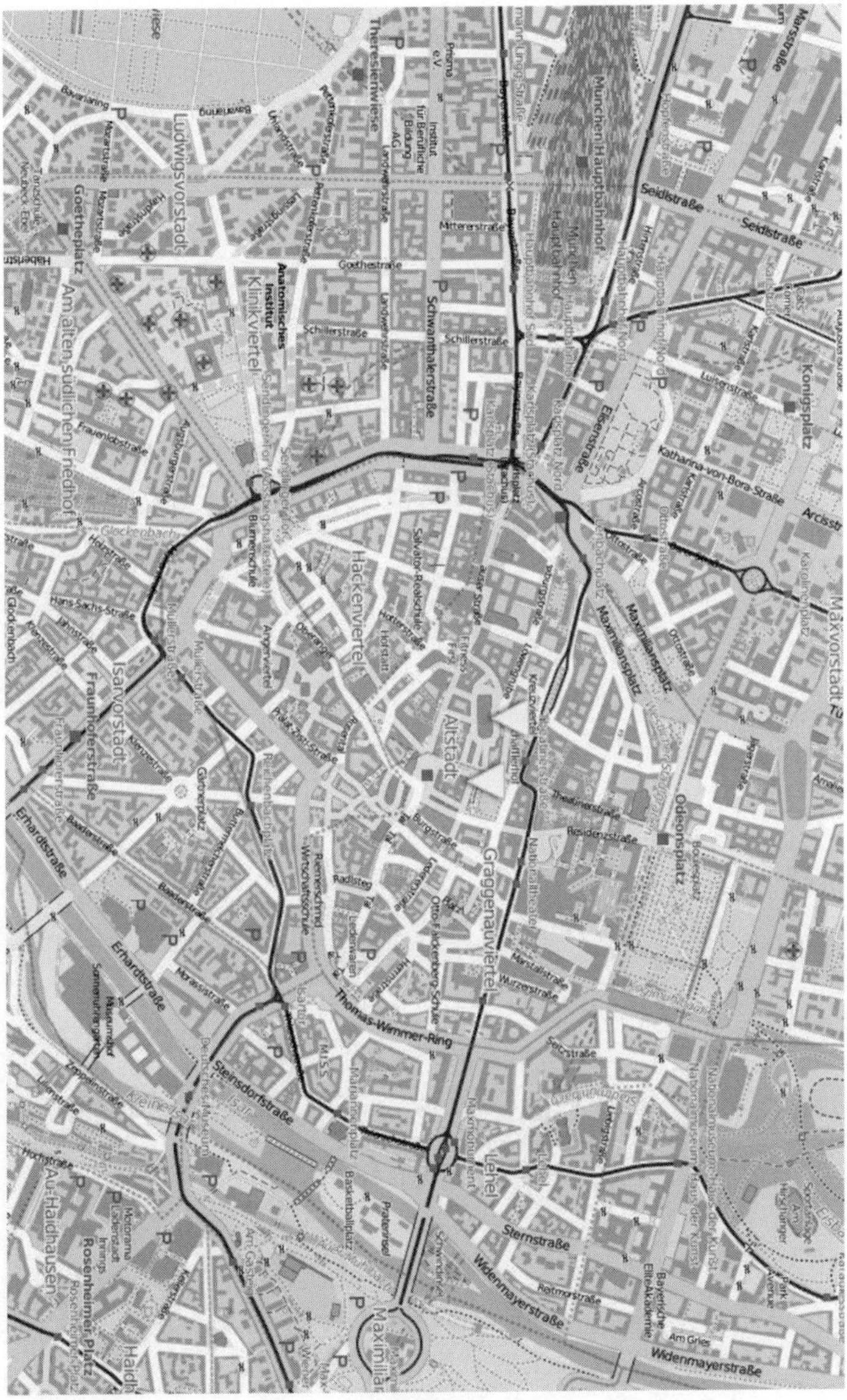
Ludwigsvorstadt
Klinikviertel
Am alten südlichen Friedhof
Isarvorstadt
Hackenviertel
Altstadt
Graggenauviertel
Lehel
Maxvorstadt
München Hauptbahnhof
Theresienwiese
Goetheplatz
Königsplatz
Odeonsplatz
Seidlstraße
Schwanthalerstraße
Schillerstraße
Goethestraße
Elisenstraße
Arcisstraße
Katharina-von-Bora-Straße
Maximiliansplatz
Residenzstraße
Thomas-Wimmer-Ring
Steinsdorfstraße
Sternstraße
Widenmayerstraße
Erhardtstraße
Fraunhoferstraße
Hans-Sachs-Straße
Rosenheimer Platz
Au-Haidhausen

⑱　ミュンヘン

⑲　市庁舎

⑳　ドゥオーモ（フラウエン教会）

㉑　デューラー「四人の使徒」

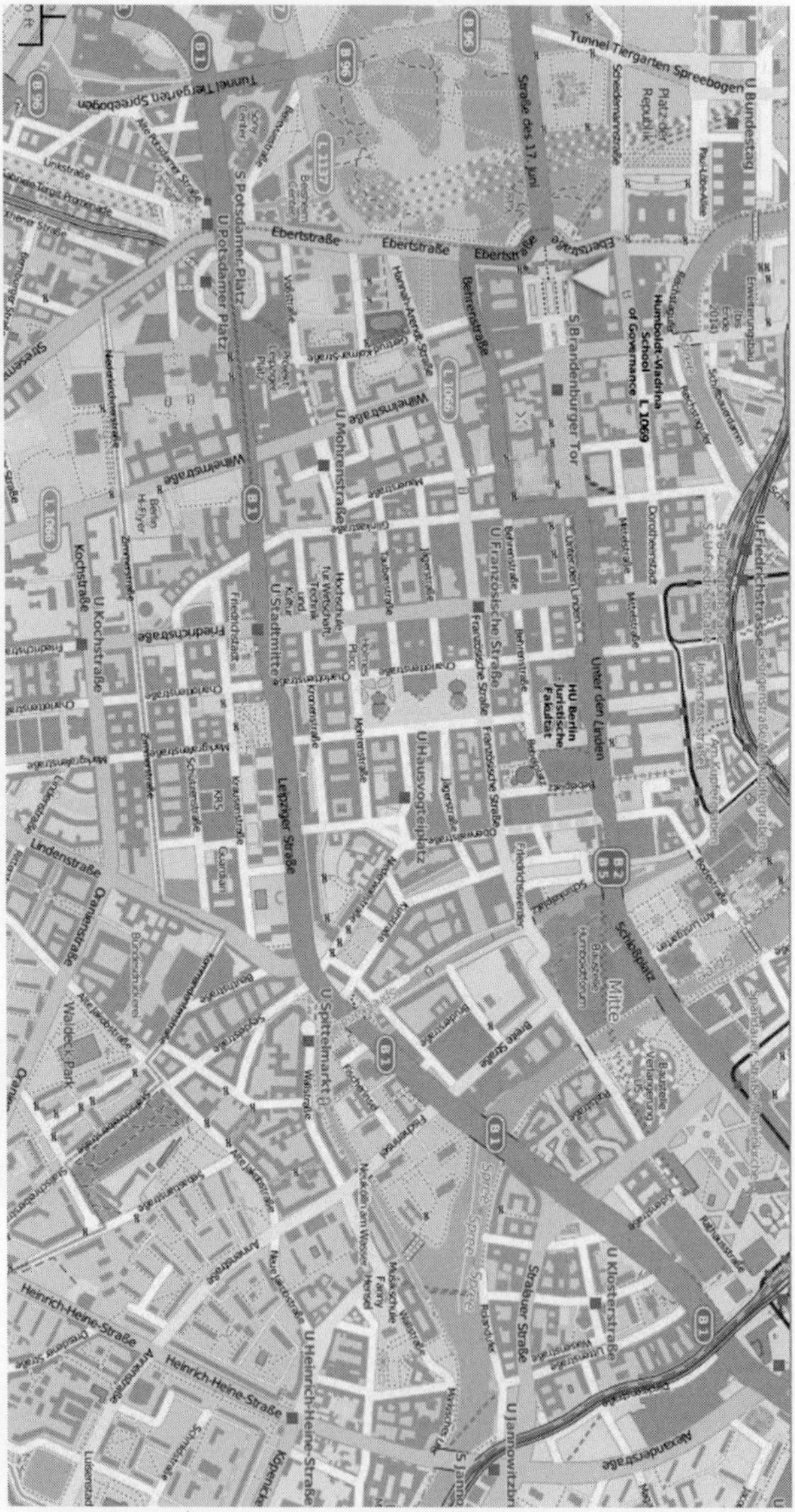
Tunnel Tiergarten Spreebogen
U Bundestag
Platz der Republik
Straße des 17. Juni
Ebertstraße
U Potsdamer Platz
S Potsdamer Platz
S Brandenburger Tor
Behrenstraße
Wilhelmstraße
U Mohrenstraße
Leipziger Straße
U Stadtmitte
Friedrichstraße
U Französische Straße
Unter den Linden
HU Berlin Juristische Fakultät
U Hausvogteiplatz
U Kochstraße
Kochstraße
Lindenstraße
Oranienstraße
Waldeck-Park
U Spittelmarkt
Schloßplatz
Mitte
U Klosterstraße
Stralauer Straße
U Jannowitzbrücke
Alexanderstraße
Heinrich-Heine-Straße
U Heinrich-Heine-Straße
U Friedrichstraße
Humboldt-Viadrina School of Governance
L 1069
B 1
B 96

㉒　ベルリン

㉓ ブランデンブルク門

〈講演3〉 グレート・ブックスとルネサンスと私

松田義幸

1 一九七〇年代のレジャー研究課題
マス・レジャー時代の到来

私がまだ大学を出て間もない一九六六年に、清水幾太郎先生が『現代思想』（岩波全書）で、「人間がこれまで学んだことのない、道のない荒野が、マス・レジャーの到来の問題だ」と警告したのです。カイヨアの『プレイ論』とパスカルの『パンセ』を引用した結論のところを要約してみます。

労働時間の短縮、自由時間の増大。マス・レジャー時代は第一のリアリティ（労働の世界）よりも、第二のリアリティ（遊戯の世界）がはるかに大きい。人間は長い間、第一のリアリティで、労働を通じて自然と戦ってきたが、これからは第二のリアリティの自分自身の内なる自然（心の世界）と戦わなければならない。有り余る完全な休息は、人間の側の緊張と努力が少しでも緩めば、確実に死に向かって流れるほかない。「気晴らし」は一時（いっとき）の慰めでしかなく、やがてむなしさ、孤独、力なさ、頼りなさ、弱さ等の倦怠に悩むことになる。

日本のマス・レジャーに関する学術的な問題提起としては、清水先生が最初だと思っています。私はさっそく日経広告研究所で、このマス・レジャー問題に取り組むことにいたしました。そして経済企画庁の余暇問題研究会に参加し、一九七二年に通産省が財団法人余暇開発センターを設立した時に出向して、そこで基礎研究を立教大学の齋藤精一郎氏と担当することになりました。通産省が一九七三年に産業構造審議会余暇部会を作ることになり、私たちは清水先生の書斎に、余暇部会長の就任要請に伺いましたが、断られました。「自分には優先してやらなければならないことがある」ということでした。その時に、「レジャー研究は奥が深く、素足でエベレスト登山に挑むようなもので、まずは基礎研究をしっかりやりなさい」という助言をいただきました。

そこで、私たちの研究グループは、『現代思想』で取り上げている文献を何度も精読し、議論をし、さらに当時発表されていた文献にも目を通しました。第二のリアリティの遊戯の本質、レジャーの本質に関しては、プラトン、アリストテレス、セネカから始まり、パスカル、ホイジンガ、カイヨア、グレージア、ピーパー、ジョルジュ・フリードマン、デュマズディエ等の文献が参考になりました。第二のリアリティの「新しい人間、新しい社会」に関しては、ケインズ、リースマン、ベル、フロム、ゲイバー、チャールズ・ライク、ガルブレイス等の文献がとても参考になりました。これらの文献から学んだ結論として、マス・レジャーの荒野に道をつけるには、飛躍していると思われそうですが、日本国憲法第十三条の基本的人権「生命・自由・幸福の追求」が、人生の旅路の羅針盤になると確信したのです。後でお話しますグレート・ブックス・プロジェクトのM・J・アドラーが、『アリストテレス・フォー・エブリボディー――やさしく書かれた知の体系』（日本ブリタニカ）の入門書を著し、アリストテレスの考え方とトマス・アクィナスの自然法を参考にした、日本国憲法第十三条とまったく同じ「生命・自由・幸福の追求」の人生の旅路の羅針盤をしっかり説いていたからです。さらに、京都大学の佐藤幸治先生の憲法を勉強して、私はここで何人にも共通する幸福概念と追求方法があると確信したのです。

「新しい人間、新しい社会」に向けて

話はちょっと戻りますが、余暇開発センター理事長には、佐橋滋・元通産事務次官が就任し、私たちは田中内閣の日本列島改造計画、大平内閣の田園都市国家政策の生活文化・余暇部門の研究を担当しました。長きに亙って、

「生活の楽しみ」・「幸福の追求」の大きな変化

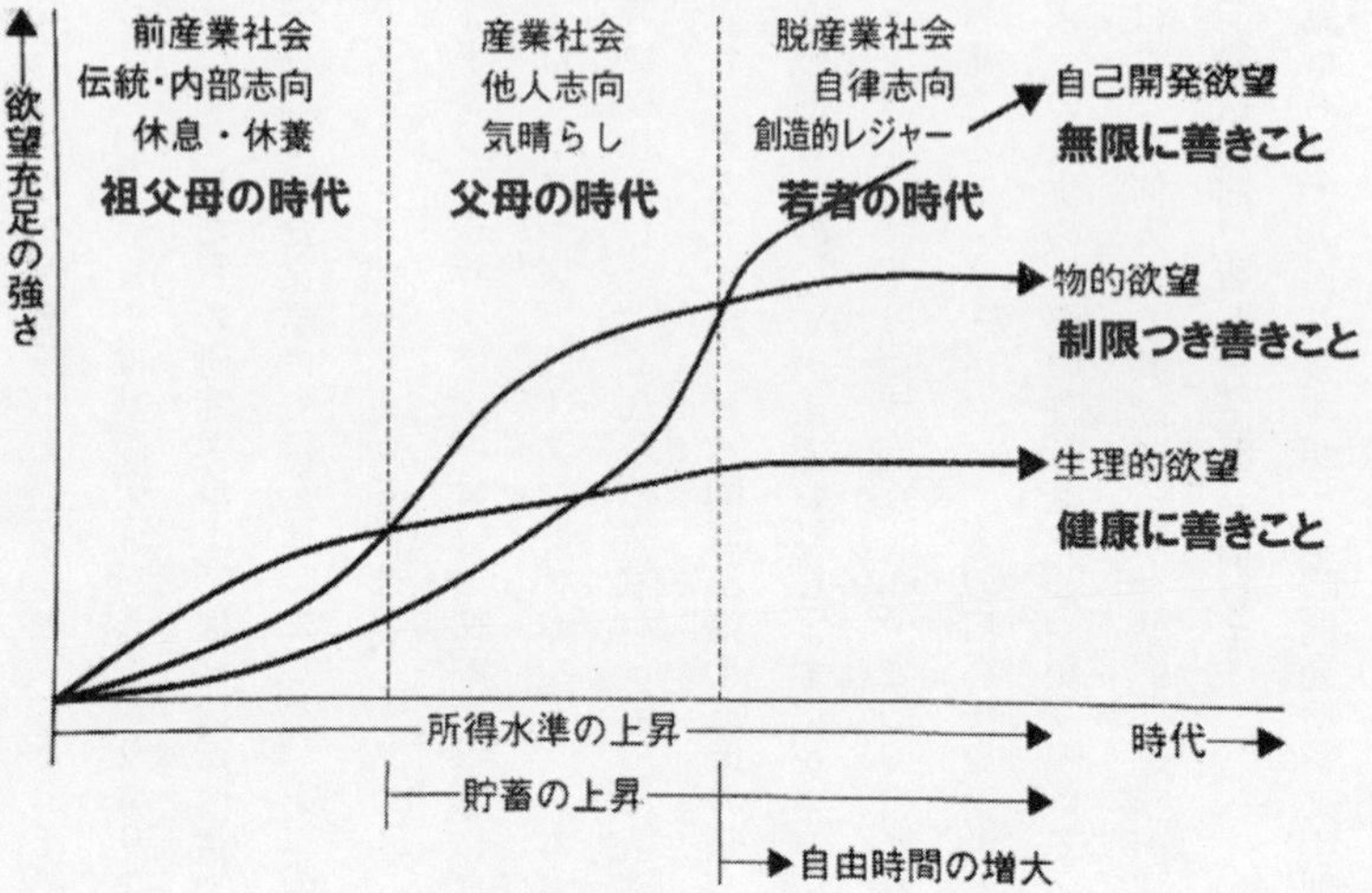

今日まで続いている実証データに基づく『レジャー白書』の原型は、この時にデザインしたものです。通産省と経済企画庁は、リカレント時間配分政策と生涯学習社会政策の二つの研究プロジェクトに、複数年に亙って予算をつけてくれました。この時に取り組んだ課題は、二一世紀の現代社会にさらに重要性を増したと思っています。それは「六・三・三・四制」の教育制度は時代に合わない旧制度になっているからです。

リカレント時間配分政策は、OECDのプロジェクトです。ライフサイクルの「児童期→教育期→労働期→隠退期」という直線（リニア）型人生を改めて、労働期以降に、働くこと、学び直すこと、レジャーを享受することを柔軟に選択できる複線（リカレント）型人生に移行しようというものです。

もう一つの生涯学習社会政策は、シカゴ大学総長のR・M・ハッチンス（一八九九―一九七七）とM・J・アドラー（一九〇三―二〇〇一）が、マス・レジャー時代の到来に備えて、民間活力で取り組んだアメリカが輝いていた時代のプロジェクトです。マス・レジャー以前の時代は、人生の羅針

新しい人間、新しい社会

ステージ	社会類型	ライフスタイル類型	社会経済理論	自由時間の過ごし方
第1ステージ	前産業社会 pre-industrial society	「勤勉－節約」倫理 伝統・内部志向＆意識 I 生理的欲望の充足	古典経済学 (invisible hand)	レクリエーション (anapausis)
第2ステージ	産業社会 Industrial society	「所有－消費」倫理 他人志向＆意識 II 物的欲望の充足	近代経済学 (visible hand) 近代経営学 "TO HAVE" marketing	レクリエーション ＋ アミューズメント (paidia)
第3ステージ	脱産業社会 post-industrial society	「存在－自己開発」倫理 自律志向＆意識 III 自己開発欲望の充足	New Economics (?) "TO BE" marketing	レクリエーション ＋ アミューズメント ＋ 創造的レジャー (schole)

盤は「働くために生きている」という直線型でした。直線型の教育制度は職業人育成を目標にしていました。ハッチンスとアドラーの二人は、マス・レジャー時代に備えるためには、人生の羅針盤は「幸福を求めて働く」というリカレント型人生が適していると考えたのです。それには学校制度だけではなく、社会全体を生活の質の向上、クオリティ・ライフ、幸福の追求に資するシステムに革新し、学習社会（ラーニング・ソサイティ）に向かうべきだと提案したのです。その生涯学習支援カリキュラムの中心が、リベラル・アーツ教育、教養教育のグレート・ブックス・プロジェクトだったのです。グレート・ブックスとは、人生の心の危機において本当に精神の力を与えてくれるような名著・古典のことです。また日本では、学習社会のことを生涯学習社会と言っています。

2 グレート・ブックスとの対話

日本で始まったグレート・ブックス・セミナー

アドラーが中心になって、まず哲学の永遠のテーマの神・天使・悪魔・愛・幸福・生・死・真・善・美・自由・平等・正義等一〇二のグレート・アイデアス（思想・観念）を取り上げました。次に、それぞれのテーマについて詳細な検討・対話の手順を示したシントピコンをつくり、ホメロス、プラトン、アリストテレス、そしてトマス・アクィナス、シェイクスピア、ドストエフスキー、トルストイ、フロイトまで七一人の著作物が、検討アイデアについてどのように記述しているかを対話しようというものです。このセミナーのために原典から作成されたテキストを使います。セミナー参加者は、モデレーターのもとで対話を重ね、人生のあり方、社会のあり方の羅針盤を探します。日本でも、かながわ学術研究交流財団、日本アスペン研究所、中央公論新社、森永エンゼル財団、千葉大学柏の葉カレッジリンクが、日本、東洋の古典を加え、このセミナーを行ってきました。

私たちの森永エンゼル財団では、インターネット時代の教材開発ということで、無料配信の森永エンゼル・カレッジ事業に力を入れています。第一期は、フィレンツェ・ルネサンス、イタリア・ルネサンスの源泉として、ダンテ『神曲』に力を入れました。そして、第二期の現在は、ヨーロッパ・ルネサンスまで範囲を広げています。アドラーのグレート・ブックスは西洋の各著者を原則一冊にまとめているのですが、アリストレテス、トマス・アクィナス、シェイクスピア、ギボンには二冊を与えています。この四人は、特に大切だということなのでしょう。第二期は、さらに前三人にカトリシズムの視点から関心を抱いています。トマス・アクィナスはアリストテレス哲学を取り入れて、カトリック神学の体系化を図り『神学大全』を著し、イギリス・ルネサンス期のシェイクスピアはカトリシズムの立場から戯曲を創作したと伺っていたからです。もちろん、シェイクスピアほど謎に包まれた人物はいないと言われているのですから、あくまで研究仮説です。しかし、私はとても説得的な仮説だと思っています。

カトリシズムからとらえた三賢人

最初が、『アリストテレス・フォー・エブリボディー――やさしく書かれた知の体系』（下島連他訳・日本ブリタニカ・一九七九）です。アドラーのシントピコンの幸福論と『アリストテレス・フォー・エブリボディー』は、幸福追求の羅針盤探しには最適の文献で、私は余暇開発センター時代から参考にし、大学の教養テキストに使って参りました。アリストテレスは、「一般に幸福はレジャーにあると言ってよい。私たちは平和を求めて戦争するように、レジャー（ギリシア語でスコレー）を求めて働く（スコレーの否定形のアスコリア）のである」、そして幸福を構成する要件として、①身体に善きこと、②制限付き善きこと（一般に財産といわれるもの）、③無制限に善きこと（心豊かに生きること）をあげています。私は日経広告研究所時代からこの三つの要件に、生理的欲望、物質的欲望、自己開発欲望を対応させてきました。さらに、アリストテレスは、心豊かに生きるということは、観想生活をすることだと述べています。自己開発はセルフ・デベロプメントですが、デベロプメントの「デベロプ」は「封を開いて手紙を取り出す」ということです。それに「セルフ」をつけるということは、「自己の本性を開花させる」ということになります。そして、その実現方法が観想生活にあるというのです。アリストテレスは、観想にテオリア（theoria）という単語を当てています。テオリアからシアターの劇場とセオリーの理論の単語が派生しています。

レジャーは自由を意味するラテン語のリセレからきているのですが、ギリシア語ではスコレーで、この単語からスクール、スカラーが出ています。そして、アリストテレスは、スパルタ人はせっかく手にしたスコレーを観想生活に当てないで、戦争の準備にあて、結局なにひとつ価値あるものを残すことができなかったと述べています。アリストテレスは、パスカルと同じく「一時（いっとき）の気晴らし」はごまかしだと、同じことを語っていたのです。実は、パスカルは『パンセ』で「一時（いっとき）の気晴らし」を超越するために、「人間は無限に人間を超えていることを知れ」とも語っていたのです。

私にとって観想生活の具体的な実践プログラムは、鈴木大拙の『禅と日本文化』、『十牛図』でした。しかし、西洋の観想生活については理解したとはいえないまま、今日まで気になっていたのです。それが、このたびシェイクスピアの生誕四五〇周年記念企画の準備をしていて、上智大学名誉教授のピーター・ミルワード先生の著書から、イエズス会創立のイグナチオ・ロヨラ（一四九一―一五五六）の『霊操』を知り、観想生活の具体的実例に出会うことができたのです。このことに関しては、『ミルワード神父によるシェイクスピア物語』のところでお話しします。

二番目が、『みんなのためのトマス・アクィナス』です。二〇一二年に創文社が半世紀をかけてトマス・アクィナス『神学大全』の日本語訳と研究解説付きの書物の刊行、全四五巻の大事業を完結させたのです。京都大学の高田三郎先生、山田晶先生からバトンを受け継ぎ、大半の仕事をされたのは、九州大学名誉教授の稲垣良典先生です。先生には森永エンゼル財団設立の最初から、エンゼル研究の指導を受けて参りました。このたび、日本語訳完結を記念し、先生にお願いして『みんなのためのトマス・アクィナス』と題するインターネット教材の開発を進めています。その内容は逐次、森永エンゼル・カレッジで配信しております。トマス・アクィナス神学は、アリストテレス哲学を参考にしているということで、「トマス・アクィナスがアリストテレスに洗礼を授けた」というエピソードまであります。さらに興味深いことに、グレート・ブックスのアドラーが、トマス・アクィナスをプロジェクト展開の支えにしていたのです。

「もしも二〇世紀にトマス・アクィナスが生きていて、再度『神学大全』の現代版に着手するとしたら、どのような体系化を図るであろうか。私はこの視点から仕事に当たっています」、こうアドラーが語っていたのです。この話を稲垣先生から伺いました。二〇世紀のアメリカにとって、生涯学習社会政策とグレート・ブックス・プロジェクトは、極めて重要で期待されていたのです。そのことを『ＴＩＭＥ』誌がハッチンスとアドラーをそれぞれ表紙の肖像画に使い、特集を組んでいたことからも察することができます。稲垣先生がアメリカで研究生活をしている時に、『ＴＩＭＥ』誌でアドラーの記事を読んだということでした。アドラーの業績は、現在アドラー＆アクィナス研究所に引き継がれ、グレート・ブックスを通じて心豊かに生きるアイデアスの世界の学習プロジェクトを展開しています。さらにこの研究所は、最先端のＭＯＯＣ（Massive Open Online Course）のインターネット利用のオンライン授業を行っています。私どもの研究グループは、森永エンゼル財団と財団法人かながわ学術研究交流財団の自主研究で、晩年のアドラー先生の研究所に、グレート・ブックス・セミナーの指導を受けに伺いました。その時の成果は『グレート・ブックスとの対話』の出版物になっていますし、映像コンテンツは森永エンゼル・カレッジの中に入っています。

三番目が『みんなのためのシェイクスピア』です。二〇一四年はイギリス・ルネサンス期に活躍したシェイクスピア生誕四五〇周年に当たります。インターネットでアクセスしてみると、イギリスでは行事が目白押しです。日本では、イエズス会司祭で、長く上智大学教授として英文学・シェイクスピアの教育で教壇に立ってこられたピーター・ミルワード先生が、生誕四五〇周年に向けて、カトリシズムの視点に立った研究成果を次々に発表してこられたのです。その研究成果に対し、世界のシェイクスピア研究者が、新潮流として関心を寄せているのです。二〇一四年の第一六回図書館総合展で、森永エンゼル財団は記念フォーラムを、上智大学名誉教授の渡部昇一先生、清泉女子大学名誉教授の門野泉先生をゲストに招いて開催いたします。このフォーラムの題名は門野先生にチェスタトンの『ブラウン神父の探偵小説』とチャールズ・ラム&メアリーの『シェイクスピア物語』の連想から付けてもらいました。このフォーラムの準備段階で、森永エンゼル・カレッジのコンテンツの中に、ミルワード先生と門野先生による『ミルワード神父のシェイクスピア物語』の入門教材を入れておきました。これを視聴していただくだけでも、ミルワード先生のシェイクスピアの謎解きの研究成果の流れを知ることができます。

シェイクスピアに関する研究書籍、研究論文は、世界中に調べ尽くせないほどあるわけですが、シェイクスピアの実像は永遠の謎に包まれてきました。ミルワード先生はカトリック弾圧の時代に生きた隠れカトリックのシェイクスピアが、ハムレットと同じく、「口が裂けても、黙っておらねばならぬ」であったからこそ、永遠の謎に包まれていたのだという立場をとっています。そして用意周到な準備をしたうえで、謎解きの仕事に取り掛かったのです。ミルワード先生は若い時から、『霊操』の神秘体験・神体験の観想生活の修練を積み、カトリック教会の歴史に精通し、スコラ哲学とギリシア・ローマ古典と英文学を十分に研究してこられたのです。つまり、シェイクスピア研究に必要なすべての条件を揃えたうえで、学術的な謎解きの仕事をしてこられたのです。

ミルワード先生の研究に精通しておられる門野先生は、「神父様のシェイクスピア研究は、カトリック・イエズス会の宗教的背景に関連づけ、学術的に総合的に謎解きをしたものです。二一世紀に入ってから、特に世界のシェイクスピア研究者が先生の研究成果に関心を寄せるようになりました」と研究の新潮流について語っています。

3　シェイクスピアは隠れカトリックだった

ミルワード神父のシェイクスピア物語

ミルワード先生は、一九五四年に来日し、一九六四年のシェイクスピア生誕四〇〇周年記念に、研究社から英文の『An Introduction to Shakespeare's Plays』（日本語訳『シェイクスピア研究入門』・中央出版社・一九七二）を出しています。一九六七年には、姉妹書として研究社から『Christian Themes in English Literature』（日本語訳『キリスト教と英文学』・中央出版社・一九七四）を出しています。この二つの著書を読むと、ヘンリー八世、エリザベス女王の時代の宗教的背景がいかに複雑で困難であったかが分かります。

一六世紀前半にヨーロッパのカトリック教会と同じく、イギリスでも、ルター、カルヴァンのプロテスタントの激しい嵐が吹きまくります。一五三四年以降は、ヘンリー八世の国教会がカトリック教会にさらに激しい弾圧を加えます。やがて国教会は、プロテスタントにも弾圧を加えるようになります。ミルワード神父は、この宗教的に困難な時代に、隠れカトリック教徒を支え続けたのが、シェイクスピア戯曲だったと述べています。シェイクスピア自身、隠れカトリック教徒で、イエズス会と深い交流があったという仮説を裏付ける研究をしてこられたのです（『シェイクスピアは隠れカトリックだった』・春秋社・一九九六）。シェイクスピアの実生活に関する資料を上手に使い、創造的想像を働かせ、思想家・詩人・戯曲作家の視点から、愛読していた『ブラウン神父の探偵小説』のように、ミルワード先生は学術的謎解きの研究成果を次々に発表してこられたのです。

モームのイグナチオとの出会い

私は、学生時代に、サマセット・モームの作品を愛読しておりました。ミルワード先生の『キリスト教と英文学』では、モームは「キリスト教の信仰と道徳的な理想を無視する」作家グループに入っていたのです。他に、このグループには、D・H・ローレンス、ジェイムス・ジョイス、オルダース・ハクスレーが入っていました。

ところが、私はモームが熟年になって、イグナチオ・ロヨラとイエズス会と霊操に強い関心を寄せていたことを知り、驚いたのです。あのモームがという驚きでした。モームはスペイン・セビリア滞在中に、行きつけの酒場で、たまたまイグナチオ・ロヨラの自叙伝『ある巡礼者の物語』(岩波文庫)を手に入れたのです。モームは、この伝記にすっかり魅了され、次にイグナチオの『霊操』(岩波文庫)を読み込み、自らも四週間の精神の鍛錬の黙想・観想生活を実践したのです。第一週は罪の認知と痛悔、第二週はキリストの救済活動の観想、第三週はキリストの受難の観想、第四週はキリストの復活の観想です。この黙想・観想生活の結果、モームは創造的想像力をパワーアップでき、グレアム・グリーン絶賛のスペインの歴史小説『ドン・フェルナンドの酒場で』(原書房)と自伝的回想録『要約すると』(新潮文庫)を著したのです。この二著でモームは、自分の宗教観とイグナチオへの傾倒を述べていたのです。そこで私自身も『ある巡礼者の物語』と『霊操』を読んでみようと思い立ちました。すでにミルワード先生のシェイクスピアと英文学に関する書物、聖書とイエズス会に関する書物を読み、イグナチオ、ザビエル、イエズス会、霊操について関心を抱いておりました。そこで、モームに倣いて精読してみました。もう何度も読み続けています。

「キリストの国」の「キリストの騎士」のイエズス会士

日本でもキリスト教関係者の間では、イグナチオによる『ある巡礼者の物語』と『霊操』は知られていましたが、一般読者が人生の旅路の羅針盤を求めて関心を寄せるようになったのは、二一世紀に入ってからではないでしょうか。上智大学名誉教授で、イエズス会司祭の門脇佳吉先生による日本語訳が岩波文庫から出てからだと思っています。門脇先生は、それぞれに、実にすばらしい注解、解題、解説を付けています。実は、「現代人の人生の旅路の羅針盤の喪失」という表現は、門脇先生から学んだものです。先生は、若い時から禅の修練をされ、禅体験と霊操体験の比較研究から、イエズス会の理念と黙想・観想生活の実践方法を分かりやすく説き、キリスト教は日本人にとって身近な宗教であると語っています。私にとっても、余暇開発センター時代から、鈴木大拙の自分探しの『十牛図』と『禅と日本文化』に親しんでいましたので、素直に納得することができました。

『ある巡礼者の物語』は、イグナチオの晩年の口述による四七歳までの自叙伝です。カトリック教会の歴史には何度も存続の危機がありました。一三世紀の時は、托鉢修道会のフランシスコ会とドミニコ会がカトリック教会改革に寄与しました。一六世紀の宗教改革の嵐に対し、イグナチオは聖フランシスコ、聖ドミニコに倣いて、二人の聖人の取り組んだ中から最も難しい辛い仕事を実践することにしたのです。イエズス会士たちが神の働きかけに心を開き、悪魔の霊と神の霊の違いを辮別し、「キリストの国」の「キリストの騎士」として、カトリック教会の立て直しに取り組んだのです。キリストの騎士たちは悪魔の霊に打ち勝つ揺るぎない修練を積み、それを実践したのです。さらに、ザビエルのように世界中に宣教師として赴き、学校を創り普遍的（カトリックの原義）な学問の普及に力を入れたのです。日本の上智大学はザビエルの願いに応えて明治に入って創立されたと聞いています。イエズス会のこれまでの歴史を振り返ってみると、イグナチオの期待に十分応え、西洋史の流れを変えた、いや世界史の流れを変えた、学会・言論界・世論を動かす砦になったとまで言われるようになったのです。イグナチオの自叙伝は、イエズス会の成長過程を綴ったものですが、イグナチオの四八歳以降の活動については、ミルワード先生編集企画のフランシス・トムソンの『イグナチオとイエズス会』(講談社学術文庫)が参考になります。日本語訳に当たられた上智大学教授の中野記偉先生が、先に取り上げたモームの話、さらにイエズス会の小史について解説を付けています。

イグナチオは自叙伝でイエズス会の『霊操』と『会憲』をまとめるのに、いかに腐心したかを語っています。門脇先生は注解で、「『霊操』がイグナチオの精神の中核であるとすれば、『会憲』はその精神を具体化し、イエズス会の組織体に霊的力を与える規則(憲法)である。『霊操』はイグナチオと同志の霊魂であり、『会憲』はイエズス会(イエスの友の会)の身体(組織体)である」と解説しています。

簡潔にいえば、『霊操』はイグナチオの神秘体験・神体験を追体験するための実践書です。『会憲』は、イエズス会士の生活手引書、霊的指針書です。イグナチオ以前にも、修道会には手引書があったわけです。イグナチオはその中でもトマス・ア・ケンピスの『キリストに倣いて』(岩波文庫)を参考にしたと言われています。私もこの本を読んでみました。その感想は、どの修道会士にとってもキリストに倣うオーソドックスな手引き書なのですが、イエズス会のように「キリストの騎士」として悪霊と戦う実践に駆り立てる意図は弱いように思います。

霊操による創造的想像力のパワーアップ

聖書ヨハネ伝一四の六に「私は道である。私を通らなければ、誰も御父のもとへ行くことはできない」とあります。そこで、イグナチオは自らキリストに倣う受難の生涯を辿る黙想・観想による創造的想像(creative imagination)の神秘体験・神体験をしたのです。イグナチオがイエズス会士に対し、自分の黙想・観想を追体験できるようにまとめたテキストが『霊操』です。

「霊操」という表現は、今日の日本人には馴染みにくいように思うのです。しかし、身体を調えるフィジカル・エクササイズを「体操」と言っているわけです。同様に、心、精神を調えるスピリチュアル・エクササイズを「霊操」と言えば、わかりやすいのではないでしょうか。門脇先生は、禅体験から霊操体験へ、霊操体験から禅体験へと、知的であるよりも行的な実践をし、そのうえで思索されたのです。その結果、霊操は日本人の精神性・霊性の根源を形成してきた禅体験に類似するところが多いと判断したのです。

私はこれまでのダンテ・フォーラムで、西洋中世史の樺山紘一先生、西洋美術史の田中英道先生にご協力いただき、イタリア・ルネサンスについて、またダンテ、ジョット、ダ・ヴィンチ、ミケランジェロ等の作品の享受法について対話を重ねてきました。私はイタリア、地中海を旅する時には、いつも二人の先生のテキストを読み、調べものをして参りました、そして、イグナチオの『霊操』の黙想・観想生活に親しむようになってからは、巨匠たちの作品の製作過程の創造的想像のヴィジョン（示現）づくりに関心を抱くようになりました。巨匠たちもイグナチオと同じように時空を超えて、心の内的現実としてキリストの生涯の現場に立ち会い、黙想・観想し、そのヴィジョン（示現）を外的現実として造形表現したものだ、私はこう思うようになりました。したがって、私自身これらの巨匠たちの作品を外から対象として鑑賞するだけでなく、作品の製作過程の中に入り込み、自分自身もその「ドラマの対話」のキャストの一人であるように黙想・観想の追体験をし、さらに作品と深く関わることができるようになりたいと思っています。シェイクスピアの作品についても、そのようにありたいと思っています。

4　ミルワード神父の「天使と悪魔」論

人間の心の中での天使と悪魔との戦い

森永エンゼル財団は創立以来、森永のシンボル・マークについて、学術的かつ芸術的な研究をして参りました。学術的には稲垣良典先生を中心に研究を重ね、「エンゼル（天使）とは肉体を持たない精神（minds without bodies）である」（稲垣良典著『天使論序説』・講談社学術文庫・一九九六）という捉え方をしています。一方、芸術からの研究では天使を造形的に表現してきた歴史と伝統に従うことにしています。

『ミルワード神父のシェイクスピア物語』の特色は、それぞれの作品の背景に存在している悪魔の霊と神の霊の差異を弁別し、神の霊、守護の天使に全能力を集中して良心を究明し、この世でまたは来世において救われるシナリオを読み取るところにあります。それは作品の背景には擬人化された天使と悪魔がおり、神と天使を信じていれば救済されるという信仰でもあります。

エブリマン（イギリスの道徳劇）の主人公の人間は、巧みに言い寄る悪魔に気付かずに言いくるめられ、神の霊、守護天使から離れ、間違いを犯す存在として表現されています。

たとえば『オセロ』です。オセロは、エブリマンの人間です。人間には天使的な良い面もあれば、悪魔的な悪い面もあります。最愛の妻・デズデモーナは、守護の天使です。オセロの旗手のイアーゴは悪魔です。オセロはイアーゴに騙されてデズデモーナを殺（あや）めてしまいます。後になって、そのことに気づいたオセロは、自らの命を絶ちます。このようにエブリマンの人間の心の中は、いつも天使が悪魔の挑戦を受けているのです。

次は『マクベス』です。主人公のマクベスは、エブリマンの人間です。マクベスの心の中に理性と良心はあります。魔女たちの誘惑に負けまいとする心はあるのですが、妻のマクベス夫人の押しの強さと、彼女に対する恐怖心に負け、主君殺害と王位簒奪の罪を犯します。マクベスもマクベス夫人も悪魔の霊に言いくるめられたのです。しかし、ここまで踏み込んでから良心が疼くのです。ミルワード神父は、当時のカトリック弾圧をおこなったヘンリー八世の心理状態をマクベスに関連づけ、エリザベス女王の心理状態をマクベス夫人に関連づけ、説得的な解釈をしています。ヘンリー八世にしても、エリザベス女王にしても、良心の疼きを感じながらも、「血の流れにここまで踏み込んでしまった以上、今さら引き返せるものではない、思い切って渡ってしまうのだ」という心理状態に陥ったと解釈しています。

ミルワード神父は、『ハムレット』は、悲劇でも復讐悲劇でもなく、最もユニークな問題劇だと解釈しています。シェイクスピアが活躍した時代は、宗教的に極限の人間苦、社会苦にあり、カトリック、イングランド国教会、プロテスタントが複雑に深刻に対立し、それが作品に反映している、ミルワード神父はこのように読み解いておられ、世俗的解釈、宗教的解釈、カトリック解釈の三層からの研究姿勢を貫いています。そして、シェイクスピアはカトリック教徒であったという立場から、シェイクスピアの作品には、「愛の神」による救いを読み解いているのです。ところが、『ハムレット』は、主要登場人物が大きな問題を抱えて出ており、「愛の神」による救いがないから問題劇だというのです。例えば国王は聖体拝領、告解、塗油の三つの秘蹟を受けることなく、煉獄から幽霊となって登場します。ハムレットは対立するプロテスタント教育を受けています。母ガートルードは夫を裏切った女性であり、オフィーリアは、愛を貫いた女性ではないからです。先生は『ハムレット』の舞台は、デンマークなのですが、この舞台をイングランドの現実に置き換えて深刻に解釈されているのです。

最後に『リア王』を取り上げてみます。主人公はリア王です。リア王には、思い込みで悪魔の霊に言いくるめられるという弱い面があります。リア王は、神の霊、守護の天使から離れすべてを失ってから三女のコーデリアの愛に救われます。上二人の姉に悪魔の霊が乗り移って父のリア王を苦しめます。コーデリアは、父リア王の守護の天使で命をかけて護ります。ミルワード神父の自叙伝『愛と無』（人文書館）の帯広告のコピーがすべてを語り尽くしています。

コーデリア「世界を動かしているのは、愛なのです」

リア王　「コーデリア、さあ、なんと言うてくれるな？」

コーデリア「何もありません。無こそすべて」

ただひたすらな愛、純粋にして無垢、無償の愛、言葉で言い表すことのできぬ愛こそリアの心（フランス語で Coeur de Lear は、リアの心）

聖書の中の「天使と悪魔」

イグナチオが聖フランシスコから清貧の大切さを、聖ドミニコから学問の大切さを学んだように、ピーター・ミルワード先生は、幼少の頃からカトリック・イエズス会の学校に学び、イエズス会司祭になることを志してこられましたので、これまで霊操体験を数えきれないくらい実践してこられたと思います。それで、シェイクスピア作品の中の悪魔の霊と神の霊、守護の天使との戦いの解釈は、聖書から自然に学んだ解釈方法なのだと思います。

そして私は文芸・芸術表現にとって、霊操体験はとても有効な演習方法だと思うようになりました。ミルワード神父の『天使と悪魔』（北星堂書店）は、その意味でとても興味深い本です。例をあげてみます。

「ヨブ記」に「その時、夜明けの星はこぞって喜び歌い、神の子らは皆喜びの声をあげた」とあります。言うまでもなく、神の子らはみな天使です。しかし、その神の子らが涙を流すのです。それは、天使が堕落して悪魔となり、エデンの園で悪魔が蛇に乗り移って最初の人間を言いくるめ、二人は神の霊、守護の天使から離れて、原罪を犯してしまいました。神の子らの天使の涙は、そのことが悲しくて流したのです。
恐ろしいことに、悪魔の霊はイエスの心の中にも忍び寄ります。イエスは、悪魔のサタンの正体を見破り、「サタンよ、退け！」と公然と拒みます。

このように、黙想・観想による霊操体験の狙いは、時空を超えた神との対話ドラマなのです。現代のドラマは、背景に神の霊を感じさせない「一時（いっとき）の気晴らし」の世俗の生きざまが多くなっていますが、霊操体験は一般のドラマ制作関係者にとっても有効な研修方法だと思います。モームがそうであったように、イグナチオの霊操追体験は、創造的想像によるヴィジョン（示現）づくりの学習に有効で、ドラマ演出力、表現力をパワーアップするからです。もちろん、一般の享受者にとっても有効です。

5　ユネスコの輝く教育政策

文芸・芸術から入る比較文化教育

清水幾太郎先生が警告した第二のリアリティ（遊戯の世界）の拡大は、心の中の内的現実としてのフィクションが、外的現実としての人間の生き方と社会のあり方に大きな影響を及ぼすということでもあります。アリストテレスは『詩学』で、ノンフィクションを扱う歴史は、事実を物語るだけだが、フィクションを扱う詩学は本質について語ることができると言っています。フィクションに対するノンフィクション、スコレー（レジャー）に対するアスコリア（ビジネス、オキュペーション）という言葉遣いをみると、心の世界、精神の世界では、フィクションやスコレーが優位であったことを示唆していると思うのです。すでに人生八〇年、九〇年の生涯生活時間の配分をみると、生涯労働時間は人生の一割に短縮し、生涯自由時間は人生の三割から四割に拡大しています。まさにマス・

レジャー時代に入っているのです。この拡大した自由時間にいかに対応するか、それが第二のリアリティの「新しい人間、新しい社会」の課題です。

ミルワード先生は、物質の世界は「時空間の四次元」の領域に属しており、精神の世界は「霊魂の次元」、「異次元（other dimension）」の領域に属しているという立場をとっています。外的現実としての自然物の世界は、五感（視覚・聴覚・味覚・触覚・嗅覚）のコモンセンスで、科学的・実証的に問題発見・問題解決をかなりなまでできます。しかし、内的現実としての精神の世界の神、愛、天使、悪魔、真善美といったアイデアス（思想・観念）の問題は、科学的、実証的に対応できません。それは信仰の心の目で捉える「異次元」「霊魂の次元」の領域の問題、つまり宗教の問題だからです。この問題に対しては、伝統的に詩学や芸術そして大学の学問で対応してきたのです。以上が、ミルワード先生の確信です。

今日、キリスト教文化圏でも、教会に行かない人が非常に増えていると言われています。しかし、ユネスコが世界遺産による異文化、異文明の相互理解に力を入れるようになってから、宗教的背景を持つ文芸・芸術に関心を寄せる人々が増大しています。世界遺産を楽しみに旅行する人々が、世界遺産を対象として外から楽しむだけでなく、世界遺産の中に入り、内的現実として当時の人々の物の見方、考え方、感受性の「心の習慣」、「精神の習慣」と同次元で対話できるようになれば、それは本当に素晴らしいことです。世界遺産が、単なる観光客誘致対策としてではなく、第一級の地球益、人類益を学ぶ生涯学習教材になってもらいたいと思うからです。したがって、イグナチオの霊操追体験は、物質の世界に偏ってしまった現代人を、精神の世界、宗教の世界に連れ戻す優れた文芸・芸術学習、そして宗教学習だと思います。昔から宗教の良し悪しは、その文芸・芸術を見ればわかると言われてきたからです。

日欧に異文化交流の橋を架けてきたイエズス会士

一九九四年三月九日、田園理想郷アルカディアの牧神パンを調べに、ローマに出かけ、マジェスティック・ホテルで朝食をとっていた時のことです。森永エンゼル財団でご協力いただいているピーター・ミルワード先生が和服姿の日本人グループと一緒に朝食をとりに来られたのです。その時に先生は、私ども夫婦の席にご一緒されたのです。先生は日本人の茶道グループを連れて、ヴァチカンの教皇猊下にお目にかかりに伺うところでした。そして、私の調べもののピーター・パンのルーツの半獣神パンについては、「私のピーター・ミルワードのピーターと、ピーター・パンのピーターとは、同じ意味で、聖ペトロということです。私にとっても、バリの『ピーター・パン』は、愛書です」から始まり、いろんな助言をいただきました。

このたび、シェイクスピアの四五〇周年記念行事で、自叙伝の『愛と無』、『お茶とミサ――東と西の一期一会』（PHP）を読んで、私は「あぁ、そういうことだったのか」と二〇年前にご一緒した時の朝食の話に驚き、想い起したのです。イギリスで一六世紀にイエズス会士たちがカトリック教徒を殉教覚悟で支援したように、極東の日本においても聖フランシスコ・ザビエル、そしてその後に続くイエズス会士たちが、「キリストの騎士」として教育と宣教活動を続けていたのです。二〇一四年のNHKの大河ドラマの『軍師官兵衛』にもイエズス会士たちの場面が出てきます。このたびのドラマでも、茶人千利休が秀吉に従わないで命を絶つわけですが、ミルワード先生はイエズス会と利休の関係について興味深いお話をしています。いつも行うミサと茶道体験から、利休がカトリック教会のミサの儀式を参考にして、茶道を完成させたと確信したのです。ということはミサの所作と茶道の所作には類似性があり、そのプロセスに参与することは共通の精神性を味わうことになるからです。さらに利休はカトリック教徒だったという仮説を紹介しています。こうなると、イエズス会が「禅と日本文化」にあたえた影響は甚大なことになります。明治維新以降の日本人の精神を、「和魂洋才」と単純にパタン化することに問題が出てきます。

世界遺産、芸術都市への巡礼

グレート・ブックスの中のグレート・ブックスということで、アリストテレス、トマス・アクィナス、そしてイギリス・ルネサンス期のシェイクスピアの事例を中心に取り上げてきました。二〇一四年のシェイクスピア生誕四五〇周年記念に合わせて、『ミルワード神父のシェイクスピア物語（Father Milward's Tales from Shakespeare）』に焦点を当て、これまで話をしてきました。ここで焦点を当てることで、私は長い間気になっていた、アリストテレスのレジャー論の「幸福はレジャーにあり、人間はレジャーのために働くのがよい。幸福の要件は、身体に善きこと、制限付き善きこと（財産）、無制限に善きこと（心豊かに生きる）の三つあり、一番大切な心豊かに生きるには、観想生活をすることである」ということをよく理解できるようになりました。ピーター・ミルワード先生、ミルワード神父のお陰です。

前に触れましたが、ギリシア語で観想はテオリア（theoria）です。ラテン語ではコンテンプラティオ（contemplatio）です。英語で観想生活はコンテンプラティブ・ライフ（contemplative life）となりますが、私は長い間、具体的・実践的イメージを摑むことができずにいました。もちろん、イグナチオの『霊操』の実践プログラムは、観想生活の一事例ですが、しかし、イエズス会士だけでなく一般の人にとっても観想の本質を実感できる優れた実践プログラムだと思います。

日本政府が一九七二年から行っている日本人の生活意識調査に見るように、すでに日本人の価値観は、制限付き善きものの「物の豊かさ」よりも、無制限に善きものの「心の豊かさ」を重視・追求しているのです。さらに衣食住遊の生活文化の中で、レジャー・余暇生活重視が第一位になっています。このように日本人の価値観・ライフスタイルの変化の方向は、「古い人間、古い社会」の産業社会を抜け出して、「新しい人間、新しい社会」の脱産業を求めているのですが、現実の人々の生き方も、社会のあり方も、「一時（いっとき）の気晴らし」の物の豊かさを求める構造の中に閉じ込められていると思うのです。

すでに日本人、日本社会は生涯生活時間の配分からみるとマス・レジャー時代に入っています。しかし、人々の生き方も、社会のあり方も「一時（いっとき）の気晴らし」のレベルで、アリストテレスの言う「幸福に生きる観想生活」に達している人は少ないと思うからです。イエズス会の門脇先生が指摘したように、現代人の多くはマス・レジャーの中で、人生の旅路の羅針盤を持たないで、苦難の迷路でさまよっているのです。

私はレジャー研究の自分史を、ハッチンスの学習社会ヴィジョンとアドラーのグレート・ブックス・セミナーに関連付けて、これまで話をしてきました。そして、たまたま二〇一四年がシェイクスピア生誕四五〇周年に当たるということで、世界的シェイクスピア学者のピーター・ミルワード先生に記念企画をお願いし、その背景について話をしてきました。私は企画の準備で、この間、先生の関連図書を精読して参りました。そして、気付いたことは、キリスト教が英文学・シェイクスピアに及ぼした影響が実に大きいということです。キリスト教の中心的教義が、英文学、中でもシェイクスピア作品の主題になっていたからです。そもそも、芸術の起源は古代宗教にあると言われているのですから、私が気付くのが遅いというべきなのでしょう。しかし、その結果、ハッとわかったことがあります。マス・レジャー時代を迎えながら、現代人の自由時間活用が「一時（いっとき）の気晴らし」で留まっているその原因は、宗教離れにあるということです。

現在、私の周りの人たちを見ても、広く日本、世界を見回しても、宗教を今日を生きる支えにしている人は極めて少ないと感じています。私の家は曹洞宗ですが、そのこととは別に、森永エンゼル財団で、天使論、キリスト教芸術の研究会を重ねているうちに、私には現代人が宗教から離れて平気で生活していることが異常に思えてきたのです。

ハッチンスやアドラーが、グレート・ブックス・プロジェクトを通じて、偉大な古典と対話し、結局はトマス・アクィナスの『神学大全』のヴィジョン（示現）に立ち帰ったように、私自身もここ数年、上智大学のピーター・ミルワード先生の「ゼミ生」になったつもりの「対話ドラマ」の観想生活をしてきました。そして、ミルワード先生の人生の中に、またシェイクスピアの世界の中に、「一時の気晴らし」を超越する「人間は無限に人間を超えていることを知る」、人生の旅路の羅針盤を見い出したからです。私は二〇〇八年から、柏の葉の千葉大学カレッジ・リンクで、徳山郁夫先生がお世話する森永エンゼル・カレッジのコンテンツ活用のセミナーに参加しています。そして、社会人、学生の皆さんが、世界遺産・芸術都市フィレンツェのグレート・ブックス・セミナーに参加し、自主ゼミを開くまでになったのです。参加者の中には、芸術都市フィレンツェへの巡礼の旅に出る人も出てきました。この小さな学習会は、インターネット時代の「新しい人間、新しい社会」に向けて大きな可能性を秘めた実験だと思っています。

ケインズ、ガルブレイスに応えて

近代経済学者のJ・M・ケインズは、一九二九年の世界経済恐慌の克服法を打ち出し、次に一九三〇年の『わが孫たちの時代の経済的可能性』のエッセイで、「孫たちの時代には、経済の問題よりも、人類の永遠のレジャー問題が重要になってくるであろう」と予告したのです。ケインズは、ワーク生活よりもレジャー生活が大切になるという前提のもとに、芸術評議会設立を提唱し、具体的政策としてメセナ活動を始めたのです。それから四二年を経て、一九七二年にローマクラブの『成長の限界』の発表があり、続いて一九七六年に、鈴木大拙と親しい交流のあったエーリッヒ・フロムが所有価値（to have）に基礎をおく産業社会の「古い人間、古い社会」から、人間の本性を開花させる存在価値（to be）に基礎をおく、脱産業社会の「新しい人間、新しい社会（New Man New Society）」への転換を提言したのです（『生きるということ』・紀伊國屋書店）。ユネスコはこうした時代の変化の本質を読み取り、二一世紀の教育政策目標を「人間らしく生きることを学ぶラーニング・ツー・ビー（learning to be）」におき、異文化・異文明の相互理解を促進する世界遺産プロジェクトに力を入れてきたのです。数ある国連機関の中で、この二つの教育ヴィジョンとプロジェクトは輝いていると思います。各国の教育・生涯学習政策が、この大方針に沿うことにより、マス・レジャー時代の「新しい人間、新しい社会」への展望が現実化すると思うからです。

そのモデル国として、二〇〇三年の日本経済新聞の正月企画に、Ｊ・Ｋ・ガルブレイスは「日本の再設計─新しい価値観に対応」と題して、エッセイを寄せてくれたのです（一月三日・朝刊）。日本は世界の国々に先駆けて経済的成功の意味を問い直し、「幸福の追求」「心豊かに生きる生活の楽しみ」の新しい価値基準を作り、「新しい人間、新しい社会」に転換し、それを世界の国々に示すべきだと提案したのです。私は、二一世紀のあるべき日本のヴィジョンだと思いました。（拍手）

意見交換

司会（徳山郁夫）（千葉大学教授）　ダンテ・フォーラムの経緯も含めて、今の松田先生のお話に感想をお聞かせいただきたいと思います。

田中　私の生き方そのものが、実を言うと観想生活であって、まさにレジャーで生きている。つまり私が美学、美術史という学問、あるいは文学を研究したり、絵や小説を試みたり最初から人生を芸術に関することだけで生きていこうということを決めまして、観想生活というか、まさにアリストテレスを地でいっていると自負しているぐらいです。つまり人間の喜びとか、人間のあり方そのものが——もちろん私は労働、あるいはお金を稼ぐとか、いろんな意味でそういうことをないがしろにしているわけではないのですが、そういうことそのものが生活をつくり出す。本来、文化というのはそういうものであって、経済生活、あるいは物質的なものをつくるということだけが実質的な生活ではないのです。人間の社会というのは、創造したり、思索したりする場であり、大学というのはそういう場所でもあるわけで、それが経済的にも成り立つ社会であるわけです。また、そういうことを必要とする社会でもあります。子供たちにとっても、教育の中で、情操教育をする。つまり経済的物質的生活に余り関係のないことのように見えますが、実を言うと人間の生きる目的というのはそういうことにかかわっているんだということを教えるべきです。それは宗教でも、文化でも、研究したり、鑑賞したり、そういうことでさえも、レジャー産業ということが結びついて、大体、大学というのは研究するところですから、社会に必要な場なのです。特に文学部というのはその典型です。それがなければいかに社会がつまらないか、人間がつまらなくなるか。人間生活がいかに精神的に貧しくなるか。貧しいということは、決して経済生活の問題だけではなくて精神生活の問題です。

例えば『源氏物語』の生活そのものにそういうところがあるわけです。つまり人々の情操生活が基本です。例えば光源氏自身が和歌や琴だけでなく絵も描くわけです、「絵合せ」で普通の画家よりもすぐれていると評価されるぐらいの才能を開花させています。官僚、皇族の生活が、ただ政治とか祭祀とか義務的に行なっていくというのではなくて、まさに文化創造をみずから課しているのが源氏です。ですから源氏だけ読むと、まるでレオナルド・ダ・ヴィンチのような人に見えます。別に絵が残っているわけではないから、つまり紫式部の一つの理想の生活かもしれない。しかし、そういう生活を和歌の世界、絵の世界、あるいは琴の世界、雅楽の世界、いろいろなことで表現するのが日本人です。日本人というのはそれに一番適していると私は考えているんです。なぜかというと、人間の存在が一神論ではなくて多神論、あるいは自然信仰が基本にある。人間というのは、本来、自然児のような能動的な存在なのです。そういうことは、『万葉集』を読むとそれがよくわかる。大友旅人が歌っているんです。死んだ後、虫とか動物になってもいい。今、この世を楽しもうではないかということで和歌を歌うわけです。そういう感覚というのは、本来の人間のあり方であると思います。「近代」の人々が余りに物質や経済にとらわれているのです。その奴隷となっているといってもいい。

西洋のキリスト教徒も本来はそうであったはずです。世界中の人々が同じと思っていいでしょう。「近代」というのは、そういう相対化された宗教、相対化された思想の中で、人間の生き方そのものを本当に味わっていくことが可能な時代になっています。現代人は先ほども話題になっているように旅行が簡単にできるようになった。ほかの文化に簡単に接することができるようになったのです。あとはそれをどういうふうにとらえるか、どういうふうに考えるか、そういう基礎をお互いに生涯教育で学んでいく必要があります。ただそのままの感性だけでは、文化を理解するには足りないわけです。そうした理解を深めていくという意味では、松田先生の考え方は非常に同感するところがあって、大いに賛成しているわけです。

司会　ありがとうございます。樺山先生、よろしくお願いいたします。

樺山　随分時間も押しておりまして、いろんなことを申し上げたいのですけれども、限りがありますので、一言だけ申し上げます。

今、田中さんからお話がありましたとおり、私たちも少なくともある時点まではレジャーとか余暇という言葉について随分と偏見を持ってきたと思います。「余暇」という言葉は、ほかの表現がなかったものだから、「余っている暇ですよね」という余暇開発センターも含めて、多くの方々に誤解も与えてきたと思います。レジャーの方も、何となくレジャーランドという言葉が定着したために、要らぬ誤解がいろいろにつきまとってきたと思います。

ただ、にもかかわらず私たち人間にとって、あるいは私たちの人生にとって、レジャー、もしくは余暇というものが持っている意味合いというのは、言うまでもなく松田先生からお話があったとおり、極めて重大な問題である。清水幾太郎先生が『現代思想』の中でこの問題を取り上げられたときにいろんな論争がありましたけれども、だんだん問題のありかが見えてきたと思います。それ以来、既に五〇年近くたちましたけれども、きょうお話があったように、私たちも同じような発想から、現実にどのようなレジャーの時代をつくることができるか。にもかかわらずレジャー産業という領分には、必ずしも芳しくないいろいろな現象もあらわれておりますので、何とかしてその誤解を解きながら、新しい価値をつくり上げていきたい、そんなふうに考えています。

ご承知かと思うんですけれども、近年、最も先進社会と言われている欧米、あるいは日本のような社会で、大変に観光客の増加が見られている。観光と言っていいかどうか、また難しいところがありますが、少なくとも旅行者の数が非常に増えています。新幹線がいっぱいであるとか、京都なんかではなかなか宿が取れないとかいうのは、実は日本の現象だけではなくて、ヨーロッパでも、アメリカでも同じようなことがあります。まして中国の方々はついこの前までは目くじらたてて社会主義を目指すためには何をやるかということで、毛沢東語録なんか振っていた人たちが、それから一世代もたってみると、今は世界中どこへ行っても中国人の方々の観光旅行に出会います。そこには、いろいろと問題がなくはないなとは思っているんですけれども、こうした人たちが人生の中で何を達成するか、それを旅行の中から発見しようとしているということを考えますと、確かに余暇、あるいはレジャー、観光等々の価値を人間の生きていく価値の最終的な、究極的な目標として発見するような、そんな私たちの知的な営みもますます必要になってくるんだなと思っております。きょう松田先生からお話いただいたことは今までもよくお聞きしてまいりましたけれども、改めて確認した次第です。

最後に一言だけ、この本論とは全然違うことを一言申し上げておきますが、実は先ほどどこかで名前が出ましたドイツのフランクフルト学派のマルクス主義者、マックス・ホルクハイマー（一八九五―一九七三）がある本の中でこんなことをぽろっと漏らしたのをとてもよく覚えています。マルクス主義にとって理論上最大の敵はカトリックだ。とりわけ、その中でイエズス会は自分たちマルクス主義者が考えてきたことをほとんど先立って考えている。様々な思想なり様々な運動との対決をクリアして、最終的に残るのはカトリックと我々マルクス主義だと言いました。なるほど、カトリック、あるいは先ほど話しましたイエズス会は、実は一六世紀以降、現在まで、極めて重大な問題提起をしてきましたし、また最終的に、それこそ私たち社会の究極的な目的をどこかで発見することができるのは、やはりマルクス主義かカトリックしかないかもしれない。そんなことを思いだしました。もっとも、マルクス主義は、ついこの前からどうにもならないような体たらくでありまして、そうなってみると、最終的にカトリックが残っているのかなと、妙な感じがしています。

でも、事柄はそう簡単ではないから、カトリックの世界、あるいはイエズス会にとって、現代世界から見える未来がどんな形をしているのかということを一つ積極的に語っていただきたい。私はカトリックでも何でもないものですから、傍観しているんです。でも、カトリックが何かを語ってくれることが、必ずや問題に深みと広がりを保証してくれるんだ、そんなふうに考えていまして、そういう意味では、先ほどありましたミルワード先生を初めとしまして、カトリックもしくはイエズス会の当事者の方々の発言を、これからも十分に気をつけてウオッチングしていきたいなと思っています。以上です。ありがとうございました。

司会　ありがとうございます。

ダンテ・フォーラムは一九九二年から、今、松田先生からお話があったように、このお三人の先生方を中心にずっと継続されてきました。最後に、私の方からちょっとお三人方もう一つ質問させていただいて、締めたいと思います。

ダンテ・フォーラムという名前になぞらえて考えますと、ウェルギリウスという人が道案内になっているということ。私は今道先生の連続講義で初めて難解な『神曲』の糸口に立てたような気がします。こういう先生がやはり必要だと思います。それから、きょうのお話の中で大事なことは一つ、国というもの。それは国の成り立ちについて理論的な基礎が必要であって、それをウェルギリウスがダンテを導いていることというふうに考えることもできますし、そこに国のまとまりとしてもう一つ大事な問題がきょう出てきました。宗教という問題があるかと思います。

きょうは出てこなかったんですけれども、ダンテの大事な部分で天国というところがありまして、西洋では天国は狭き門で、東洋では極楽浄土と言って、誰でもが入れそうなところですけれども、なぜ西洋の天国は狭き門か。今道先生のお話の中で、天国に行ってもやらなければいけないことがあるというのが一つの鍵だと思っています。それは神の約束した現存在する国かどうかわからないとしても、キリスト教の世界では理想国家をつくろう。その理想国家の理念として立てて、それを実現する契約を結んだ人たちが天国を通過するんだというようにも受け取れると思います。ところが、先生方が触れられたように、今一人ひとりが、マス・レジャーじゃないですけれども、さまよっている時代で、帰るところ、帰り着くところ、一緒になって一体感を味わう、共同体を味わうという国家理念というのが曖昧になって、便利さ、経済の発展の中で、そういうものは二の次にされているようなところがなきにしもあらずだと思っています。
最後にお三方に一言ずつ端的に述べていただけたらありがたいんですが、自分史の研究をした上で、後世に伝えたい、次世代に伝えたいことを、どう表現するかなかなか難しい問題だと思うんですけれども、ぜひ一つずつ紹介していただいて、きょうを締めたいと思います。よろしくお願いいたします。

樺山　そんな難しいことを言われても困るなというのが率直なところです。それでは終わりませんので、一言だけ申し上げますが、あるときに今道先生に「ダンテには地獄・煉獄・天国と三つあるけれども、率直に言って、天国って退屈ですよね」と、半ば冗談めかした言葉遣いで申し上げたことがあります。今道先生は「そう思いますよね。でも」と言って、そこから非常にまじめな顔になられました。いや、実は天国は矛盾も葛藤も何もないかに見えて、そんなことはないんだ。その中でこそ新たな、より適切な価値を結ぶことができるような創造的で発展的ないろいろな活動が、肉体的にも、精神的にも、その他霊的にも、実質的に実現する、そういう天国があるんだとおっしゃいました。私も改めて背筋を伸ばして、そうか、天国へ行ってもまだやることがあるんだなと感心し、また驚いたんです。

あえて言うと、地獄は、前近代社会で私たちが様々な形で苦しんできた社会であろう。煉獄は、今私たちがポスト産業社会でもなかなかポストになり切れず、文字どおり産業社会の中でもって取り組んでいる様々な苦闘する問題が存在する社会とその時代。でも、天国は、文字どおり私たちにとってはポスト産業社会、もしくはレジャー、マス・レジャーではなくて個々の人間にとって重大な意味を持つレジャーの時代。レジャーの時代だからこそ、苦痛もなければ葛藤もなく、のんびりと、のうのうと、緊張感もなく生きていく社会だと考えたくなるけれども、そうじゃないだろう。天国にはなかなか私たちも入れないし、またとても見えてこないけれども、天国に少しずつ近づくことによって、かえって私たちの精神的な価値が実現すべき緊張にあふれた到達点が見えてくる。最終的には、恐らく届かないに違いありませんが、未来に見えてくる時代として天国を描くことができるはずだ。そのうえで元に立ち返ってみると、立ち返って地獄、煉獄、天国という三つの構造は、私たちの人生の展開、あるいはそもそも私たち人間社会の展開のロジックを表現しているように思われます。ただし、この天国はいつになっても実はたどりつくことができないかもしれない。でも、私たちはその社会を目指していきたいものだ。天国は物事に決着がつき、くたくたになってたどりつく最終到達地点ではなくて、むしろ光明によって祝賀され、そこに向けた適切な労力と努力が報いられるような、そういう社会なり世界なんだというふうに理解しよう。私たちの学問も、あるいは様々な文化的な諸活動も、その中でもって意味を与えられ、そこでもって定義することができる。そういう世界を見通してみたいものだと、とてもとても私にはできそうもありませんけれども、そうした事柄を未来に構想できればなと思っています。

司会　ありがとうございます。

田中　キリスト教という世界、ダンテの天国のことをお話になったわけですが、ウェルギリウスがなぜ天国に行けないのか。煉獄までは案内しても、天国に行けないというのは、彼はキリスト教ではないということで一つの限界があるわけです。そこでキリスト教の世界では、キリスト教徒だけが救われるという一つの前提があって、ここのところの問題は、非キリスト教徒が圧倒的な、日本人にとって頭が痛いことです。キリスト教徒の人たちだけが救われるということであっては、やはりキリスト教の限界がある。キリスト教徒でなくても、共通の広場があって、語り合う必要がある。神道、仏教、神仏習合がある日本というのは、キリスト教でさえも取り込むことができる大きな胃袋を持っているのです。日本人は仏教というインドの思考形態を取り込むことができたのです。それが聖徳太子の一つの思想でもあるわけですが、結局、日本人が大きな胃袋を持って一神教をどういうふうに取り込んでいくかという問題ですね。

日本人は、自然というものを神の前に持っている。つまりキリスト教の神が全てをつくるということよりも、神より前に自然があったということに注目するのです。『古事記』『日本書紀』の考え方そのものが、かえってキリスト教よりも、あるいはユダヤ教よりも普遍的になり得ると考えています。ですから、もちろん彼らも包含できるわけです。だから神が自然をつくったというのは幻想だとはっきり言えるのは日本人だけです。つまり一神教の嘘、ニーチェが「神は死んだ」などという前に、神はもともといなかった、と言える思想があるのです。そういうことが自然科学もまた発展させるし、世界を連動させる一つの思想になるのではないかと思われます。もちろんキリスト教徒、あるいはイスラム教徒の一神論の人々を改宗させようとは思いませんが、我々の日本の自然道で、もともとの人間の根本的な考え方を、提示できるのではないかと思っているのです。つまり自然科学も包含しているからです。我々は、長く孤立してきた国でした。他文化と深く接触をする経験がなかった。つまり植民地化されなかったのです。逆に言うと、そういう接触がなかったということが、日本の自由さというか、日本の考え方をより深めることができたと私は考えています。ヨーロッパの考え方を理解しつつ、共存できる文化論をつくることが出来るのではないか、と思っているのです。これはまさに文化交流ということの原点になる。

私、地震の後、イタリアのサルデーニャ島のサッサリ大学で講演をしたときに、自然こそが人間の思想の原点だとイタリア人に訴えたら、そのことに頁をさいた次の日の新聞記事を見て非常に共感を持って受け入れられたと思ったのです。日本に地震があったからということもあるんですけれども、そういう問題の反応というのは、決してキリスト教的な教条的なものではない人たちがたくさんいるということがわかりました、これは一つの日本の考え方を普遍化できる、あるいは交流の一つの大きな言説になり得るというふうに考えています。

司会　ありがとうございます。松田先生、最後によろしくお願いいたします。

松田　うちは曹洞宗です。鶴見の総持寺によく伺っていました。霊操体験が禅体験と似ているというので、実は喜んでいるんです。本地垂迹説（ほんじすいじゃくせつ）というのが日本にはあるわけですけれども、私は日本はソフトランディングの宗教をつくる名手だと思っているんです、田中先生と同じように。トインビーなんかも、伊勢神宮へお参りして同じようなことを考えていました。エズラ・パウンドもそうですね。

ヨーロッパを旅していてカトリック教会へ行けば、まさにそこがイエス・キリストの臨在するところだということはよく分かります。でも、最近、多くの人は教会に通わなくなってきています。カトリックからも離れてきています。ただ、自然は大切だとみんなが思ってきている。今のNHKの『新日本風土記』で朝崎郁恵さんが歌っている歌「あはがり」は、キリスト教圏の人にもすごく通るメッセージだと思っています。神様からいただいた命を大切にして、お迎えが来るまで大切に、大切に生きて、そして神様にお返ししようという内容です。そういうことで田中先生が言われたこと、さらに先ほどレジャー問題について樺山先生が言われたこと、大体三人が今までずっといろんな形でこの問題にかかわって、協力していただいてきた、その方向づけは、同じだなと思いました。生きているときに心の中に王国をつくって、そしてブレないように、悪魔からだまされないように、その王国の騎士になるということです。それがイエズス会士ですけれども、今、エコロジーが大切だから、エコロジーのエコ環境に対して、まさにそういう意識を日本が世界に働きかけていく、リアリティがあるんじゃないかと思っています。

司会　お一人お一人に聞いても、きょうの全体の時間が必要なものを、無理を承知でぎゅっと詰めているところがあって、お聞きの皆さんも多少消化不良のところがあるかもしれません。もう少し聞いてみたいところもあるかもしれませんが、時間が過ぎてしまいましたので、ここでお開きにさせていただきたいと思います。

〈附論〉『柏の葉ルネサンス塾』報告

――ダンテフォーラムに学ぶ街づくり――

徳山郁夫

1　ダンテフォーラムでの学び

私とダンテフォーラムの最初の出逢いは、「混迷の時代の叡智――フィレンツェ・ルネサンスに学ぶ」（二〇〇七年三月）でした。コーディネーターの松田義幸先生、パネリストとして田中英道先生、樺山紘一先生、そして「ダンテ『神曲』講義」の今道友信先生が登壇されました。この時は先生方のお話を食い入る様に聴きながら想像の世界に遊び、瞬く間に贅沢な時間が過ぎました。

今回、コーディネーターとして参加することになり、たいへん緊張しました。そこで準備として先生方の著書に目を通すことはもちろん、時間の許す限りこれまでのフォーラムの内容をエンゼル・インターネットカレッジで繰り返し視聴しました。そして改めて、都合のよい時間に繰り返し視聴できるコンテンツが存在することの意義を実感しました。繰り返し視聴することで、関心が目新しい知識にとどまることなく「生きた言葉」が何を探究しているかという対話の奥行きに移っていくことに改めて感心しました。

今回を含め、ダンテフォーラムを通じて私が街の営みについて学んだことをいくつか紹介させて頂きます。

第一は、街には驚きにも似た「美しさ」がなければならないということです。心に響く芸術の存在です。心の働きとして二つの領域を想定できます。学術的な分類ではありませんが、理性と感情です。現実の社会は、理性を優先し感情を抑制することで発展してきたと考えられます。

心を揺るがすような事象に出逢った時は、言葉でうまく表現できないものです。言葉で表現するとき、すなわち理性を優先して活動するときもその中心には無意識的に感情が流れています。心に溢れる感情をそのまま言葉にして表現することが、社会によって抑圧されていることもあります。心の奥底には驚き、喜び、恐れ、哀しみ、そして葛藤が溜まっていきます。私たちの暮らしには、それぞれの人の心の奥底に沈殿した、言葉では表しきれない感情的なものに光を当てる時間や空間が必要です。

実はダンテフォーラムに出逢い、私はすぐに「天井のない美術館」と称されるフィレンツェに赴きました。そこには近代都市では目にすることのできない「美しさ」に出逢える場所がいくつもあり、思わず立ち止まり動けなくなってしまいました。理屈を超えた「美しさ」が強く訴えかけ、愛着や郷愁にも似た感情が私を襲いました。同時に、近年あちこちに次々と開発される味気のない近代的な都市との間の落差に落胆し、途方に暮れたことを覚えています。

第二は、感情的なところを大切にしながらも、決して激情的に流されているわけではないことです。理性と感情は切り離すことができないものですが、確かな理論的後ろ盾が構築されていたことです。これは街のマスタープランや建築の構造理論のことではありません。例えば聖と世俗の権力関係、あるいは一神教と多神教の対峙、あるいは天国と地獄というように生き方の基盤になる思想・理論です。

中世からルネサンスにかけて、思想が芸術に大きな影響を及ぼし、社会を強く突き動かしていたということです。芸術家たちの間近に当時の社会の葛藤を反映する思想の探究があり、彼らも自らの心の底に沈殿したものをその思想に映し出すように作品として表現してきたということです。

現在見られるヨーロッパの街並は、中世のままのものではないということも繰り返し指摘されました。中世以来、数百年の時を超えて現在に至っています。それは遺跡のように残ったのではなく、思想的な基本理念を闘わせながら培われたものが街の形としてプレゼンテーションされている結果であることを教えていただきました。

今日、多くの近代都市では自然科学が重宝がられ、一方で文学・思想は社会の動きから一歩退けられている観があります。しかし、思想あるいは芸術にもう一歩踏み込むことで、日本が大切に築いてきた生き方の背景にある理論が浮き彫りにされ、それらが時流に流されない街づくりに反映されるものと考えました。

第三は、改めて述べるのもおかしなことですが、ダンテフォーラムは「神曲」を学ぶのではなく「神曲」を手掛かりとして「人間の普遍的源流」の探求を見やすく展開するフォーラムであるということです。異なる分野の一流の先生方が積み重ねた専門的な知見と研究の道筋を丁寧に語ってくださいました。先生方は研究の途上で実感されたことを思い入れのある「生きた言葉」で語られる様子は、異なる道具を使って中世やルネサンスの思想を発掘する作業のようにも見えました。「生きた言葉」によって「人間の普遍的源流」の探究をめぐって展開されるフォーラムは、聴講する方々に共有された楽しみの一つだったとも感じています。

今回のフォーラムでも多岐にわたる興味深く具体的な事例が挙げられました。いつも盛りだくさんで聴衆が多少消化不良に陥りそうになるところがあるのも正直なところですが、フォーラムの本質はあくまでも対話を進めながら行われる「人間の普遍的源流」の探究であることが理解できる、わかりやすいものでした。

第四は、探究する方向を見失わないための導き手の重要性です。例えば今道友信先生という「ダンテ『神曲』講義」の導き手の存在です。たいへんに難解な「神曲」にてこずっていた私ですが、今道先生に導かれながら「神曲」に踏み込み、ダンテに導かれるようにフィレンツェを訪れていました。私は適切な導き手なしには表層的な知識に目を奪われる性向が身についているようで普遍的な学びに照準を合わせることが難しくなっていました。対話の方向性を見失わないモデレーターの存在が生涯学習での最も重要な課題になると実感しています。
目に見える形で残されている芸術と都市に中世、ルネサンスに展開されたヨーロッパの人々のライフスタイルが映し出されていることを浮き彫りにしていただきました。それらはある時代の断片だけではなく、常に新しい時代との間で葛藤しながら構築され価値観を受け継ぎ残す営みがあったことを見せていただきました。

2　生涯学習の始まり

私が初めてダンテフォーラムに出逢った頃、産学官の共同による都市開発として柏の葉キャンパスタウンが徐々にその形を現わし始めました。つくばエクスプレスが開通（二〇〇五年八月）し、ショッピングモール「ららぽーと柏の葉」が開業（二〇〇六年一一月）しました。そのような開発の光景を眺めながら、私の心のなかに新しい街に暮らす人たちの生き方が見えてこないという懸念がありました。ハードとして新しい街は次々と造られます。しかし、そこに暮らす人々の理論的後ろ盾が鮮明に表象された美しい街の創造こそが二一世紀の取り組みとして試みられなければならないと考えていました。長く街の営みを継続し、街に愛着をもつ人々を育てる理論が見えてきませんでした。ハードを充実するだけでは、そこに暮らす人々は囲いの中で生きる家畜にも似て、生かされているだけになってしまいそうです。

私はこの問題を解く鍵を「生涯学習」に求めました。アリストテレスは、人間がポリス的共同体の完成を目指すことで初めて成熟に至るという特性を備えていると指摘しました。しかし、一人ひとりの生活基盤を固めることに汲々としている現代社会で、他者との隔絶された個人的快適さばかりが堅固なハードによって提供されているように見え、共同体的交流は見えにくくなっているように考えていました。

そこで柏の葉でパネルディスカッションを開催し（二〇〇八年一一月九日）、「レジャー学（生涯学習）」の第一人者である松田先生と共に街ぐるみで生涯学習を基礎から学び直すことを企画しました。このディスカッションのなかで松田先生は、当時の千葉県知事の堂本氏に「芸術」というコンセプトを加えることを提言されました(1)。

これを機に松田先生をお招きし柏の葉の地域の方々との自主勉強会が始まりました。この勉強会は関心の深い現代的なトピックスを取り上げながらも、表層的な知識の収集にとらわれず、古典に教材を求め、人間の心に存在する普遍的源流を紐解くことを目指すものでした。今日、私たち日本人はめまぐるしい勢いで変わるハード環境のなかで、これらに取り残されないように必死になり、人間としてのあり方を学ぶことを見失っているのではないでしょうか。松田先生は、「現代人の心に宿る古代人の心」と繰り返し、どんなに移ろい易い社会でも人の心は古より変わらぬ価値を追い求めてきたことを強調され、時流に溺れず古典から人としての普遍的源流を学ぶところに生涯学習の目標があることを示されました。

この勉強会は、私のダンテフォーラムでの学びがそのまま市民との間に再現されたように思えます。インターネット上のダンテフォーラムの講義を教材とした自主勉強会の実施は、ＯＣＷを市民がグループで活用した先進的な試みでした。それぞれの分野でわが国を代表する先生方の名講義と対話が記録されたこれらのコンテンツは、今後の生涯学習の進め方を大きく変えるモデルとなるものと考えられます。

3　ライフスタイルと向き合う（生涯学習と芸術）

生計を営むためにさまざまな方法論を学ぶことは当然です。しかし、実際にはすぐに役立つ合理的な方法論のみを学んでいるわけではありません。人間がさまざまな事象に出逢い意識に上らない情報をも感性的に身体に沁み込ませています。それぞれの時代や文化はもちろん、これらを背景として多く事柄や環境に出逢い、主体的にそれぞれとの間に関係性を築いています。その人の生き方を学んでいます。土や水や森の木々、川や海。人間以外の命にも出逢い、それぞれとの間に主体的に築いた関係性を身体に沁みこませています。この記憶は言葉で表現できるものばかりではありません。この身体の奥底に沁み込んでいるものと向き合う営みが芸術ではないでしょうか。

決して、ミケランジェロやダ・ヴィンチの作品のように誰にも認められた立派な作品だけが芸術ではないと考えました。彼ら心の奥底に沁み込んでいるものこそが芸術のエネルギーであり、そこに学ぶべきライフスタイルのモデルがあると考えました。

生き物の「いのち」を頂く食事の作法。土を捏ねて焼いたり、木地に漆を塗ったりして、それぞれに「いのち」を吹き込む作業に携わった人々に出逢うところから、ものを永く大切にするという関係性が学ばれ、受け継がれます。日々のスケジュールに追われ、自らの心の奥に目を閉ざしがちになってしまう現代社会ですが、「いのち」との出逢いに目を向け、ライフスタイルを見つめ直すことは芸術の営みの第一歩ではないでしょうか。芸術をモデルに自分のライフスタイルと向き合い、街に暮らす人々が自分たちのライフスタイルを反映できる街を創ることを提言されたものと受け取りました。

芸術や文学を学ぶことが私たちに即効性のある答えを提供してくれるものではないかもしれません。しかし、何百年もの時間を経て多くの人々に吟味され厳選されたもののなかには、人間が生涯をかけて探究するに値する普遍的源流への鍵があります。時代と文化を超えたこのような対話なくして、歴史を刻む生き生きとした人間の暮らしを守る街の誕生はあり得ないように思います。

(1) 二〇〇八年一一月九日「充実のライフスタイルを考える：レジャーとしての学び」新しいまちづくりを考えるパネルディスカッション（松田義幸、堂本暁子、古在豊樹、徳山郁夫）を開催。松田氏は基調講演で「レジャー概念」を説かれました。さらに、ディスカッションのなかで柏の葉キャンパスタウン構想「柏の葉国際学術都市」に、「芸術」を加え「柏の葉国際学術・芸術都市」とすることを提言されました。その経緯、および基調講演とディスカッションの内容は下記に収録してあります。

徳山郁夫、徳山美知代「生涯学習の「まちづくり」——柏の葉キャンパスタウンの事例から」千葉大学教育学部研究紀要、第六〇巻、二九五—三〇〇頁、二〇一二年。

徳山郁夫編「生涯学習のまちづくり——充実のライフスタイル——」千葉大学環境健康フィールド科学センター発行、二〇一二年。

本章は、二〇一四年九月一七日のダンテ・フォーラム『ルネサンス研究の自分史の回想と展望』の内容を編集整理したものです。（主催・森永エンゼル財団／会場・イトーキ東京イノベーションセンター）

第六章　ロゲンドルフ先生の『和魂・洋魂』文献案内

――上智大学クルトゥール・ハイム・サロンの時代――

松田義幸

1　『モヌメンタ・ニッポニカ』と『ソフィア』

二〇一五年は、第二次世界大戦終結七〇年にあたり、「戦争と平和」に関するメディア企画の多い年でした。私も教育者の立場から振り返ってみました。そして、長い間、取り組んできたM・J・アドラーのグレート・ブックス運動に関連付け、上智大学教授・イエズス会司祭のヨゼフ・ロゲンドルフ先生（一九〇八―一九八二）の異文化の相互理解のための教育理念と方法を研究し、継承しようと思い立ちました。ロゲンドルフ先生の教育理念と方法が、ユネスコ憲章の「心の中に平和の砦を築く」具体的な実践教育モデルであり、ロゲンドルフ司祭のもとで洗礼を受けた今道友信先生の「美の実践」による万人参加の「世界美化」の教育運動であると思ったからです。

スイス生まれの詩人で、ドイツ文学・比較演劇学の上智大学教授トマス・インモース先生（一九一八―二〇〇一）は、ドイツ生まれのロゲンドルフ先生のお人柄について、「先生はドイツとフランスの国境近くのラインラントのメヒェニヒに生まれ、ヨーロッパの伝統文化と日本の伝統文化に深く親しみ、真の知識人として、またキリスト教的ヒューマニズムにおいて、教育理念を具現した方であった」と偲んでいます。ロゲンドルフ先生は、多才な方で、中でも、編集の仕事を天職と考えていました。

第二次世界大戦直前のロンドン大学留学時代に、経済学者の上智大学教授のヨハネス・クラウス先生（一八九二一九四六）が、一九三八年に創刊した日本研究の国際学術誌『モヌメンタ・ニッポニカ』の編集部員となり、ヨーロッパ知識人との絆の輪を広げ、執筆依頼の大役をこなし、後に編集局長に就任しています。次に、西洋文化並びに東西文化交流の学術雑誌『ソフィア』を一九五二年に創刊し、一九七九年の定年まで長きにわたって編集主任を務めておられました。

東西文化交流、異文化の相互理解の編集の仕事に携わるには、戦中・戦後の世界のジャーナル、学術誌の動向、世界の知識人の動向に精通していなければなりません。ロゲンドルフ先生は、豊かな語学力と見識に恵まれた、最適任者でありました。私は『モヌメンタ・ニッポニカ』と『ソフィア』は、東西文化交流に関する文献の宝庫だと思っています。森永エンゼル財団エンゼル学芸研究所の私たち研究グループは、この二誌を中心にしたテーマ別の文献研究の準備をしているところです。順次、まとまったものから、インターネットの森永エンゼル・カレッジの研究紀要にアップする予定です。

2　ロゲンドルフ先生の人生と全仕事

ロゲンドルフ先生は、「和魂洋魂」の異文化の相互理解の促進を第一義においていました。日本の近代化の「和魂洋才」では、心と心で語り合う、通じ合う異文化の相互理解は成立しないと考えていたからです。先生の人生と回想録、研究自叙伝、そして日々の東西交流エッセイをあげておきます。

①　ヨゼフ・ロゲンドルフ／聞き手・加藤恭子『和魂・洋魂――ドイツ人神父の日本考察』講談社、一九七九
②　ヨゼフ・ロゲンドルフ『異文化のはざまで』文藝春秋、一九八三
③　ヨゼフ・ロゲンドルフ『日本と私』南窓社、一九七二

これ等の著書を通じて、先生の人生、全仕事、日本人論、そしてＳＪハウス（Societas Jesu）の二〇数カ国から来日した、語学にたけた司祭の先生方が「和魂洋魂」教育にどれだけ尽力されていたか、感動をこめて心から感じ入ることが出来ると思います。ロゲンドルフ先生の時代のＳＪハウス、そしてクルトゥール・ハイム・サロンは、非常に高度な比較文化・文明研究センターであったのです。

ロゲンドルフ先生の来日四〇年間の膨大な量の学術論文・評論を、上智大学教授の別宮貞徳先生が一巻選集にまとめてくれましたので、先生の研究の全体像をとらえることが出来ます。

④　別宮貞徳編『ヨゼフ・ロゲンドルフ一巻選集』南窓社、一九八八

編者の別宮先生は、「あとがき」で、「戦中・戦後の日本の知識人に最大の影響を与えた外国人のおひとりだった」と、先生の視野の広さ、論述の鋭さ、見識の豊かさ、目配りの確かさに、誰もが一驚されてきたと讃えています。

3　キリスト教的ヒューマニズムの教養教育テキスト三部作

ロゲンドルフ先生は、近現代のヨーロッパの諸国は、キリスト教的ヒューマニズムから離れ、人間中心主義の世俗文化（快楽主義）、物質文明（科学万能主義）を追い求め、ヨーロッパに危機をもたらしたと認識していました。第一次世界大戦、第二次世界大戦の原因は、ヨーロッパの危機が世界にもたらしたものだと反省していました。そして、ヨーロッパの危機を救うには、キリスト教的ヒューマニズムに立ちかえることだと確信していました。日本も「和魂洋魂」の次元で互いに理解し合うには、世俗化された近現代のヨーロッパではなく、ヨーロッパの知恵の古典的な泉に目を向けて本当のヨーロッパを理解してもらいたいと願っていたのです。そこで、戦後、ロゲンドル

フ先生はキリスト教的ヒューマニズムに関する教養教育テキスト三部作の入門書を出しました。

⑤ ヨゼフ・ロゲンドルフ／野口啓祐訳『キリスト教と近代文化』弘文堂アテネ文庫、一九四八

⑥ ヨゼフ・ロゲンドルフ／野口啓祐訳『カトリシズム』弘文堂アテネ文庫、一九四九

⑦ ヨゼフ・ロゲンドルフ『ヨーロッパの危機』弘文堂アテネ新書、一九五一

以上の三部作を通して、キリスト教的ヒューマニズムのヨーロッパ再生復活の羅針盤を示したのです。ヨーロッパの伝統文化に動機づける優れた入門書だと思います。この三部作で取り上げているカトリシズムの立場に立つ知識人に関する解説は、ロゲンドルフ先生の確かな目で選びぬいた必読の文献ばかりだと思います。私はいま改めて、この三部作を読んで、ヨーロッパ諸国が戦後の七〇年間、この羅針盤に沿った教育を実践していたならば、9・11や、そして二〇一五年の「イスラム国（IS）」によってもたらされた数々の悲劇を回避できたのではないかと思っています。なかでも、カトリシズムのジャック・マリタン、エティエンヌ・ジルソンという偉大な学者を輩出したフランスが、キリスト教的ヒューマニズムから離れ、現在、最悪の「フランスの危機」に陥っていると思います。ここでロゲンドルフ先生の文献案内から離れますが、フランスの隣のドイツの動きについて、やはりそうだったのかと最近気づいたことがあります。

⑧ 今野元『教皇ベネディクトゥス一六世——「キリスト教的ヨーロッパ」の逆襲』東京大学出版会、二〇一

五

戦前の日本のヨーロッパ文化の研究者は、文献を通じての間接的な研究方法でした。ところが戦後の研究者は、文献研究にプラスして直接的なフィールド研究、さらに東西研究者交流に恵まれているので、観念的ではなく、具体的で実証的な成果をあげていると思います。今野先生のこの大著はまさに戦後の恵まれた研究環境の下での典型

的な成果だと思います。今野先生は、教皇ベネディクトゥス一六世の就任を、プロテスタントもカトリック教徒も国をあげて祝福している現場に立ち会って記述しています。そして、教皇が現代ヨーロッパをローマ帝国崩壊期に重ねて、悲観的な現状認識を示し、カトリシズムに基づくキリスト教的ヨーロッパの維持・強化を図っていることを目の当たりにしていたのです。私は文献⑧を読んで、現在の南米出身のフランシスコ教皇とベネディクトゥス一六世は、七〇年前にロゲンドルフ先生が三部作で示した羅針盤の方向に沿っていると思いました。

ロゲンドルフ先生は、ヨーロッパの危機を救うのはカトリシズムだという強い信念を抱いていました。そしてその三部作の羅針盤の方向の妥当性を裏付ける大仕事に取り組んだのです。

⑨　ヨゼフ・ロゲンドルフ編『現代思潮とカトリシズム』創文社、一九五九

ロゲンドルフ先生は、ご自身の精神的成長の道標となったドイツ・フランス・イギリス・アメリカから二五人の知識人を選び、執筆依頼をしたのです。先生の本書の編集姿勢は「人類が初めて共通の運命を自覚することとなった現在、カトリック教会のようにきわめて古く、また全世界に及んでいる知的伝統に対して、新たな傾聴を求める価値があると考えています」ということでした。すべての依頼者が快く受諾してくれたと感謝しています。どの執筆者も当時の世界のオピニオン・リーダーです。例えば、クリストファー・ドーソン、ガブリエル・マルセル、ロマノ・グアルディニ、マーティン・ダーシー、バートランド・ラッセル、フランソア・モーリヤック、イブリン・ウォー、グレアム・グリーンといった人たちです。本書の発行年は一九五九年ですが、編集企画、執筆依頼、翻訳などの作業を入れると、その準備に少なくとも五年はかかっていたと思います。その意味では、戦後の教養教育テキスト四部作ということができます。

4 ロゲンドルフ先生の「洋魂」講座・ゼミのテキスト

ロゲンドルフ先生は、来日したイエズス会士の「和魂」研究が一五四九年来日の聖フランシスコ・ザビエル以来の伝統を継承しているのに対し、日本の「洋魂」研究が近代以降に偏っている、中でもヨーロッパ中世の研究が立ち遅れていると考えていました。ロンドン大学留学時代に、歴史家クリストファー・ドーソン（一八八九―一九七〇）の講義を聴き、帰国後にヨーロッパの文化的生命体の形成に関する原書を使った授業を開始したのです。

⑩ クリストファー・ドーソン／野口啓祐・草深武・熊倉庸介訳『ヨーロッパの形成――ヨーロッパ統一史叙説』創文社名著翻訳叢書、一九八八

これは文献⑤、⑥、⑦の教養教育テキスト三部作についてもいえることですが、ロゲンドルフ先生の授業では、必読原書を選んでその研究を解説していました。文献⑩は、ヨーロッパ人というアイデンティティが、いつ頃どのように形成されたかを研究したものです。ドーソンは、「ヨーロッパが一一世紀に暗黒時代に終わりを告げ、古代ギリシア・ローマの文化の伝統とキリスト教会の霊的秩序と北欧ゲルマン民族のエネルギー（古代北欧の戦士的文化の英雄像）の三要素が融合し、古い伝統を持つ東方世界の諸文明と肩を並べる、独立した新しい倫理的、宗教的理想の文化統一体のヨーロッパ・キリスト教世界の文明を形成した」と語っています。またドーソンは、現代のヨーロッパに関して、「近代に入ってから一般化した国民国家の理念と制度が、人間中心主義の世俗文化と物質的進歩を追い求め、キリスト教的ヒューマニズムから離れてしまったことが、現代のヨーロッパに危機をもたらした原因だ」と見抜いていたのです。ロゲンドルフ先生にとって、文明史家のアーノルド・トインビーの著書と並んで、ドーソンの著書、そして直接の研究交流は、歴史認識の支えであったといえます。

M・J・アドラーのグレート・ブックス・セミナーの実際は、真・善・美の判断価値基準、自由・平等・公正の

行為（実践）価値基準にみるように、グレート・アイディアスの高みに誘う対話法で、哲学思想の演習といってよいと思います。

一方、ロゲンドルフ先生の専門の講義の題目は、ヨーロッパ文学からとらえた精神史の研究で、悲劇、喜劇、宗教と文学、政治と小説、西洋文学でした。一九四六年出版のドイツ語原書を使っていました。

⑪　エーリッヒ・アウエルバッハ／篠田一士・川村二郎訳『ミメーシス――ヨーロッパ文学における現実描写』ちくま学芸文庫（上・下）、一九九四

「ミメーシス」は、プラトンとアリストテレスの文学理論で、「模倣」ということです。ヨーロッパの現実の歴史が、文学作品にどのように映し出されているか、旧約聖書、ホメーロスからヴァージニア・ウルフまでの三千年にわたる各時代のテキストを分析解釈したものです。ロゲンドルフ先生は、文学作品からヨーロッパのさまざまな時代の「時代精神（Zeitgeist）」を読み解く最良のテキストであったと回想しています。先生は、戦後いち早く、ドーソンの『ヨーロッパの形成』に呼応するアウエルバッハの『ミメーシス』をテキストに選び、各時代のヨーロッパ文学作品による時代精神の研究に力を入れていました。

5　社会人のための公開講座・「和魂」講義テキスト

ロゲンドルフ先生は、「和魂洋魂」の「和魂」講義のテキストには、ジョージ・ベイリー・サンソム（一八八三―一九六五）の原書を使い、英語で授業を行っていました。サンソムは一九〇六年に来日し、四〇数年にわたり、日本研究、日本文化史の研究に従事し、優れた業績をあげた著名なイギリスの外交官です。

⑫　G・B・サンソム／福井利吉郎訳『日本文化史』東京創元社、一九七六、英語原書出版は一九三一

⑬　G・B・サンソム／金井圓・多田実・芳賀徹・平川祐弘訳『西欧世界と日本』ちくま学芸文庫、一九九五
上・中・下、英語原書出版は一九五〇

この公開講座部門は、やがてアメリカ大学連盟から大学として認可され、文部省からも外国語学部比較文化学科として認可されることになったのです。ロゲンドルフ先生は、「戦後、老若の別なく、聖フランシスコ・ザビエルが『知的好奇心に満ちている』と評した日本人を想い起こしました」と回想しています。この夜間の公開講座には、日本人の他に、アメリカ人（軍人・ビジネスマン・一般人）アジア人も多数受講するほど大人気でした。サンソムは『モヌメンタ・ニッポニカ』の執筆者で、文献⑫は日本文化について最も刺激になった本であったと語っています。新しく出た文献⑬は⑫の続編で、この二著を長く講義テキストに使っていました。

ロゲンドルフ先生が、⑫、⑬をテキストにして、どのような授業をしておられたか、これからの興味深い研究課題です。私どもは、⑫、⑬いずれも大著なので、まず、サンソムが一九五〇年一二月に、東京大学で行った連続公開講義録、

⑭　G・B・サンソム／大窪愿二訳『世界史における日本』岩波新書、一九五一

から入ることにしました。私にとってサンソム研究の最良の入門書となりました。サンソムは⑭の第三章「歴史としての芸術」で、ロゲンドルフ先生、アウエルバッハと同じ文芸・芸術観の下で、日本研究に取り組んでいたのです。

「芸術作品というものは、ほかにもいろいろ言えましょうが、一国の文化の進化においてその時々に変わってゆく思想と感情とを表現したものであります。歴史家は文献資料に基づいて結論を下すことに慣れていますが、芸術品は変化を示す証拠として、多くの文献よりも貴重なことがしばしばあります」。従って、例えば、日本文化史、

日本人の精神史を研究しようとすれば、各時代の仏教芸術作品の研究（解釈）を抜きに、時代精神を語ることが出来ないということなのです。

サンソムは、日本ほど風雅な感情が豊富かつ多様に栄えた国はないと評価していたのです。日本人の精神史に関しては、サンソムは、フランシスコ・ザビエル、ルイス・フロイスに始まるイエズス会士の研究を高く評価し、特記しています。（文献⑬）

文献⑭の解説で、日本語訳を担当した大窪愿二先生が、サンソムの⑫、⑬は幕末維新以降の日本研究、日本史研究を集大成した画期的な労作です、と高い評価をしています。

6　異文化の相互理解の道しるべ

私は四〇数年にわたりレジャー研究会でご一緒した、『甘えの構造』の土居健郎先生（一九二〇―二〇〇九）からいただいた本を大切にしています。

⑮　土居健郎・森田明編『ホイヴェルス神父・日本人への贈り物』春秋社、一九九六

詩人のヘルマン・ホイヴェルス神父（一八九〇―一九七七）は、上智大学の第二代学長で、司祭として、教授として、深い日本理解によって多大な感化を日本に与え続けたと語り継がれています。お二人の先生の編集が、みごとなこともあって、本当に日本人への贈り物だと思います。ホイヴェルス神父がドイツの故郷で、日本人についてお話したことがあります。

「日本人の根本感覚は倫理的で美的だ。形而上学と論理学は彼等には縁遠い。人格への敬意と美への感覚が倫理においてさえ存在する。これが美徳である。ちょうど古代ギリシア人にとっての kaloskagathos（善と美）がそう

であったように」。そして、日本人の大切にしている言葉遣いにキリスト教の世界観を完全に表現している「いただく」「ささげる」「落ち着く」の三つをあげ、「日本人は将来、世界で最もキリスト教的な国民となるかもしれない」と実感を込めて結んでいます。上智大学にこられた司祭たちはみな、ホイヴェルス神父と同じ日本人観を抱いているように思います。ホイヴェルス神父は、一九三五年以降の岩下壮一神父（一八八九—一九四〇）、吉満義彦先生（一九〇四—一九四五）と共に学生指導と日本のカトリック思想界に多大な業績を上げたと語り継がれています。ホイヴェルス神父は『細川ガラシア夫人』をはじめ、数々のオペラ・歌舞伎のための戯曲を書いています。

⑯ ホイヴェルス『戯曲選集』中央出版社、一九五一

上智大学でホイヴェルス神父の舞台表現の流れを引き継いだのが、ロゲンドルフ先生とスイスからきたトマス・インモース先生です。インモース先生の著書には驚くことばかりです。日本の大学の文学部再生復活（ルネサンス）の必読文献だと思います。

⑰ T・インモース／尾崎賢治編訳『変わらざる民族——演劇・東と西』一九七二、南窓社

⑱ T・インモース／尾崎賢治訳『元型との出会い——ユングとドイツ文学の深層』春秋社、一九八五

⑲ T・インモース・加藤恭子（聞き手）『深い泉の国「日本」——異文化との出会い』春秋社、一九八五（現在・中公文庫一九九九）

⑳ T・インモース・加藤恭子『ヨーロッパ心の旅——異文化への道しるべ』原書房、一九九五

どの文献から入るか。私のおすすめは⑲→⑰→⑳→⑱です。

ロゲンドルフ先生、インモース先生との対話相手の加藤恭子先生は、心と心で語り合う、通じ合う、異文化対談の名手です。その場に立ち会って直接伺っているようなつもりになる、わかりやすく、ためになる名編集のお話満

載です。例えば、⑲で、インモース先生がパリ万博の前の今から三〇〇年前に、日本のキリスト教をテーマにした五〇の戯曲作品が、ヨーロッパ各地で二〇〇回以上上演された日本ブームのことをひきだしています。その学術研究の成果を⑰で発表しています。その中に「イエスのバロック演劇にみる日本のテーマ」という事例研究がありま す。インモース先生は、ロゲンドルフ先生との交流の想い出をとても大切にしていました。著書の扉に、よく詩を捧げています。ロゲンドルフ先生が文献①の後に、加藤先生にロゲンドルフ先生のロンドン大学の後輩のインモース先生との対談を勧めて、⑲に六年をかけ、⑳に十年をかけて立派な本を作りました。ロゲンドルフ先生と加藤先生のおかげで、日本人はインモース神父から比較文化研究の立派な贈り物を手に入れたのです。

インモース先生はスイスに本部を置く、カトリック・ベトレヘム宣教会の司祭で、研究の関心をもっぱら過去のより源流の深い泉に向けていました。一九五一年一月五日に神戸に着き、翌日先輩と一緒に奈良に出かけ、その古の環境にカルチャー・ショックを受けて、ベンチに休んでいた時のことです。隣のベンチの家族の五歳くらいの少女が近づいてきて丁寧にお辞儀をして、両手を捧げてみかんを一つプレゼントしてくれたのです。その女の子のみかんの持ち方、差しだし方、それは来日前に関心を抱いた埴輪の少女の姿で、日本の象徴そのものでした。そして、その時に「私自身の無意識、さらにさかのぼって太古からの人類に存在していた普遍的無意識に至り、人間の元型に出会うことが出来た、スイスの太古の過去に遡ることができた」と語っています。先生は同郷の精神分析学者ユングの学問に学び、文芸・芸術の解釈方法に応用していたのです。早くも、来日してすぐ、ホイヴェルス神父と同じ思いを日本に抱いたのです。

日本に最初に赴任したのは、岩手の教会でした。岩手大学と東北大学で教鞭をとりながら、日本の神事の伝統芸能の研究を始めました。そして、そこから能、歌舞伎、文楽に関心が広がったのです。インモース先生は日本文化の特色は、化石の国「日本」、深い泉の国「日本」にあると感じるようになりました。日本は大昔から大自然の脅威――噴火、台風、地震、火事、津波などが容赦なく襲い、人間の努力を一夜にして押し流しています。そこから、わび、さび、清め、みそぎ、規律と自己抑制、運命への服従、主人への忠誠心、武士道の清貧の日本文化、民族の元型の「結晶格子」ができたのだと解釈するようになったのです。そして、演劇の幽玄（hidden beauty）の能の研究に特に関心を寄せることになります。能は東西交流を通して、西洋の舞台表現に革新をもたらしてきましたが、西洋はまだまだ能から学ぶべきことが多いと語っています。

ここで是非あげておきたい本があります。岩手のケセン語による聖書翻訳者の山浦玄嗣先生の本です。

㉑ 山浦玄嗣『「なぜ」と問わない――3・11後を生きる』日本キリスト教団出版局、二〇一二

山浦先生のカトリック大船渡教会は、スイス・ベトレヘム宣教会管轄のもと、一九五三年に設立されました。トマス・インモース神父は、一九五二―一九五七の期間、岩手におられ、この間信徒の皆さんと生活を一緒にされていたのです。山浦先生は、3・11の当時、マスコミが「神がいるのになぜ」と問うのに対し、「そんな問いに意味はない」と答え、その心の内を「祈り」の真髄からひも解いたのです。まさにインモース神父が、この土地の人々から学び取った物語が再現されています。

話を戻します。文献⑳は、インモース先生と加藤恭子先生が対話に十年をかけて制作した、東西交流の歴史の全体を大きく眺め渡す鳥瞰図の本です。この本はロゲンドルフ賞を受けています。文献⑲は、精神分析学者ユングの学問を背景に、ドイツ文学・芸術の深層を分析解釈したものです。私たちは、インモース先生の⑰、⑱、⑲、⑳を通して文学・芸術の解釈がなぜフロイトでなく、ユングでなければならないかを、興味深く理解することが出来ます。現在ユネスコの世界遺産政策の推進のおかげで、国際観光が異文化の相互理解の新時代を迎えています。イン

モース先生の研究は、国際観光の人材育成にとって、また旅人にとって、本当におすすめの著書だと思います。

7　イグナチオ・デ・ロヨラの『霊操』による分析解釈力

ロゲンドルフ先生は、ヨーロッパのキリスト教的ヒューマニズムを背景に、ドイツ文学・芸術の研究・教育をインモース先生に期待し、同じく、イギリス文学・芸術の研究・教育をピーター・ミルワード先生に期待したのです。

ミルワード先生が上智大学に赴任する前に、ロゲンドルフ先生が、G・K・チェスタトンの『ヴィクトリア朝の英文学』の原著を講義テキストに使用し、当時学生だった渡部昇一先生が受講し、爾来、チェスタトンの著作が愛読書になったお話を伺っています。ミルワード先生は、このテキストを含め、少年時代からチェスタトンの『ブラウン神父の探偵小説』シリーズが愛読書であったこともあり、その天才的な著作を、ヨーロッパ精神史の研究、イギリス文学・文化の研究の支えにしていたのです。ミルワード先生はさっそくロゲンドルフ先生の協力のもとに、G・K・チェスタトン（一八七四―一九三六）著作集・全一〇巻の日本語訳出版（春秋社）の大仕事のプロジェクトに取り組んだのです。

㉒『正統とは何か』福田恒存・安西徹雄訳、一九七三
㉓『人間と永遠』別宮貞徳訳、一九七三
㉔『自叙伝』吉田健一訳、一九七三
㉕『棒大なる針小』別宮貞徳訳、一九七五
㉖『異端者の群れ』別宮貞徳訳、一九七五
㉗『久遠の聖者』生地竹郎訳、一九七六

㉘『ローマの復活』別宮貞徳訳、一九七七
㉙『ヴィクトリア朝の文学』安西徹雄訳、一九七九
㉚『正気と狂気の間』上杉明訳、一九七七
㉛『新ナポレオン奇譚』高橋康也・成田久美子訳、一九八四

以上一〇巻それぞれにミルワード先生が非常に分かりやすい、丁寧な解説をつけています。それを読むと、いずれの巻もキリスト教的ヒューマニズムに動機づける内容の本だということがわかります。この一流の翻訳者によるものであっても、福田恒存先生が述べているように、チェスタトンの文体が一行ごとに洒落、地口、頭韻その他、ありとあらゆる言葉の遊びが容赦なく出現するので、日本語に置き換えることは不可能だと感想を述べています。従って渡部先生は、学生だったころに立ち戻って、すぐに手に入る安い原書に対訳で向き合い、じっくり逐語訳を楽しむことを勧めています。

ミルワード先生の著書については、すでに本書の他の章で取り上げましたが、一部重複しますが、先生の人生と全仕事から入ることにします。

㉜ピーター・ミルワード／安西徹雄訳／『愛と無――自叙伝の試み』人文書館、二〇〇七

先生は最終講義を『シェイクスピアと私』と題して行いました。講義を終えて学生から質問を受けたのです。「シェイクスピアの人生観と先生の人生観との間に、もしあるとすれば、どんな違いがあるのですか」。先生はこの質問に対し、「ほとんどが何の違いもないと思う」と答えています。それからシェイクスピア研究の人生を振り返りました。

実際、私は、シェイクスピアが私自身の中に、あたかも現に生き続けているのではないかと感じざるを得ない。

シェイクスピアがその劇の中で何を感じていたか、ありありとわかるような気がするからである。シェイクスピア学者の中で、私の感じているように感じている学者に今まで出会ったことがない。私が明々白々だと思うことは、シェイクスピアは英国国教会忌避者だったばかりではなく、固くカトリック信仰を守り続け、自分の書いた劇すべてを通して、自らの信条を表現し、努力した人なのだ。（要約）

ミルワード先生は、聖書を全て暗誦理解していますから、劇中の台詞の中に聖書からの引用を敏感に読み取り、そして劇の背景に聖書の場面とシェイクスピアの時代社会を関連付けて分析解釈することができるのです。まさにロゲンドルフ先生がミルワード先生に期待したアウエルバッハの『ミメーシス』のイギリス版の事例研究なのです。

私はイグナチオの『霊操』に出会ってから、ミルワード先生の司祭としての聖書研究と学者としてのシェイクスピア研究が、イグナチオの『霊操』を通して、一つになっていると思いました。

㉝　イグナチオ・デ・ロヨラ／門脇佳吉訳『ある巡礼者の物語』岩波文庫、二〇〇〇

㉞　イグナチオ・デ・ロヨラ／門脇佳吉訳『霊操』岩波文庫、一九九五

この二著を通じて、イエズス会とは何か、霊操がどのようにして文章化され、霊操とは何かがよく理解できます。そして門脇先生の解説により、霊操と禅の関係がよく理解できます。霊操（spiritual exercises）とは、キリストにならいてイエス・キリストの生涯を辿る四週間の神秘体験・神体験の実践書で、創造的想像（creative imagination）を働かせて良心を究明することです。創造的想像とは、キリストの生涯の現場に身を置いて、記憶力、理性、意志の三能力を活用して、黙想・観想の中で、神が悪霊に勝つ生き生きしたドラマを演出して表現することです。まさに、この理念と方法は文芸・芸術表現、分析解釈の基本といってよいと思います。

ミルワード先生のシェイクスピア研究の総集編を、シェイクスピア生誕四五〇年祭を記念して、清泉女子大学名

誉教授の門野泉先生の解説で、森永エンゼル財団エンゼル・カレッジのインターネット映像にアップしています。ぜひアクセスしてみてください。ミルワード先生の聖書研究の入門書を次に挙げておきます。シェイクスピアの作品理解にとって参考になります。

㉟ ピーター・ミルワード／永井晃子訳『聖書は何を語っているか』講談社現代新書、一九八六

㊱ ピーター・ミルワード／中山理訳『素朴と無垢の精神史——ヨーロッパの心を求めて』講談社現代新書、一九九三

㊲ ピーター・ミルワード／別宮貞徳訳『旧約聖書の智慧』講談社現代新書、一九九五

㊳ ピーター・ミルワード／別宮貞徳訳『イエスとその弟子』講談社現代新書、一九七八

8 自然法に基づく国際法の整備の重要性

ロゲンドルフ先生は、生涯を通して、キリスト教的ヒューマニズムから離れたヨーロッパの危機を心配していました。ファシズム、ナチズム、コミュニズムの全体主義国家によって荒廃したヨーロッパを再生復活するには、ローマ・カトリック教会とカトリック教徒が、自然法を順守し、世界を倫理的、道徳的に聖化する役割を担うことだと決意していたのです。トインビーも、ドーソンも、マリタンも、ジルソンも、田中耕太郎も、久保正幡も、どの先生方も皆そう決意していました。

ロゲンドルフ先生の戦後出版の『キリスト教と近代文化』、『カトリシズム』、『ヨーロッパの危機』、『現代思潮とカトリシズム』に、先生の固い決意が現れています。

二〇一五年の現在、世界の平和と安全は損なわれ、世界はパニックに陥っています。国連をはじめとする国際会

議が頻繁に開催され、多くの首脳が「国際法に則り」核兵器廃絶の世界を口にするようになりました。実は七〇年前の終戦直後もそうだったのです。稲垣良典先生は、戦後のこの世界と日本の様子を目の当たりにし、アメリカ・カトリック大学で『日本国憲法と自然法』の研究に取り組んでいたのです。国内外を含めて今、自然法に則った国際法の研究・整備が緊急課題になったと思います。現在国家が直面しているどの問題も、国益よりも地球益・人類益を優先させなければ解決しない問題ばかりになったからです。

日本における自然法の研究は、日本の法学部では一般化していないのですが、九州大学の水波朗先生（一九二二—二〇〇三）、稲垣良典先生、筑波大学の阿南成一先生を中心にした自然法研究会が小規模ながらも立派な業績をあげてきたのです。

㊴ヨハネス・メスナー／水波朗・栗城壽夫・野尻武敏訳『自然法——社会・国家・経済の倫理』創文社、一九九五
㊵水波朗『自然法と洞見知——トマス主義法哲学・国法学遺稿集』創文社、二〇〇五
㊶水波朗・稲垣良典・ヨンパルト編『自然法——反省と展望』創文社、一九八七
㊷阿南成一・水波朗・稲垣良典編『自然法の復権』創文社、一九八九
㊸阿南成一・水波朗・稲垣良典編『自然法の多義性』創文社、一九九一
㊹阿南成一・水波朗・稲垣良典編『自然法と実践知』創文社、一九九四
㊺阿南成一・水波朗・稲垣良典編『自然法における存在と当為』創文社、一九九六
㊻水波朗・阿南成一・稲垣良典編『自然法と宗教Ⅰ』創文社、一九九八
㊼水波朗・阿南成一・稲垣良典編『自然法と宗教Ⅱ』創文社、二〇〇一

(48) 水波朗・阿南成一・稲垣良典編『自然法と文化』創文社、二〇〇四

かつて、東京帝国大学法学部長の田中耕太郎先生、東京大学法学部長の久保正幡先生も自然法の研究者であったのですが、戦後の日本の大学の法学部、そして哲学分野から、自然法研究が脇に置かれてしまったのは残念なことです。

もっとも、戦後七〇年、世界の国々はこれまでの国益重視の近代国民国家の理念と制度を改革出来ずにきたのですから、いまここで、地球益・人類益重視の自然法に基づく国際法整備の世界世論の形成を図ることが、世界の平和と安全のために重要な課題だと思います。

ホイヴェルス神父は、キリスト教的ヒューマニズムと自然法まで、「人間と国家」から切り離した哲学思想に、次のようにユーモアを込めて語りかけています。(15)

ニーチェの頃から神は死んだというスローガンがはやっています。ニーチェはこの言葉を正しく使った。人の心の中に神は死んだと。本当にその通りです。人が今まで信じていて、今度は信心をやめて、もう神は認めたくないといいますと、それでその人の中にはもう神は無用になってしまいます。けれども、神ご自身が死んだかというと、そんなばかげたことはない。それは絶対にない。神は死んだという変な言葉は、正しく理解せねばならない。

あとがき

松田義幸

森永エンゼル財団は、一九九一年の財団設立以来、生涯学習支援のインターネットによる教材コンテンツ開発を主事業にしてきました。この事業もすでに四半世紀を超えています。ここでこの事業の背景についてざっと振り返ってみます。

現在、日本でもリカレント教育対応の生涯学習事業は一般化しています。この事業はインターネットのさらなる革新により、グローバルに急速に普及するといわれています。リカレント教育のそもそもは、OECD（経済協力開発機構）が推進してきた教育制度改革プロジェクトです。日本では一九七〇年にOECD教育調査団が来日し、あるべき『日本の教育政策』（深代惇郎訳、朝日新聞社、一九七六）を提言したのが始まりです。

「真に自由な社会では、児童期C（Childhood）、教育期E（Education）、労働期W（Work）、隠退期R（Retirement）を希望に応じて組み合わせる自由と同時に、C、E、W、Rの比率を必要に応じて変える自由も認めなければならない」

当時、日本の長時間労働が欧米諸国から批判の矢面に立たされていました。そこで経済企画庁は、時間予算（タイム・バジェット）配分政策に取り組み、欧米並みの年間一八〇〇時間労働に短縮する理論と実現方法を模索していたのです。私は余暇開発センターで経済企画庁から受けた時間予算配分政策の研究プロジェクトに従事していました。

日本人の寿命が延びて、人生八〇年といわれる時代でした。人生八〇年は、生涯持ち時間でとらえると七〇万時間（24×365×80）になります。ここに欧米並みの年間一八〇〇時間労働を、勤務年数を四〇年として導入すると、生涯労働時間は七万時間（1800×40）と人生の一割に短縮され、代わって生涯自由時間は二一万時間と三割にまで増大します。そこで余暇開発センターで、ＯＥＣＤのリカレント型の生涯時間予算の配分に関する選好度の社会調査を、勤労者を対象に実施してみました。結果は圧倒的な支持でした。すでに勤労者の生活意識は「人生五〇年を働くために生きている」から「人生八〇年をより良く生きるために働く」に転換していました。この生活意識変化は、内閣府の一九七二年から始まった「日本人の生活意識調査」の時系列データにも表れていたのです。「物の豊かさよりも心の豊かさ重視・追求」を望み、具体的生活領域でも、レジャー・余暇生活を第一位に重視したいと望んでいたのです。以上の傾向は現在でも変わっていません。

このリカレント教育を行政課題に取り上げたのが長洲一二知事時代の神奈川県です。リカレント時間予算配分政策の導入を日本社会に提言されていた都留重人先生が、神奈川県総合審議会の会長に就いておられました。長洲知事は「生涯学習社会かながわ」の教育政策を推進し、そのセンター施設としてアメリカ・コロラド州のアスペン・リゾートを参考に湘南国際村を完成させたのです。アスペン研究所は古典を教材にしたアスペン・エグゼクティブ・セミナーを実施し、大きな成果を上げていました。私自身この湘南国際村の計画立案のメンバーに加わり、アスペン・セミナーの理念と実践方法を研究しておりました。

そこに森永エンゼル財団が経済企画庁認可でスタートし、湘南国際村との自立・協働でプロジェクトを展開することになったのです。湘南国際村は、Ｍ・Ｊ・アドラー博士の推進した「グレート・ブックスの理念と方法」の基礎・応用研究に取り組み、森永エンゼル財団はグレート・ブックスの個別古典を取り上げた講義録、フォーラム内容の電子映像化に取り組んだのです。具体的には、森永エンゼル・カレッジのインターネット映像大学を立ち上げ、講義・セミナー・フォーラムの電子映像記録、論文の電子書籍化を図ることにしました。森永エンゼル財団のグレート・ブックス研究会メンバーが、大学生むけのセミナー教材を作り、湘南国際村で何度もデモンストレーション・セミナーを実施し、運営方法の改善を図ったのです。そのセミナーは、グレート・ブックス・セミナーの創始者のM・J・アドラー博士から直接の指導を受けて実施したものです。私たちはこのセミナーを実施する度ごとに、このセミナーの理念の奥深さと、運営方法の改善点に気づきました。

私たちがこのプロジェクトに着手した当時に比べ、現在、インターネット活用によるリカレント教育対応の生涯学習環境は、驚くほどの速さで進歩したと思います。そしてそれはこれからも続きます。ＯＣＷ（Open Course Ware）が整備され、大学の講義映像、講義ノート、シラバス、関連資料などのコンテンツに、誰でもどこからでも無料で閲覧することができるようになりました。またＭＯＯＣ（Massive Open Online Course）の無料講義にアクセスして、講義をきちんととり条件を満たせば、修了証書を出す大学もでてきました。インターネット無償大学には世界中どこからでもアクセスできるわけですから、そのコンテンツの評価は供給側ではなく、需要側が行うことになります。従って、インターネット大学の評価は、電子映像図書館に高い価値のコンテンツをいかに開発・蓄積・配信し、魅力ある活用方法をサービスするかにかかっています。

森永エンゼル・カレッジのコンテンツ作りで心掛けてきたことは、色褪せることのないテーマを選び、すでに学会で高い評価の研究業績を上げておられる先生方にお願いし、教材コンテンツの開発・蓄積・配信を図ることでした。そして、私たちは、そのコンテンツ活用方法については、先のM・J・アドラー博士から学んだのです。

「私が作ったこのモデル・セミナーのコンテンツがあれば、皆さんがこれを用いて一緒にセミナーに参加し、コンテンツの中の受講者の隣に座ったつもりになって、このセミナーの追体験ができます。それには、ダイアローグ（対話）を二〇の扉のゲームのように、私と一緒に脇にいるつもりになって上手に質問し、リードするモデレーターの訓練を誰かがしなければなりません。このコンテンツを記念にさしあげましょう。追体験を何度も繰り返してください。私はもう年を取って日本に出かけることができません。代わりにこのコンテンツを使って、グレート・ブックス・セミナーの理念と実践方法を追体験を通して学んでください」。

実際、私たち森永エンゼル財団の大学の仲間で作っているグレート・ブックス研究会で、このセミナー全体の追体験を何度も繰り返しました。そして、モデレーター役についても交代で務めました。この体験はかつての品質管理のQCサークルのOJT（On the Job Training）グループ学習に当たると思いました。また、モデレーターのセミナー運営技術の習得にとても有効でした。私たちは、この先生役のモデレーターの追体験研修に関しては、初級、中級、上級に分けて、ライセンス事業にすることを考えていたのです。しかし、残念なことに長洲知事が退任されてから、このプロジェクトは中止になってしまいました。その時の五年にわたる各年度のセミナー報告書は、湘南国際村学術研究センター（現・かながわ国際交流財団）図書室で閲覧できます。このまま図書室に眠らせておくのはもったいないので、私たちはこの成果を活かす方法を検討したいのです。むしろ、インターネット・クラウドの今の時代に、このアイデアの実現性は高いと思っています。千葉大学名誉教授の徳山郁夫先生主宰の「柏の葉ルネサンス塾」に見るように、図書館の市民の利用者の側に、先生役のモデレーターをボランティアで務めたいという有能な市民がいるからです。これからの図書館経営は内部の人的資源だけでなく、地域社会の市民に先生役のモデレーターになる協力を求め、オープン・マネジメントを取ることがあってよいと思うのです。「柏の葉ルネサンス塾」セミナーに参加する人たちは、事前に森永エンゼル財団の電子映像図書館のコンテンツをよく予習してきます。

欧米の図書館には学芸員とは別に先生役のサービス・スタッフがいます。日本の図書館にはまだこの制度がないのです。地域の図書館をコミュニティ・カレッジ化するには先生役のスタッフがいります。その時に、スタッフにとってインターネット・コンテンツは事前学習のよき指導要領になります。

ところで、森永エンゼル財団の電子映像図書館の西洋の古典のコンテンツは最初にダンテの『神曲』から入り、ホメロスまで遡り、そして現代まで下りています。日本の古典では、紫式部の『源氏物語』から入り、『古事記』、『万葉集』まで遡り、そして、谷崎潤一郎、三島由紀夫まで下りています。この二つの流れで教材コンテンツの開発・蓄積・配信する計画を立て、一つの具体事例モデルとして整備してきました。

私自身ここ八年、尚美学園大学で「都市と芸術」と題し、森永エンゼル財団の教材コンテンツを使った世界遺産フィレンツェ・ルネサンスの講義をしてきました。そして、教室での一般講義にも昔でいえば視聴覚教育のインターネット・コンテンツを併用する新しい時代がきていることを実感しました。

そもそも私には、森永エンゼル財団の経営に参加した時に、一つの夢がありました。それは、小さくとも一つのモデルになるような先端情報技術を活用した学園と付属図書館を創設することでした。その夢はプトレマイオス朝、ローマ帝国時代に栄えたアレクサンドリアのミューズの女神が棲む館の学園「ミューゼイオン」と七〇万冊ともいわれる蔵書の付属図書館のインターネット版だったのです。その夢を語った時に松崎昭雄初代森永エンゼル財団理事長が、ダンテ『神曲』の天国篇のエンゼルの群れ（a flight of angels）と九柱のミューズの女神が棲む館の可愛らしいエンゼル・ミューゼイオン・スタディズ図書室、略称でAMS図書室を提供してくださいました。そして私たち大学の学者仲間で作っている基礎研究グループはこの図書室で、森永エンゼル学園の「ミューゼイオン」と、「ミューゼイオン」付属電子映像図書館造りの手伝いを、これまでしてきたのです。

このたび創文社から出版する本書は、森永エンゼル学園付属電子映像図書館の中から芸術都市フィレンツェのコンテンツを事例に取り出し、『世界遺産への道標』の哲学的思索の手引書として編集したものです。本書を参考にして地域の図書館経営の革新に関心を抱き、私たちの電子映像図書館事業と自立・協働ネットワークを張ってくれる仲間がでてくることを期待しています。

あのアルキメデスやユークリッドたちを輩出したアレクサンドリアの「ミューゼイオン」の門に「精神の保養地」という碑が建ててあったそうです。私はグローカルという、ローカルがグローバルに瞬時にネットワークを張ることのできるインターネット・クラウドの時代に、なかなか進まない教育制度改革の契機があると考えています。私には語学にもたけた人生経験豊かな有能な高齢期の人たちが、古典に親しみ、自分の人生を普遍的な学問にしてみる、そういう晴耕雨読のライフスタイルを望んでいるように見えます。そのような人たちがこのリカレント教育対応の生涯学習支援事業に関心を寄せ、アレクサンドリアの学園「ミューゼイオン」と付属図書館の現代版を再生・復活させてくれる、そんな夢を引き継いでくれる、とても不思議で神秘的な時代がインターネット・クラウドの時代だと、私は楽しみにしています。

田中 英道（たなか・ひでみち）
1942年東京都生まれ．東北大学名誉教授．美術史家，文明史家．東京大学文学部仏文科，同美術史学科卒業．ストラスブール大学に留学し，1969年博士号を取得．文学博士（東北大学）．国際教養大学特任教授，ローマ大学客員教授，ボローニャ大学客員教授，ベルリン大学招聘教授，国際美術史学会副会長を務める．2006年に阿部次郎賞を受賞．
著書 『芸術国家　日本のかがやき（全３巻）』（第Ⅰ巻　縄文時代から飛鳥時代，第Ⅱ巻　天平時代から鎌倉時代，第Ⅲ巻　室町時代から現代）（勉誠出版）『冬の闇　夜の画家ラ・トゥールとの対話』（新潮選書），『レオナルド・ダ・ヴィンチ　芸術と生涯』（新潮社のちに『レオナルド・ダ・ヴィンチ』講談社学術文庫），『若き日のミケランジェロ』（講談社のちに『ミケランジェロ』講談社学術文庫）『ルネサンス像の転換』（講談社）『光は東方より―西洋美術に与えた中国・日本の影響』（河出書房新社）『イタリア美術史』（岩崎美術社）『フォルモロジー研究』（美術出版社）『ミケランジェロの世界像』，『レオナルド・ダ・ヴィンチの世界像』（以上，東北大学出版会）『日本美術史全史』（講談社のちに講談社学術文庫）『天平のミケランジェロ』，『運慶とバロックの巨匠たち』（以上，弓立社）『法隆寺とパルテノン』（祥伝社）『国民の芸術』（扶桑社）『支倉常長』（ミネルヴァ書房），『鎌倉文化の思想と芸術』（勉誠出版）

徳山 郁夫（とくやま・いくお）
1947年秋田県生まれ．千葉大学名誉教授．柏の葉ルネサンス塾主宰．専門はスポーツ教育学．東京教育大学体育学部卒業，同大学大学院体育学研究科修了．千葉大学助手，千葉大学教養部講師，千葉大学教育学部助教授，千葉大学教育学部教授を歴任．2003年に千葉大学環境健康フィールド科学センター教授に異動．1989年よりスポーツ教育をコミュニケーションの視点からとらえた『ボディー・センサーによるフィールド・ワークとしての体育』（千葉大学体育学研究），『体育実技における人間関係の変容について』（大学体育連合・大学体育研究）の実技指導や，また森永エンゼル財団のインターネット・コンテンツを予習教材に用いた『生涯学習としての教養教育プログラム（グレート・ブックス・セミナー）』の公開講座を実施している．
著書 『生涯学習のまちづくり―柏の葉キャンパスタウンの事例から』（千葉大学教育学部研究紀要）『ライフスタイルを考える』（京成社）『学校経営と授業ほかで使えるカウンセリング』（ぎょうせい）『＜いのち・からだ・こころ＞の本質的な学び』（教育開発研究所）

松田 義幸（まつだ・よしゆき）
1939年山形県鶴岡市生まれ．学校法人尚美学園顧問．尚美学園大学名誉教授，森永エンゼル財団理事，小石川ロータリークラブ会員．専門は教育社会学・レジャー社会学．東京教育大学教育学部教育学科卒業．日経広告研究所，財団法人余暇開発センター（1972～1993）の研究員を務め，教職では聖心女子大学，筑波大学（1977～1996），お茶の水女子大学，多摩大学，実践女子大学等で教鞭をとり，2008年より尚美学園大学学長（～2013年），2009年より学校法人尚美学園理事長（～2016年）を務める．1972年設立の佐橋滋余暇開発センター理事長（元通産事務次官）の下で，日本のレジャー政策研究に長年携わり，その成果発表の「筑波会議」「国際経済経営会議」「国際価値会議」「奥の細道紀行300年祭」等の学術文化催事のプロデュースを数多く手掛ける．また「湘南国際村」「山中湖文学の森・三島由紀夫文学館」等のグランド・デザイナーを務める．現在は，森永エンゼル財団で長年のライフ・ワークのグレート・ブックス・セミナーのインターネット・コンテンツ開発とテキスト作り，セミナー事業に取り組んでいる．
編・著書 『現代余暇の社会学』，『ゆとりについて』，『生活文化の社会学』，『観光文化と奥の細道』（以上，誠文堂新光社）『ゆとり時代のライフスタイル』（日本経済新聞社）『芸術都市フィレンツェの創造』などエンゼル叢書シリーズ10巻（PHP）ほか．

執筆者紹介

稲垣 良典（いながき・りょうすけ）
1928年佐賀県生まれ．九州大学名誉教授．専門は中世哲学・法哲学．東京大学文学部哲学科卒業．アメリカ・カトリック大学大学院哲学科で Ph. D を取得．文学博士（東京大学）．南山大学，九州大学，福岡女学院大学，長崎純心大学大学院の教授を務める．
著書 『現代カトリシズムの思想』（岩波新書）『トマス・アクィナスの共通善思想』（有斐閣）『法的正義の理論』（成文堂）『トマス・アクィナス哲学の研究』，『習慣の哲学』，『抽象と直感』，『人格＜ペルソナ＞の哲学』，『神学的言語の研究』，『問題としての神』，『恵みの時』（以上，創文社）『トマス・アクィナス 人類の知的遺産20』，『天使論序説』，『トマス・アクィナス「神学大全」』（以上，講談社）『トマス・アクィナス倫理学の研究』，『人間文化基礎論』（以上，九州大学出版会）『トマス・アクィナスの知恵』（知泉書館）『カトリック入門』（ちくま新書）ほか．『トマス・アクィナスの神学』（創文社）と『トマス・アクィナス「存在」の形而上学』（春秋社）で第27回和辻哲郎文化賞受賞．
訳書 長年のトマス・アクィナス『神学大全』の日本語訳（創文社）で，2013年に毎日出版文化賞受賞．ヨゼフ・ピーパー『余暇と祝祭』，M・J・アドラー『天使とわれら』（以上，講談社学術文庫）ジャック・マリタン『人間と国家』（久保正幡共訳，創文社）ほか．

今道 友信（いまみち・とものぶ）1922年-2012年．
東京大学文学部哲学科卒業．東京大学教授．文学博士（東京大学）．東京大学名誉教授，清泉女子大学名誉博士，哲学美学比較研究国際センター所長，パリ国際哲学研究所所長，国際形而上学会会長，国際美学会名誉会長，日本美容専門学校名誉校長などを務める．シェルティエ賞（1966年），紫綬褒章（1986年），勲三等旭日中綬章（1993年）
著書 『美の位相と芸術』，『同一性の自己塑性』（東京大学出版会）『アリストテレス 人類の知的遺産 8』（講談社）『美について』，『愛について』（以上，講談社現代新書）『エコエティカ―生圏倫理学入門』，『西洋哲学史』，『自然哲学序説』（以上，講談社学術文庫）『ダンテ神曲講義』（みすず書房，第25回マルコポーロ賞受賞）『東西の哲学』（TBS ブリタニカ）『美の存立と生成』（ピナケス出版，第19回和辻哲郎文化賞受賞）『超越への指標』（ピナケス出版），『中世の哲学』（岩波書店）『今道友信 わが哲学を語る―今，私達は何をすべきか』（佐藤孝雄・池田雅之編纂，かまくら春秋社）『未来を創る倫理学エコエティカ』（昭和堂）『音楽のカロノロジー―哲学的思索としての音楽美学』（日美学園／ピナケス出版），『美について考えるために』（ピナケス出版）『知の光を求めて』（中央公論新社）ほか．
編著 『講座美学（全 5 巻）』（東京大学出版会）『新しい倫理 エコエティカをめざして』（哲学美学比較研究国際センター）ほか．

樺山 紘一（かばやま・こういち）
1941年東京都生まれ．東京大学名誉教授・印刷博物館館長．専門は西洋中世史・西洋文化史．東京大学文学部卒業．同大学大学院修士課程修了後，1969年より京都大学人文科学研究所助手．1976年から東京大学文学部助教授，1990年から同教授，1998年から文学部長．2001年の退官後から2005年まで国立西洋美術館館長．2005年より印刷博物館館長に就任，現在に至る．紫綬褒章（2005年）
著書 『ゴシック世界の思想像』（岩波書店）『カタロニアへの眼―歴史，社会，文化』（刀水書房のちに中公文庫），『ルネサンス周航』（青土社のちに福武文庫），『西洋学事始』（日本評論社のちに中公文庫）『地中海の誘惑』（中央公論社のちに中公文庫）『ルネサンスの人と文化』（NHK 出版・市民大学）『情報の文化史』（朝日選書）『歴史のなかのからだ』（筑摩書房のちに岩波現代文庫）『パリとアヴィニョン 西洋中世の知と政治』（人文書院）『世界史への扉』，『ルネサンス』（講談社学術文庫），『異境の発見』（東京大学出版会）『世界の歴史16 ルネサンスと地中海』（中央公論社のちに中公文庫）『地中海』（岩波新書）『歴史の歴史』（千倉書房，毎日出版文化賞受賞）『旅の博物誌』（千倉書房）『ヨーロッパ近代文明の曙 描かれたオランダ黄金世紀』（京都大学学術出版会）ほか．
編著 『印刷博物誌』（凸版印刷株式会社）『歴史学事典 (2) 体とくらし』，『歴史学事典 (6) 歴史学の方法』（弘文堂）ほか．

世界遺産への道標　　ISBN 978-4-423-10109-4

2017年３月20日　第１刷印刷
2017年３月25日　第１刷発行

著　者　稲垣良典・今道友信
樺山紘一・田中英道
徳山郁夫・松田義幸

発行者　久保井浩俊

藤原印刷・積信堂製本

発行所　〒102-0083 東京都千代田区麹町4-4-5
電話(3263)7101　振替 00120-0-92472
http://www.sobunsha.co.jp
株式会社　創文社